| 利威股权丛书 |

一本书看透
股权节税

李利威 / 著

机械工业出版社
CHINA MACHINE PRESS

图书在版编目（CIP）数据

一本书看透股权节税 / 李利威著. -- 北京：机械工业出版社，2022.4（2025.7 重印）
（利威股权丛书）
ISBN 978-7-111-70557-4

I. ①一… II. ①李… III. ①股权管理 – 税收管理 – 基本知识 – 中国 IV. ①F812.423

中国版本图书馆 CIP 数据核字（2022）第 061209 号

这是一本站在股东视角讲"税"的书。全书以"公司设立—公司扩张—公司收缩—公司上市—公司整合"为时间轴，涵盖了分红、转股、重组、上市、激励、代持等 30 个核心股权动作的税收知识点，并以指导股权实战为宗旨，剖析了不同商业模式对税负的影响，以帮助企业将税务规划融合到商业决策中。本书精选了公牛集团、三只松鼠、联想控股、吉祥航空等 50 个真实案例（部分案例的企业名称为化名）贯穿始终，语言通俗易懂，零财税基础的读者也能读得懂、学得会。本书适合老板和财务共同阅读；可以帮助企业家读者建立起股权税收的思维体系，可以作为非企业家读者遇到股权税收问题时随时查找答案的"案头书"。

一本书看透股权节税

出版发行：机械工业出版社（北京市西城区百万庄大街 22 号　邮政编码：100037）				
责任编辑：刘新艳			责任校对：殷　虹	
印　　刷：北京联兴盛业印刷股份有限公司			版　　次：2025 年 7 月第 1 版第 13 次印刷	
开　　本：170mm×240mm　1/16			印　　张：26	
书　　号：ISBN 978-7-111-70557-4			定　　价：89.00 元	

客服电话：(010) 88361066　68326294

版权所有·侵权必究
封底无防伪标均为盗版

CONTENTS 目 录

"利威股权丛书"总序
前言

第一部分　公司设立

第 1 章　个人持股直接架构 / 3

1.1　案例 1：龙女士投资 / 3
　　1.1.1　案例背景 / 3
　　1.1.2　公司分红 / 4
　　1.1.3　公司转增 / 6
　　1.1.4　公司注销 / 8
　　1.1.5　案例小结 / 11
1.2　个人持股直接架构六个后果 / 12
1.3　本章实战思考 / 16

第 2 章　持股公司间接架构 / 18

2.1　持股公司间接架构简介 / 18
　　2.1.1　什么是持股公司间接架构 / 18

    2.1.2 案例 2：来伊份 / 20
  2.2 两种股权架构的比较 / 21
    2.2.1 案例 3：李老板卖股 / 21
    2.2.2 两种股权架构的总结 / 23
  2.3 本章实战思考 / 24

第 3 章 有限合伙间接架构 / 25

  3.1 有限合伙间接架构基础税政 / 25
    3.1.1 有限合伙间接架构简介 / 25
    3.1.2 案例 4：牛牛合伙 / 26
  3.2 转股模式下的税负 / 28
    3.2.1 持股非上市公司 / 28
    3.2.2 持股上市公司 / 33
  3.3 分红模式下的税负 / 36
    3.3.1 案例 5：掌趣科技 / 36
    3.3.2 案例 6：开心麻花 / 39
  3.4 有限合伙间接架构总结 / 43
  3.5 本章实战思考 / 44

第 4 章 混合型股权架构 / 46

  4.1 什么是混合型股权架构 / 46
  4.2 案例 7：公牛集团 / 47
    4.2.1 创始股东池 / 48
    4.2.2 家族股权池 / 50
    4.2.3 二代传承池 / 51
    4.2.4 股权激励池 / 52
  4.3 本章实战思考 / 53

第 5 章 四种股权架构的应用 / 54

  5.1 案例 8：盐津铺子 / 54

5.1.1　第一阶段：直接持股 / 54

　　5.1.2　第二阶段：间接持股 / 56

　　5.1.3　第三阶段：直接持股 / 57

5.2　两次股权架构调整的原因 / 59

　　5.2.1　直接架构变间接架构 / 59

　　5.2.2　间接架构变直接架构 / 61

5.3　本章实战思考 / 63

第 6 章　企业类型如何选择 / 65

6.1　案例 9：王者咨询 / 65

　　6.1.1　企业类型的选择 / 65

　　6.1.2　所得类型的选择 / 68

6.2　本章实战思考 / 72

第二部分　公司扩张

第 7 章　资产出资之非货币资产出资 / 75

7.1　案例 10：国茂股份 / 75

　　7.1.1　案例背景 / 75

　　7.1.2　法律流程 / 77

　　7.1.3　会计处理 / 79

　　7.1.4　税务处理 / 80

7.2　本章实战思考 / 88

第 8 章　股权合作之联姻生子 / 90

8.1　案例 11：腾飞智能 / 90

　　8.1.1　案例背景 / 90

　　8.1.2　税务处理 / 91

8.2　联姻生子型股权合作总结 / 96

8.3 本章实战思考 / 97

第 9 章　股权合作之借鸡生蛋 / 99

9.1 房地产项目的借鸡生蛋 / 99
  9.1.1　案例 12：紫荆花园 / 99
  9.1.2　税务处理 / 102
  9.1.3　案例小结 / 107
9.2 非房地产项目的借鸡生蛋 / 108
  9.2.1　案例 13：哆啦游戏 / 108
  9.2.2　税务处理 / 110
9.3 本章实战思考 / 112

第 10 章　债权融资之明股实债 / 113

10.1 案例 14：羊宝宝案例 / 113
  10.1.1　什么是"明股实债" / 113
  10.1.2　"明股实债"税务处理 / 115
10.2 案例 15：肥肥养生 / 118
  10.2.1　案例背景 / 118
  10.2.2　支付的投资收益 / 119
  10.2.3　支付的顾问费 / 120
10.3 本章实战思考 / 120

第 11 章　增资扩股之股权融资 / 121

11.1 增资扩股基本税政 / 121
  11.1.1　案例 16：吉祥航空 / 121
  11.1.2　第一阶段：王均豪货币增资 / 122
  11.1.3　第二阶段：投资人货币增资 / 126
11.2 对赌条款涉税处理 / 128
  11.2.1　案例 17：海富投资 / 128

  11.2.2 对赌的司法结论 / 130

  11.2.3 对赌的税务处理 / 131

11.3 本章实战思考 / 137

第 12 章 增资扩股之转增资本 / 138

12.1 留存收益转增 / 139

  12.1.1 案例 18：尚美家装 / 139

  12.1.2 转增税政原理 / 139

  12.1.3 居民个人股东 / 140

  12.1.4 居民企业股东 / 142

  12.1.5 合伙企业股东 / 143

12.2 "资本公积——资本溢价"转增 / 144

  12.2.1 案例 19：三只松鼠 / 144

  12.2.2 居民个人股东 / 147

  12.2.3 居民企业股东 / 151

  12.2.4 合伙企业股东 / 151

12.3 其他资本公积转增 / 153

  12.3.1 案例 20：无欢影视 / 153

  12.3.2 居民个人股东 / 153

  12.3.3 居民企业股东 / 155

  12.3.4 合伙企业股东 / 156

12.4 本章实战思考 / 156

第三部分 公司收缩

第 13 章 资产出售和资产收购 / 159

13.1 案例 21：聪聪地产 / 159

  13.1.1 第一阶段：购买土地使用权 / 159

  13.1.2 第二阶段：清算 / 163

13.2　案例22：万科并购 / 164

13.3　本章实战思考 / 165

第14章　股东退出之个人股东退出 / 167

14.1　案例23：酒仙网络 / 167

　　14.1.1　案例背景 / 167

　　14.1.2　税务处理 / 168

14.2　案例24：风云创投 / 174

　　14.2.1　案例背景 / 174

　　14.2.2　税务处理 / 175

14.3　本章实战思考 / 180

第15章　股东退出之公司股东退出 / 181

15.1　案例25：联想控股 / 181

　　15.1.1　案例背景 / 181

　　15.1.2　税收原理 / 182

　　15.1.3　揭晓谜底 / 188

15.2　案例26：鱼美饮食 / 188

　　15.2.1　案例背景 / 188

　　15.2.2　三种规划思路 / 189

15.3　本章实战思考 / 195

第16章　股东退出之企业注销 / 196

16.1　公司注销 / 196

　　16.1.1　案例27：麦冬饮料 / 196

　　16.1.2　公司注销流程 / 197

　　16.1.3　清算所得税 / 199

16.2　合伙企业注销 / 203

　　16.2.1　案例28：周大生 / 203

16.2.2 合伙企业注销流程 / 205
16.2.3 税务处理 / 205
16.3 本章实战思考 / 207

第 17 章 企业重组之合并分立 / 208

17.1 公司合并 / 208
17.1.1 案例 29：火火集团 / 208
17.1.2 子公司变分公司 / 209
17.1.3 合并的税务处理 / 210
17.2 公司分立 / 215
17.2.1 案例 30：长龄液压 / 216
17.2.2 分立的涉税处理 / 217
17.3 本章实战思考 / 221

第 18 章 企业重组之资产剥离 / 223

18.1 案例 31：五一重工 / 223
18.1.1 案例背景 / 223
18.1.2 资产剥离的四种路径 / 224
18.2 四种模式的税负 / 227
18.2.1 买卖路径税负 / 228
18.2.2 划转路径税负 / 232
18.2.3 投资路径税负 / 238
18.2.4 分立路径税负 / 239
18.3 四种路径的时间成本比较 / 240
18.4 本章实战思考 / 242

第四部分 公司上市

第 19 章 公司上市之基础税政 / 245

19.1 案例 32：梦想公司 / 245

19.2 未上市和已上市公司股东 / 246
  19.2.1 转股 / 246
  19.2.2 分红 / 247
19.3 跨越上市的股东 / 248
  19.3.1 限售股的前世今生 / 248
  19.3.2 限售股转让 / 253
  19.3.3 限售股分红 / 255
19.4 三类股东税负总结 / 256
  19.4.1 个人股东 / 256
  19.4.2 公司股东 / 257
19.5 本章实战思考 / 258

第 20 章 拟上市公司之顶层架构 / 259

20.1 直接架构变间接架构 / 259
  20.1.1 案例 33：阮氏兄弟改架构 / 259
  20.1.2 股权转让方案 / 260
  20.1.3 股权投资方案 / 262
  20.1.4 增资扩股方案 / 264
  20.1.5 阮氏兄弟的选择 / 266
20.2 本章实战思考 / 267

第 21 章 拟上市公司之底层架构 / 268

21.1 股东翻墙重组 / 268
  21.1.1 案例 34：蓝天公司 / 268
  21.1.2 股东翻墙的四个步骤 / 270
  21.1.3 股东翻墙的涉税处理 / 271
  21.1.4 股东翻墙小结 / 275
21.2 子公司变孙公司重组 / 275
  21.2.1 案例 35：煌上煌 / 275

21.2.2 三种架构调整路径 / 277
21.3 本章实战思考 / 280

第22章 拟上市公司之股权代持 / 281

22.1 名义股东为个人 / 282
    22.1.1 案例36：思维造物 / 282
    22.1.2 税务处理 / 282
22.2 名义股东为公司 / 285
    22.2.1 案例37：水星家纺 / 285
    22.2.2 税务处理 / 286
22.3 本章实战思考 / 290

第23章 拟上市公司之股份改制 / 291

23.1 个人股东 / 291
    23.1.1 净资产折股增加注册资本 / 292
    23.1.2 净资产折股不增加注册资本 / 296
23.2 公司股东 / 300
    23.2.1 案例38：河北广电 / 300
    23.2.2 涉税处理的总结 / 302
23.3 合伙企业股东 / 303
    23.3.1 案例39：国科恒泰 / 303
    23.3.2 涉税处理的总结 / 306
23.4 本章实战思考 / 306

第24章 公司成熟之股权激励 / 307

24.1 个人直接持股的激励模式 / 307
    24.1.1 案例40：东易日盛 / 307
    24.1.2 股权激励会计处理 / 308
    24.1.3 激励股的转让方：东易天正 / 309

        24.1.4　激励股的受让方：30名员工 / 310
        24.1.5　激励的标的公司：东易日盛 / 313
    24.2　有限合伙间接架构激励模式 / 314
        24.2.1　案例41：润阳科技 / 314
        24.2.2　标的公司的企业所得税 / 315
        24.2.3　激励对象的个人所得税 / 317
    24.3　期权模式的股权激励 / 318
        24.3.1　案例42：汪汪新材 / 319
        24.3.2　期权激励的会计处理 / 320
        24.3.3　期权激励的税务处理 / 321
    24.4　本章实战思考 / 325

第五部分　公司整合

第25章　企业并购之并购协议 / 329

    25.1　并购的含义 / 329
    25.2　包税条款 / 331
        25.2.1　案例43：太原重型 / 331
        25.2.2　包税条款的法律效力 / 332
    25.3　过渡期损益条款 / 334
        25.3.1　案例44：帝都集团 / 334
        25.3.2　什么是"过渡期损益" / 334
        25.3.3　过渡期损益的税务处理 / 335
    25.4　付款时间条款 / 337
        25.4.1　被并购方为公司股东 / 337
        25.4.2　被并购方为个人股东 / 338
    25.5　本章实战思考 / 340

第26章　企业并购之承债式收购 / 341

    26.1　案例45：亿科置业 / 341

26.1.1 案例背景 / 341

26.1.2 税务检查 / 343

26.2 承债条款税务处理 / 343

26.3 本章实战思考 / 345

第 27 章 企业并购之换股并购 / 346

27.1 以本企业股权支付对价 / 347

27.2 被收购方为个人 / 348

27.2.1 案例 46：蓝鼎控股 / 348

27.2.2 换股并购的个税处理 / 350

27.3 被收购方为公司 / 352

27.3.1 案例 47：方正证券 / 352

27.3.2 换股并购的企业所得税处理 / 353

27.4 本章实战思考 / 354

第 28 章 企业并购之股权置换 / 355

28.1 以控股企业股权支付对价 / 355

28.2 案例 48：华创合成 / 356

28.2.1 并购方案初稿 / 356

28.2.2 股权置换方案 / 357

28.3 股权置换的税务处理 / 358

28.3.1 幸福的威信制药 / 358

28.3.2 悲伤的华创合成 / 359

28.4 本章实战思考 / 360

第 29 章 境外架构之纯外资架构 / 361

29.1 纯外资架构分红 / 362

29.1.1 外籍个人取得分红 / 362

29.1.2 境外公司取得分红 / 363

29.1.3 双边税收协定 / 364

29.1.4 多层股权架构 / 365

29.2 纯外资架构转股 / 367

29.2.1 外籍个人转让股权 / 367

29.2.2 境外公司转让股权 / 368

29.3 案例 49：亚美大宁 / 370

29.4 本章实战思考 / 374

第 30 章 境外架构之走出去架构 / 376

30.1 返程投资架构 / 376

30.1.1 什么是返程投资架构 / 376

30.1.2 上市型返程投资架构 / 378

30.1.3 非上市型返程投资架构 / 380

30.2 对外直接投资架构 / 386

30.2.1 案例 50：巨轮智能 / 387

30.2.2 三层境外股权架构 / 388

30.3 本章实战思考 / 391

致谢 / 392

PREFACE
"利威股权丛书"总序

> 股权设计中法律、财税、管理、资本是一体多面,只有在一个人的大脑中整合思考,合而为一,才会避免脱节、不留盲点,一次想全、一次做对,这才是股权设计的正道!

做"一次想全、一次做对"的股权设计

你好,我是李利威,是一名股权架构师。

2019年,我出版了《一本书看透股权架构》,这本书销量连续三年在京东股权类书籍中位居榜首。去年我开始写作《一本书看透股权节税》。写一本原创书如同十月怀胎,其间的辛苦自不必说,但我依然希望在我的两个"孩子"诞生后,还能继续孕育《一本书看透股权激励》《一本书看透股改上市》《一本书看透股权融资》三个"孩子",将自己在近20年股权咨询中踩过的坑、吃过的苦、悟出的理,形成"利威股权丛书",与你分享。

为什么有这种执念呢?我讲讲自己亲身经历的事情和体会。

我2004年硕士毕业后进入律师事务所,机缘巧合之下代理了一宗股权诉讼,开始与股权结缘。随后20年的时间里,我先后取得了注册会计师和注册税务师执业资格,又创办了股权咨询公司,但不管身份如何切换,我始终聚焦在股权这一个领域。20年专注股权带给我的最大收益就是,可以用10年作为"时间单位"去观察和陪伴一家公司,而股权设计恰恰是需要足够的时间周期才能检验效果的领域,如同建大厦打地基,只有大厦建完,遇到台风、地震,才知道地基是否牢固。

25岁那年，我的职业是律师，参与过一家房地产公司的股权设计。律师的职业天性是风险防范，我当时执拗地认为唯有安全的股权架构才是企业基业长青的基石。但我们的意见没有被采纳，5年后这家公司崩盘，老板锒铛入狱。这件事促使我反思：为什么我们设计的无比安全的股权方案未被企业家接受？随着人生阅历的丰富，我逐渐理解到，25岁的我还未能和企业家同频，企业家的决策是多维的取舍，除了法律风险，还有商业维度的考量。如果股权设计师无法站在与企业家同样的维度思考问题，虽然从单一的法律视角来看，建议是正确的，但未必是实用的，依然无法给予企业家真正的帮助。

29岁那年，我的职业是注册会计师和注册税务师。那一年，我感受到了职业生涯的痛苦，因为财税领域太专业了，专业到不使用专业术语就无法准确表达。而股权是每位企业家的命根儿，很多决策又无法让财务总监代劳。于是，专业人士不得不面临痛苦的抉择：股权设计是否要加入税务规划。如果加入了税务规划，如此专业的领域，会耗费与企业家沟通的巨大成本；如果不加入税务规划，企业又可能掉进税收的陷阱，未来将承担巨额的股权之税。

36岁那年，我已开创了自己的咨询公司。有一次，我受邀为一家深圳公司做股权咨询。这家公司在一年前曾聘请律师为其提供股权激励服务，但企业家非常不满意。因为股权激励后，不但团队凝聚力没有加强，反而出现了高管离职潮。我认真研读了那位律师的股权激励方案，非常敬佩他的专业和敬业，单从法律和财税硬规则维度看，他做得可谓尽善尽美，但忽略了股权的本质是"人性"，股权设计的终极目标是为企业打造提供源源不断动力的底层系统，而法律和财税都仅仅是承载动力的容器。如果一个股权设计方案，缺乏了管理的维度，将目标仅仅设立在财税法的"合规"上，难免会失败。

40岁那年，我的咨询公司业务开始爆发式地增长。科创板、注册制等来自资本市场的喜讯，让越来越多的民营企业家感觉上市并非遥不可及，于是开始积极打开股权结构，对内进行股权激励，对外开展融资并购。然而咨询业务的繁荣并没有让我欣喜，反而令我备感焦虑。俗话说，你只有吃过桃子，才知道桃子的味道。做实业的企业家都尝过"如何经营企业"的桃子，品过桃子的滋味后，可谓驾轻就熟。但"如何驾驭股权"的桃子，他们并没有真正尝过，这是全新的领域。当今发达的网络自媒体，让股权这个极度专业的领域出现了太多的"噪声"，导致很多企业家对股权的认知"快餐化"。但对拟上市公司而言，在股权设计时不统筹考虑法律、财税、管理、资本四个专业维度，后续不仅可能推倒重来，甚至会功亏一篑。对于一名专业人士来说，还有什么能比看着一家公司因为无知而掉进一个个股权陷阱更痛心疾首的呢！

　　痛的东西才会让人成长。我很感谢这些痛苦的经历，为了在咨询中解决这些棘手的实际问题，我一直向上向上，咬牙攻克法律、财税、管理、资本等领域的一个个难关。打通了这些领域后，我也彻底明白：股权设计中法律、财税、管理、资本是一体多面，只有在一个人的大脑中整合思考，合而为一，才会避免脱节、不留盲点，以终为始，一次想全、一次做对，这才是股权设计的正道，任何以专业名义进行割裂的思考都是错误的。这些思考也催生了我的使命感和事业愿景：为一家企业提供股权设计，我仅能改变一家企业，但如果将20年股权设计积累的知识体系和点滴心得付诸笔端倾囊而赠，不仅可以改变企业家的认知，还可能因我在跨界知识体系所做的努力，填平股权设计领域被专业割裂的鸿沟，进而影响中国股权专业服务生态。这样的愿景驱动我像愚公移山一样，在无数个不眠之夜充满动力地敲打键盘，去完成写作。为此，我也将公司取名"万利万威"，并发起股权架构师摇篮计划，希望未来有1万个人像我一样挚爱股权，用专业的力量为中国每一家想做百年传承的企业保驾护航。

李利威

FOREWORD
前　言

远离股权税收陷阱：税不多交不少交

你好，我是李利威，专注股权咨询 20 年，这是我写的第二本书。第一本书聚焦"股权架构"，这本则专注"股权税收"。股权是连接股东财富和企业运营的核心枢纽，重要性不言而喻。但股权之税由于是夹在老板和财务中间的细分专业领域，在实务中很容易成为盲区。而不重视股权税收，不仅容易在分红、重组、激励、上市等环节掉入税收陷阱，更可能因误判税负成本而做出错误的商业决策。本书希望带给你一个新视角，站在股东的角度去看税，并融合公司的商业模式、资本战略、组织架构，统筹全局考虑税务规划，从而远离税务风险，做对商业决策。

让股权税收人人都能学得会

企业家要懂商业，专业人要懂税务，企业家和专业人要有分工，这是普遍的共识。但科学分工有个重要前提，就是企业家和专业人有共同的语言体系。缺乏共同语言体系的恶果，就是企业家和专业人各说各话，不懂彼此，决策四分五裂，方案无法落地。本书的定位是老板和财务能一起读的税务书。希望企业家读完本书后，能拥有股权税收思维，在做商业决策时，不再因为对税的无知，忽略税负成本，最后做了赔本生意，更能拥有税收智慧，防止被交易对手神不知鬼不觉地转嫁税负，而吃了大亏；也希望专业人通过系统学习股权税收，可以站在股东角度给予高屋建瓴的建议，并在落地环节不因税收硬伤而让企业蒙受巨大损失。

为了让本书深入浅出，企业家和专业人都能读得懂、学得会，我做了如下努力：

1. 用案例贯穿始终

我的咨询公司有个股权案例库，通过日积月累已经有 8 000 多个真实发生的案例，有的来源于我们实际遇到的咨询项目；有的来源于上市公司公告。本书中我精心挑选了 50 个案例：一类是失败案例，希望你能以此为戒，避开股权税收的"坑"；另一类是成功案例，希望你能受到启发，把握税务规划的最佳时机。期待书中的案例能让你在似曾相识的场景中触发共振，获得更多领悟。

2. 语言通俗且专业

我讨厌艰深晦涩的文章，所以自己写作时下定决心要写"人话"。"人话"就是不卖弄、不故弄玄虚，用普通人能读懂的语言去表达。但写这本书的时候，我发现难度系数极高，毕竟税收是个很专业的领域，不用专业术语很难精准表达。经过冥思苦想，我找到一个既让读者读着轻松，又不丧失专业严谨的方式：正文用通俗易懂的语言去讲解税收原理，凡是涉及的专业知识点，我均在脚注中注明政策依据。希望通过这种方式既能让你读得进去，又能让你在应用时可以快速找到专业依据。

涵盖全生命周期的股权税收案头书

如果把股权税收比喻成一棵树，碎片化的学习只能得到枝叶，没有系统化的知识树干做支撑，枝叶将无处安放，也无法真正内化为学以致用的技能。所以，写作本书时，我以"公司设立—公司扩张—公司收缩—公司上市—公司整合"为时间轴，用 30 章的内容串联起企业全生命周期所有的股权涉税知识点。

1. 公司设立

创业者往往在创业之初聚焦于商业思考，忽略了税收维度的考量，以至于在企业做大之后才发现，曾经的"地基工程"由于缺乏税务规划，需要推倒重来，但亡羊补牢往往要付出巨大的代价。本书第一部分详细讲解四种股权架构模型以及企业类型选择。希望这部分内容可以帮你在大脑中画一张股权架构税负地图，有了这张地图做导航，你在未来的股改路上，就再也不用担心掉进股权税负的大坑了。

2. 公司扩张

这部分选取了企业在扩张阶段最常见的几种场景——非货币资产出资、股权合作、股权融资、转增资本、明股实债,详细剖析了这些场景涉及的税务知识点。你不仅可以掌握扩张期的涉税处理,还可以看到不同商业模式对税负的影响,从而将税务规划融合到企业的商业决策中。

3. 公司收缩

企业运营难免会经历潮涨潮落。这一部分着重讲解公司在战略性收缩过程中资产出售、股东退出、公司注销、资产剥离、合并分立的涉税处理。本部分在讲解过程中加入了对各种收缩模式的税负对比,比如股东退出的三种路径:转股、撤资、注销;再如资产剥离的四种方式:买卖、划转、投资、分立。希望通过这些对比,帮助企业在商业取舍时做好税收维度的权衡。

4. 公司上市

一旦公司进入上市备战阶段,企业家将面临非常多的课题。清楚自己在上市过程中需要承担的税负,避开上市过程中的税收陷阱,以及结合税负提前对个人财富进行规划也是其中之一。这一部分我精心挑选了上市基础税政,以及拟上市公司股权架构、股权代持、股份改制、股权激励几种场景的涉税处理,以便拟上市公司更好地结合税务规划设计自己的资本之路。

5. 公司整合

这部分着重讲解公司进入成熟期后的并购整合和境外扩张。在并购整合章节里,我以并购条款为主线,串联起并购中核心的税收知识点,希望该部分内容可以帮助企业在并购或被并购过程中避开税收陷阱、少走弯路。需要提示的是,这部分中出现了一个非常重要的概念——"股份支付",其涉税处理是股权税收领域的"硬骨头",但只要你能坚持下来,就会彻底打通股权税收的"任督二脉"。在本书最后两章中,我总结了三种境外架构模型,并逐一讲解了其涉税要点,希望对有国际化愿景的企业有所裨益。

送给你我的秘密武器

经常有学员向我询问：税收法规变化太快，从网络上搜索到的一不留心就是过时的，用过期的知识去做股权设计，带来的后果将是灾难性的，怎么能在浩如烟海的税收政策中快速查找到最新时效的法规呢？我有一项秘密武器。我和我的团队从2009年开始建立法规库，只要有新法规出台，我们就会第一时间入库，并标注失效法规，这个习惯坚持了13年，聚沙成塔形成了约80万字的股权税收法规库。现在我把这个秘密武器作为礼物送给你，你不仅可以在法规库里查找到本书援引的全部政策，还可以使用到最新时效的法规。你可以扫一扫下面的二维码，领取法规库电子版。

希望本书可以帮助企业家读者建立股权税收的思维体系，并成为非企业家读者遇到股权税收问题时可以查找答案的案头书。

李利威

| PART 1 |

第一部分

公司设立

俗话说，万丈高楼平地起，打好地基是前提。但创业者往往在创业之初聚焦于商业思考，忽略了税收维度的考量，以至于在企业做大了之后，才发现曾经的地基工程由于缺乏税务规划，需要推倒重来，但亡羊补牢往往要付出巨大的代价。

本书第一部分将从股权架构选择、注册地选择、企业类型选择三个维度着手，对初创企业必备的税务知识进行讲解。其中第1章至第4章讲解四种最常见的股权架构模型：个人持股直接架构、持股公司间接架构、有限合伙间接架构、混合型股权架构；第5章讲解四种股权架构模型的应用；第6章讲解创业者如何从税收维度出发对不同的企业类型进行选择。

CHAPTER 1

第 1 章

个人持股直接架构

本章我们将通过龙女士案例,讲解第一种股权架构模型——个人持股直接架构。

1.1 案例 1:龙女士投资⊖

1.1.1 案例背景

这个案例的主角姓龙,我们称之为龙女士。2012 年 1 月,龙女士与国有企业虎公司⊖合资成立了一家房地产开发公司,叫重庆神兽地产有限公司(以下简称"神兽公司")。神兽公司注册资本为人民币 1 000 万元,其中龙女士出资 490 万元,持股比例为 49%;虎公司出资 510 万元,持股比例为 51%(见图 1-1)。

⊖ 本案例根据真实案例改编,为了便于读者理解,案例中的数据经过简化处理,会与实际运营数据有出入。
⊖ 虎公司是一家注册在重庆的有限公司。

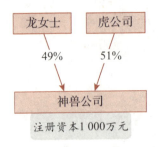

图 1-1　神兽公司成立之初的股权架构图

神兽公司建的商品房地段好、性价比高，很快销售一空。三年后，神兽公司实现盈利。神兽公司资产负债表中的净资产情况如表 1-1 所示。

表 1-1　神兽公司净资产统计表　　　　（单位：万元）

科目	金额
实收资本	1 000
资本公积	0
盈余公积	1 000
未分配利润	4 000
合计	6 000

截至 2015 年 12 月 31 日，神兽公司净资产合计 6 000 万元，其中实收资本 1 000 万元、资本公积 0、盈余公积 1 000 万元、未分配利润 4 000 万元。也就是说，神兽公司累计产生税后利润 5 000 万元，其中 4 000 万元可以分配给股东。

龙女士得知神兽公司盈利很高兴，于是和虎公司商议公司分红。

1.1.2　公司分红

龙女士和虎公司召开股东会议，决议将神兽公司的 4 000 万元未分配利润全部向两位股东进行分配。其中龙女士取得分红款 1 960（=4 000×49%）万元，虎公司取得分红款 2 040（=4 000×51%）万元。两位股东取得的分红款需要纳税吗？

1. 龙女士

龙女士是居民个人[一]，根据《个人所得税法》的规定，居民个人取得的股息红利所得，属于个人所得税征税范围，以每次收入额为应纳税所得额，适用税率为20%。也就是说，龙女士需要缴纳392（=1 960×20%）万元的个人所得税。

2. 虎公司

虎公司和神兽公司均为居民企业[二]。根据《企业所得税法》的规定[三]，符合条件的居民企业之间的股息、红利等权益性投资收益[四]属于免税收入。由于虎公司从神兽公司取得的股息红利，完全满足优惠条件，所以虎公司申请了免税待遇[五]。

神兽公司分红后，龙女士取得的股息红利需要缴纳个人所得税，并没有税收优惠；而虎公司可以申请免税待遇，无须缴纳企业所得税。这让龙女士感觉很不平衡，于是龙女士想到了一个"解决方案"。

[一]《中华人民共和国个人所得税法》（以下简称《个人所得税法》）第一条规定："在中国境内有住所，或者无住所而一个纳税年度内在中国境内居住累计满一百八十三天的个人，为居民个人。"非居民个人取得的股息红利所得的涉税处理，将在本书第29章进行讲解。

[二]《中华人民共和国企业所得税法》（以下简称《企业所得税法》）第二条第二款规定，居民企业，是指依法在中国境内成立，或者依照外国（地区）法律成立但实际管理机构在中国境内的企业。非居民企业取得的股息红利所得的涉税处理，将在本书第29章进行讲解。

[三] 见《企业所得税法》第二十六条第（二）项。

[四]《中华人民共和国企业所得税法实施条例》（以下简称《企业所得税法实施条例》）第八十三条规定，符合条件的居民企业之间的股息、红利等权益性投资收益，是指居民企业直接投资于其他居民企业取得的投资收益。股息、红利等权益性投资收益，不包括连续持有居民企业公开发行并上市流通的股票不足12个月取得的投资收益。

[五] 根据《国家税务总局关于修订企业所得税年度纳税申报表的公告》（国家税务总局公告2020年第24号）的规定，虎公司在神兽公司做出利润分配决定的当年，进行企业所得税汇算清缴申报时，分别填写《中华人民共和国企业所得税年度纳税申报表（A类）》（A100000）第17行、《符合条件的居民企业之间的股息、红利等权益性投资收益优惠明细表》（A107011）、《免税、减计收入及加计扣除优惠明细表》（A107010）第3行，以享受免税待遇。

1.1.3 公司转增

龙女士不愿缴纳股息红利所得的个人所得税，于是想到了一个替代方案，即神兽公司股东会不决议分红，而是改为将未分配利润转增公司资本（见图1-2）。龙女士的想法是，即使神兽公司分红，自己也需要再寻找投资项目继续投资。与其另起炉灶，还不如让神兽公司将4 000万元未分配利润转增资本，把神兽公司的注册资本由原来的1 000万元增加到5 000万元，增资后的神兽公司可以申请更高的房地产开发资质。未来，自己可以和虎公司继续合作，用神兽公司拿地并开发运营。

神兽公司将未分配利润转增至注册资本，龙女士个人账户并没有资金流入，那么龙女士是否需要缴纳个人所得税呢？

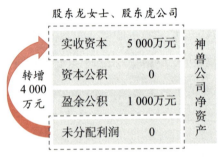

图1-2 神兽公司转增资本示意图

答案是，龙女士依然需要按"股息、红利所得"税目，适用20%的税率缴纳个人所得税[一]。为什么龙女士并没有拿到分红的钱，还要交税呢？

因为这个世界存在很多话语系统：商业有商业的语言，会计有会计的语言，税收有税收的语言。在商业的世界里，转增就是一件事：把未分配利润变成公司的注册资本。在会计的世界里，转增就是一笔会计分录——

[一] 见《财政部 国家税务总局关于将国家自主创新示范区有关税收试点政策推广到全国范围实施的通知》（财税〔2015〕116号）和《国家税务总局关于股权奖励和转增股本个人所得税征管问题的公告》（国家税务总局公告2015年第80号），详见本书第11章内容讲解。

借：未分配利润，贷：实收资本。但是在税收的世界里，需要用"分解原理"把其他世界里简单的一件事，分解成税收世界里的两件事：首先，神兽公司将未分配利润视同向股东分红；然后，股东将视同分红的款项向神兽公司投资，增加神兽公司的注册资本（见图1-3）。

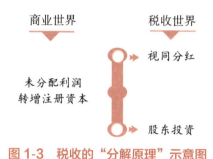

图1-3 税收的"分解原理"示意图

理解了分解原理，我们回到神兽公司转增资本的涉税处理。

1. 龙女士

神兽公司以未分配利润转增资本，龙女士是否缴纳个人所得税呢？

答：先视同神兽公司分红，股东龙女士取得股息红利需要缴纳20%的个人所得税；然后再视同龙女士以取得的股息红利投资，增加神兽公司注册资本。

2. 虎公司

神兽公司转增的时候，虎公司是否缴纳企业所得税呢？

答：先视同神兽公司分红，股东虎公司享受股息红利免税待遇；然后再视同虎公司以取得的股息红利投资，增加神兽公司注册资本。

在得知未分配利润转增资本，个人股东也要纳税后，龙女士觉得，既然未分配利润分红与未分配利润转增资本是同样的税收待遇，与其转增交税，还不如分红。最终，龙女士和虎公司商议决定，神兽公司将4 000万元未分配利润向股东分配。当然，分红的结局就是，龙女士缴纳了股息红利20%的个税；虎公司享受了股息红利的免税待遇。

龙女士交税后很委屈，因为龙女士分红回来的资金并没有用于个人消费，而是又投资到了大象公司（见图1-4）。

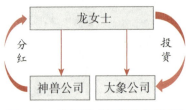

图1-4　分红资金再投资示意图

从一家公司分红回来的资金投入另一家公司，资金仅仅是转了个圈，却需要缴纳20%的个人所得税。

1.1.4　公司注销

转眼间，神兽公司迎来了成立后的第五年。我们来看这一年神兽公司的资产负债表，如图1-5所示，左侧银行存款800万元，右侧负债是0，净资产800万元。

图1-5　神兽公司资产负债表

净资产中包括实收资本1 000万元，资本公积0，盈余公积0，未分配利润-200万元。为什么未分配利润出现了200万元的亏损呢？原来神兽公司去年就把商品房销售一空，今年神兽公司没有收入入账，却发生了一些费用，加之账上的未分配利润已全部向股东做了分配，所以公司就出现了亏损。

2017年1月，神兽公司召开股东会议，两个股东一致同意将没有经营业务的神兽公司注销。神兽公司进入清算注销流程。神兽公司在清算时，账上还有800万元的银行存款。神兽公司注销后，800万元资金被分配给两个股东，其中，龙女士分回392（=800×49%）万元；虎公司分回408（=800×51%）万元（见图1-6）。

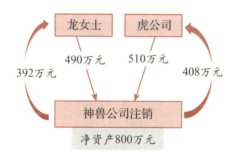

图1-6　神兽公司注销后股东分配资产示意图

神兽公司注销环节，股东取得公司分配的剩余资产，应如何进行涉税处理呢？

1. 龙女士

神兽公司成立时，龙女士投资了490万元，作为投资的税收成本；神兽公司注销时，龙女士收回392万元，应确认为龙女士的投资收入。也就是说，神兽公司注销环节，龙女士产生了投资损失98（=392-490）万元⊖。

⊖ 根据《国家税务总局关于个人终止投资经营收回款项征收个人所得税问题的公告》（国家税务总局公告2011年第41号）的规定，龙女士因终止投资从神兽公司收回的款项属于个人所得税应税收入，应按照"财产转让所得"项目计算缴纳个人所得税。计算公式为：应纳税所得额=龙女士取得的收回款项合计数－原实际出资额及相关税费。

龙女士在神兽公司曾经的分红环节，取得股息红利，缴纳了个人所得税。在神兽公司的注销环节，龙女士出现了投资损失。龙女士是否可以去税务机关申请退税或者申请未来抵税呢？

我们来看税法[一]的规定，个人所得税一共有9类所得：

（一）工资、薪金所得；（二）劳务报酬所得；（三）稿酬所得；（四）特许权使用费所得；（五）经营所得；（六）利息、股息、红利所得；（七）财产租赁所得；（八）财产转让所得；（九）偶然所得。[二]

其中第（一）项至第（四）项统称为综合所得，按纳税年度合并计算个人所得税；第（五）项至第（九）项所得，按次或按月分别计算个人所得税。

我们会发现，无论是股息红利所得，还是财产转让所得，均属于每次独立计算所得的项目。[三]这就意味着，龙女士在神兽公司注销环节产生的投资损失，既无法抵税，也不能退税，只能白白浪费。

2. 虎公司

神兽公司成立时，虎公司投资了510万元，作为投资的税收成本；在神兽公司注销环节，虎公司收回408万元，应确认为虎公司的投资收入。也就是说，在神兽公司注销环节，虎公司产生了投资损失102（=408−510）万元。

虎公司在当年企业所得税汇算清缴时，是否可以将这102万元投资损失在税前扣除呢？根据税法的规定，企业对外进行股权投资所发生的损失，在损失发生的年度，作为企业损失在计算企业应纳税所得额时一次性扣

[一] 本书援引税收法规时，使用了"税法规定"的表述，这里的税法是广义的理解，包括了法律、行政法规、部门规章、其他规范性文件等。

[二] 见《个人所得税法》第二条。

[三] 见《个人所得税法》第六条、《中华人民共和国个人所得税法实施条例》（以下简称《个人所得税法实施条例》）第十四条。

除。[一]由于企业所得税是按年度计算的，并允许汇算清缴[二]，因此虎公司可以将102万元投资损失抵减其他项目产生的应纳税所得额。

综上所述，在神兽公司注销环节，龙女士产生的投资损失"白白浪费"，而虎公司的投资损失允许税前扣除。

1.1.5 案例小结

我们现在对龙女士投资的三个阶段做个小结。

1. 公司分红时

神兽公司分红时，龙女士需要缴纳20%个人所得税，虎公司可申请免税待遇（见图1-7）。

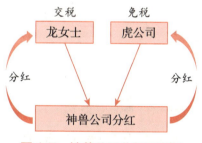

图1-7 神兽公司分红示意图

2. 公司转增时

神兽公司转增时，龙女士需要缴纳20%个人所得税，虎公司可申请免税待遇（见图1-8）。

[一] 见《国家税务总局关于企业股权投资损失所得税处理问题的公告》（国家税务总局公告2010年第6号）和《财政部 国家税务总局关于企业清算业务企业所得税处理若干问题的通知》（财税〔2009〕60号）。

[二] 《企业所得税法》第五十四条规定，企业应当自年度终了之日起五个月内，向税务机关报送年度企业所得税纳税申报表，并汇算清缴，结清应缴应退税款。

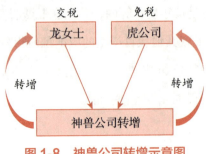

图1-8 神兽公司转增示意图

3. 公司注销时

神兽公司注销时,龙女士的投资损失不退不抵,虎公司的投资损失可以税前扣除(见图1-9)。

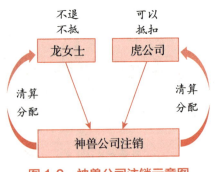

图1-9 神兽公司注销示意图

同样作为股东,龙女士与虎公司相比,税负重了很多。问题出在哪里呢?

因为龙女士投资神兽公司时,错误地选择了个人持股直接架构。那什么是个人持股直接架构呢?这种架构又存在哪些税收上的劣势呢?

1.2 个人持股直接架构六个后果

个人持股直接架构是指,个人股东在投资设立一家实体公司时,直接持有该实体公司的股权。这里的"实体公司"是指从事制造、经销、管理等实质性经营活动的公司。

在龙女士案例中,由于搭建了个人持股直接架构,龙女士在神兽公司分红、转增、注销环节都比虎公司承担了更高的税负。其实个人持股直接架构除了这些显而易见的直接税负弊端,还会引发很严重的间接后果,分别是不利于财富安全、公司财务有风险、公司不敢上市、阻碍信息化管理、再投资架构受限、易引发股东矛盾。

后果1:不利于财富安全

济南达达科技有限公司(以下简称"达达科技")的股东为王氏夫妻二人。股权架构如图1-10所示。

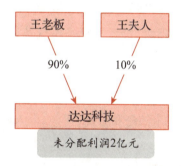

图1-10　达达科技股权架构图

达达科技成立已有十年,账面未分配利润高达2亿元。由于王氏夫妻采用了个人持股直接架构,导致达达科技只要向夫妻二人分红,二人就需要负担20%的个税,所以达达科技一直没有做过股息红利分配。王氏夫妻私人银行卡里并没有钱,所有的资金都在达达科技里。这就是最典型的"公司有钱,老板没钱"。商场如战场,只要经营总会有风险,一旦达达科技遇到始料未及的诉讼或处罚等,股东王氏夫妻可能会身无分文。究其根源,就是因为搭建了个人持股直接架构。

后果 2：公司财务有风险

河南有家楠楠贸易有限公司（以下简称"楠楠贸易"），股东为马老板和牛老板（见图 1-11）。

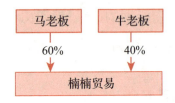

图 1-11　楠楠贸易股权架构图

由于两位老板都不想缴纳分红的个税，所以楠楠贸易一直未进行股息红利的分配。两位老板用钱时，要么用假发票从楠楠贸易套现，要么向楠楠贸易大额借款。前者导致楠楠贸易财务不规范，也导致股东个人银行卡资金无法说明来源，可以说存在公司和股东的双重风险。后者如果借款不归还，也不用于公司生产经营，根据税法⊖规定，税务机关可以将其未归还的借款视为公司对两位股东的红利分配，征收个人所得税。

后果 3：公司不敢上市

在个人持股直接架构下，由于分红税负重，所以极容易出现两套账和公司挂款多的问题。公司想上市时，会发现财务规范之路痛苦不堪。

除此之外，上市过程中有个必经步骤，叫"股份制改造"（简称"股改""股份改制"）。股改中有一个重要环节是"净资产折股"，其中就包含了未分配利润和盈余公积转增注册资本。如果是居民个人股东，净资产折

⊖ 见《财政部　国家税务总局关于规范个人投资者个人所得税征收管理的通知》（财税〔2003〕158 号）第二条的规定。在本书中，个人所得税也简称"个税"。读者可以扫封面二维码，领取股权税收法规库，查看本书援引的政策法规原文。

股环节会产生个人所得税。⊖而股改后公司是否能上市，又存在不确定性。所以，在能否上市还是个未知数时，要在股改时提前缴纳一大笔个人所得税，让很多老板对上市望而生畏。究其根源，都是个人持股直接架构惹的祸！

后果4：阻碍信息化管理

对于每家企业来说，信息化管理都是永恒的主题。但是企业圈里流行一句话："不上ERP等死，上了ERP找死。"为什么上了ERP是找死呢？因为信息化意味着管理规范化，但在个人持股直接架构下，股东长期不分红，而是通过虚开发票或挂款等不规范行为从公司套现，导致公司财务不敢透明化，这与ERP的规范目标水火不容。

后果5：再投资架构受限

白女士是A公司的股东，A公司目前有未分配利润5 000万元，白女士计划将其中的2 000万元与黑先生合资成立B公司。由于A公司的2 000万元利润分红至白女士需缴纳20%个税，为了不承担个税，白女士只能选择以A公司为投资主体设立B公司，从而让A公司和B公司形成了母子架构，而无法形成平行架构（见图1-12）。

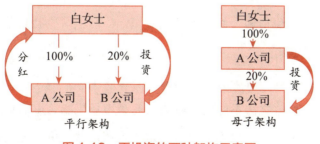

图1-12 再投资的两种架构示意图

⊖ 关于股份制改造的税务处理详见本书第23章的内容。

后果 6：易引发股东矛盾

个人持股直接架构还可能引发股东之间的矛盾。比如在龙女士案例中，当神兽公司赢利时，龙女士希望通过借款方式将利润提走，但虎公司希望用分红方式将利润提走（见图 1-13）。

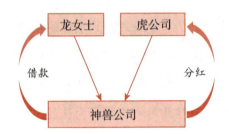

图 1-13　股东从神兽公司提走利润示意图

既然个人持股直接架构存在这么多问题，有什么好的解决方案吗？我们将在下一章学习持股公司间接架构，看看能不能解决问题。

1.3　本章实战思考

如果太阳消失，人类会在 8 分钟之后发现；但股权架构的税收之痛，却要在 N 年之后，企业做大的时候才能后知后觉。我做了 20 年股权咨询，遇到很多企业家在遭遇架构税收之痛时，抱怨税制不公：国家凭什么给公司股东分红以免税待遇，而不给个人股东？！但中国税制真的有问题吗？答案当然是否定的。

公司股东分红免税的背后，隐含着"税收中性"的立法原则。税收中性原则，是指税收立法不能使税收成为超越市场机制、影响资源配置和经济决策的核心因素。如果你觉得这个定义晦涩难懂，可以先回答我一个问题：你所在的公司，股东是个人还是公司呢？如果回答中包含了公司，我将继续追问：如果爸爸股东是公司，请问爷爷股东呢？如果你的回答中依然包含公司，我继续刨根问底：你的太爷爷股东呢？本着打破砂锅问到底的精神，只要你的回答中包含了公司股东，我就继续追问，追问到最后，股东无外乎两类：一类是个人，一类是国家机关。国家机关并非纳税主体，我们抛开不谈。我们会发现，非国企公司的股权架构就像金字塔，塔尖儿都是个人（见图1-14）。

图 1-14　股权架构的金字塔示意图

我们想象这样一幅画面，如果公司股东取得的股息红利不享受免税待遇，只要分红给公司股东，就需要交25%的企业所得税，再分一次，再交一次25%，等股息红利分到金字塔塔尖的个人股东的时候，股息红利已经被税收侵蚀得所剩无几了。所以，国家给予了公司股东分红的免税待遇，让公司股东作为"税收导管"，将利润向上导，导到最顶层个人股东时，因为已经是塔尖了，如果再不征税，资本利得将无税可征。也就是说，公司股东仅仅是中间的"导管层"，所以给予免税；而个人股东是顶部的"塔尖层"，所以要征税。

CHAPTER 2
第 2 章

持股公司间接架构

上一章我们讲解了个人持股直接架构。个人持股直接架构存在这么多问题，有什么好的解决方案吗？这一章我们讲解第二种股权架构模型——持股公司间接架构。

2.1 持股公司间接架构简介

2.1.1 什么是持股公司间接架构

持股公司间接架构是指，在投资设立实体公司前，个人股东先成立一家持股公司㊀，再由持股公司投资设立实体公司，这种架构称为"持股公司间接架构"（见图 2-1）。

在这种架构中，持股公司不进行任何具有实质性的制造、经销、管理等活动，其存续的唯一目的就是对外投资，账上也仅有投资类相关科目，

㊀ 持股公司的"持股"并不是指工商局登记的公司名称包含"持股"二字，而是指该公司的设立目的为持有股份。

比如实收资本、长期股权投资、其他应收款、投资收益等。这类持股公司相当于平台，所以又被称为"持股平台"。

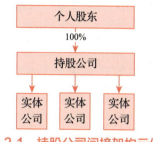

图 2-1　持股公司间接架构示例

持股公司间接架构有哪些税收优点呢？以龙女士为例，假设龙女士在投资神兽公司之前先注册成立持股公司，将持股公司作为持股平台，投资神兽公司、骆驼公司、大象公司（见图 2-2）。

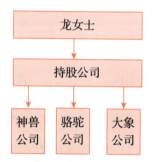

图 2-2　龙女士持股公司间接架构图

第一，分红免税待遇。

神兽公司、骆驼公司、大象公司，任何一家公司赢利均可以分红至持股公司，持股公司取得的股息红利免税。持股公司的资金可以用于再投资成立新公司。持股公司如同资金周转站一样，让投资分红的资金可以无税地进行再投资。

第二，转增免税待遇。

神兽公司转增资本时，视同神兽公司向持股公司分红，持股公司作为股东可以享受免税待遇。

第三，注销抵税效应。

神兽公司注销、持股公司收回投资时，如有投资损失可以在税前抵扣。

正是因为持股公司间接架构有这么多的税收优点，很多名企将个人持股直接架构调整为持股公司间接架构。

2.1.2 案例2：来伊份

来伊份（603777）被誉为中国零食第一股，创始人是施辉和施永雷父子。创业之初，父子二人搭建了直接架构，2010年来伊份启动上市计划，施永雷成立了爱屋企管㊀作为持股公司，将个人持股直接架构变成了持股公司间接架构（见图2-3）。

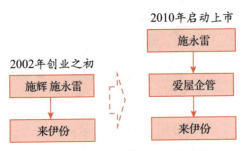

图2-3　来伊份的股权架构调整

类似案例还有东易日盛（002713），其被誉为中国家装第一品牌。在创业之初，东易日盛就是夫妻店，股东为丈夫陈辉与妻子杨劲。创业之初，夫妻二人最重要的使命是让公司活下来，股权架构也很简单，夫妻二人直接持股东易日盛。

2007年，东易日盛商业模式打磨成熟，公司开始赢利，夫妻二人成立了持股公司东易天正㊁，东易天正不做任何实质性运营，是纯粹的持股公司。

㊀ 爱屋企管全称为上海爱屋企业管理有限公司。

㊁ 东易天正全称为北京东易天正投资有限公司。

然后夫妻二人将持有的东易日盛股权全部转让给东易天正，将个人持股直接架构调整成了持股公司间接架构（见图 2-4）。

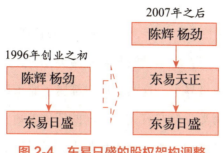

图 2-4　东易日盛的股权架构调整

2.2　两种股权架构的比较

2.2.1　案例 3：李老板卖股

李老板旗下有三个业务板块，分别是地产、矿业和零售，三类业务分别装在三家公司里。李老板采用的是持股公司间接架构，通过李氏控股⊖间接持有三家公司的股权（见图 2-5）。

图 2-5　李老板的产业版图

李老板今年 90 岁，90 岁的老人家不想再"开疆拓土"，只琢磨如何守业传承。他思考再三，决定将零售公司 100% 的股权全部出售，卖股套现

⊖ 李氏控股是一家有限责任公司。

的资金放到个人银行卡里,去做家族信托。

问:李氏控股将持有的零售公司 100% 股权出售,取得 1 亿元的股权转让所得,是否需要缴纳企业所得税?

答:需要,适用税率为 25%,而且没有免税待遇。

这里需要特别注意,股东投资收益有两类:一类是股息红利,另一类是转股所得。在商业世界里,这两类所得都属于股东投资赚的钱。但是在税收的世界里,这两类收益有着完全不同的征税规则。只要是符合条件的居民企业之间的股息红利,均属于免税收入,但居民企业取得的股权转让所得,并没有免税待遇。

下面让我们站在李老板的角度,为其测算卖股套现的总体税负。

1. 企业所得税

李氏控股将持有的零售公司 100% 股权出售,取得 1 亿元所得,需要缴纳 25% 的企业所得税。

2. 个人所得税

李氏控股缴纳了 25% 的企业所得税后,剩余 75% 的税后利润。李氏控股将 75% 的税后利润向李老板分红,需要代扣代缴李老板的个人所得税。该股息红利的个人所得税税率为 20%,税负为 15%[一]。

也就是说,转股套现赚的钱分配至李老板个人账户需要缴纳两道税:一道是企业所得税,税负 25%;另一道是个人所得税,税负 15%。整体税负合计高达 40%[二]。

如果李老板当初投资零售公司时,用了个人持股直接架构,则其转让

[一] 税负 15% 的计算公式为:(1− 企业所得税税率 25%)× 个人所得税税率 20% =15%。

[二] 企业所得税税负 25% + 个人所得税税负 15% = 整体税负 40%。

零售公司股权所得只需要缴纳一道个人所得税，税负只有20%[⊖]。

2.2.2 两种股权架构的总结

通过李老板案例，我们会发现，其实股权架构仅仅是工具，工具无所谓好坏，适合的就是最好的。股东可以分为两种：一种把被投资公司当成猪来养，我们称之为"养猪型股东"；另一种把被投资公司当成儿子来养，我们称之为"养儿型股东"。

1. 养猪型股东

一位企业家曾和我说："我绝对不会和被投资公司'谈恋爱'，因为一旦爱上公司了，就舍不得卖了。"也就是说，这位企业家把公司当成猪，买的时候公司是小猪，养肥了卖大猪赚钱。如果把被投资公司当猪养，计划未来转让套现，显然个人持股直接架构是更优的选择。

2. 养儿型股东

我们平时遇到更多的是另外一类股东。很多企业家不仅往公司投入金钱，还投入心血、时间、人脉、资源，因为投入的太多，他们往往会爱上这家公司，以至于不舍得卖掉。这类股东把被投资公司当成儿子来养，他们希望公司可以成为百年老店，未来有一天自己不做了，也会后继有人传承下去。如果是这类养儿型股东，他们不计划卖股权，投资收益来源于哪里呢？答：股息红利。因此这类股东显然更适合采用持股公司间接架构。

如果你想设立一家公司，是搭建个人持股直接架构好呢，还是持股公司间接架构好呢？这个问题的答案取决于你的持股目的是卖股套现还是长期持有。这个持股目的，我称之为"股权战略"。如果股权战略为长期持

⊖ 《个人所得税法》第三条第（三）项规定："利息、股息、红利所得，财产租赁所得，财产转让所得和偶然所得，适用比例税率，税率为百分之二十。"

有，可以考虑搭建持股公司间接架构；如果股权战略为卖股套现，可以考虑搭建个人持股直接架构（见图2-6）。

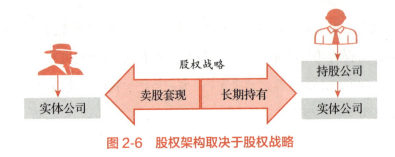

图2-6 股权架构取决于股权战略

2.3 本章实战思考

本章我们讲解了股权架构模型中的"持股公司间接架构"，并从税负维度，将个人持股直接架构和持股公司间接架构进行了对比。最后分享一下我在20年股权设计中的两点心得：第一，每一种股权架构都是一枚硬币，有正面也有背面，所以股权架构没有最好的，只有适合的；第二，不谈股权战略的架构设计都是空中楼阁，每种股权架构都要匹配持股目的，确定股权战略后方能确定股权架构。

有句话叫"理想很丰满，现实很骨感"，尽管我们一再强调，要先定股权战略，再搭股权架构，但在现实世界里，并不是每位企业家在创业之初都会有清晰的股权战略。本章留一道开放型思考题：如果企业家自己也不能确定未来会卖掉公司还是会长期持有，应该如何选择股权架构模型？之所以叫"开放型思考题"，是因为这道题并没有唯一的标准答案，不同的人基于不同的身份或者站在不同的视角，都可能会得到有价值的答案。你可以扫一扫封面的二维码，我会定期把我的思考以及我挑选的最棒的10个读者思考，分享给你。

CHAPTER 3
第3章

有限合伙间接架构

前两章我们学习了个人持股直接架构和持股公司间接架构，本章我们来学习第三种股权架构模型——有限合伙间接架构。

3.1 有限合伙间接架构基础税政

3.1.1 有限合伙间接架构简介

2007年6月1日，是中国商法史上具有里程碑意义的一天，因为修订后的《合伙企业法》㊀开始实施，从此中国诞生了一种新的组织体——有限合伙企业㊁。有限合伙企业包括两类合伙人，一类是普通合伙人，英语为general partner，缩写为"GP"；另一类是有限合伙人，英语为limited partner，缩写为"LP"（见图3-1）。

普通合伙人（GP）对合伙企业之债承担无限连带责任，而有限合伙人

㊀ 全称为《中华人民共和国合伙企业法》（以下简称《合伙企业法》）。
㊁ 如无特殊说明，本书中的合伙企业均指有限合伙企业。

（LP）对合伙企业之债承担有限责任。有限合伙间接架构是指，股东不直接投资设立实体公司，而是先设立有限合伙企业作为持股平台，再由持股平台间接持有实体公司的股权。典型的有限合伙间接架构如图3-2所示。

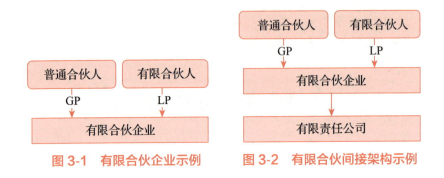

图 3-1　有限合伙企业示例　　图 3-2　有限合伙间接架构示例

近几年，有限合伙间接架构在实务中的应用越来越多。有限合伙间接架构到底该如何纳税呢？我们先通过牛牛合伙案例来了解合伙企业的税政⊖原理。

3.1.2　案例4：牛牛合伙

牛文和牛武两兄弟计划做投资，先后找到了8个金主。这10个人，每人投资1亿元，10个人共投资10亿元，设立了牛牛投资合伙企业（有限合伙），以下简称"牛牛合伙"。牛牛合伙在深圳投资了1家公司（见图3-3）。投资4年后，牛牛合伙将持有的深圳公司股权对外转让，股权转让收入为30亿元，也就是说，牛牛合伙转让股权取得了投资收益20亿元。

问：牛牛合伙取得20亿元投资收益，需要缴纳个人所得税还是企业所得税？

答：牛牛合伙既不用缴纳企业所得税，也不用缴纳个人所得税。⊜

⊖ 税政指税收政策。

⊜ 《合伙企业法》第六条规定，合伙企业的生产经营所得和其他所得，按照国家有关税收规定，由合伙人分别缴纳所得税。

图 3-3 牛牛合伙架构图

那牛牛合伙不缴纳，谁来缴纳呢？由牛牛合伙的合伙人缴纳。如果合伙人是个人，则合伙人需要缴纳个人所得税；如果合伙人是公司，则合伙人需要缴纳企业所得税㊀。如果合伙人还是合伙企业呢？那就继续往上导，由上一层合伙企业的合伙人去缴税（见图 3-4）。

图 3-4 合伙企业的纳税义务人

由此可见，合伙企业本身并不是所得税的纳税义务人。利润会"流经"合伙企业向上导，导到顶层的纳税义务人去缴纳所得税。因此，我们通俗地称合伙企业为"税收透明体"。牛牛合伙卖股取得了收益 20 亿元，这 20 亿元资金周转了两次：一次是牛牛合伙卖股权，资金流入牛牛合伙；另一

㊀ 《财政部 国家税务总局关于合伙企业合伙人所得税问题的通知》（财税〔2008〕159 号）第二条规定："合伙企业以每一个合伙人为纳税义务人。合伙企业合伙人是自然人的，缴纳个人所得税；合伙人是法人和其他组织的，缴纳企业所得税。"

次是牛牛合伙向牛文等合伙人分配,资金从牛牛合伙流入牛文等的个人账户。但在纳税上只有一道所得税,即牛牛合伙不用纳税,合伙人牛文等10人缴纳个人所得税(见图3-5)。

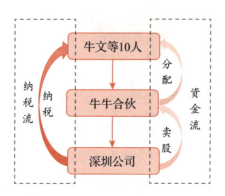

图3-5　合伙企业纳税流和资金流示意图

理解了合伙企业在税收原理上属于所得税"税收透明体",我们来继续讲解在转股模式下和分红模式下,有限合伙间接架构的纳税规则。

3.2　转股模式下的税负

3.2.1　持股非上市公司

马老板原来是阿里巴巴的高管,后辞职创业。他计划新成立一家科技公司。科技公司成立之初,马老板就定好了股权战略,科技公司将被阿里巴巴并购,通俗地说就是养肥了卖给阿里巴巴。

科技公司马上就要工商注册了,如何选择股权架构呢?摆在马老板面前的有三种选择:A个人持股直接架构;B持股公司间接架构;C有限合伙间接架构。

哪一种选择税负最优呢?让我们为马老板算算账(见图3-6):选择A

个人持股直接架构，马老板转让科技公司股权取得的所得，需要缴纳20%的个税；选择B持股公司间接架构，持股公司转让科技公司股权，取得的所得分配给马老板，需要缴纳两道税，合计税负40%㊀；那么选择C有限合伙间接架构呢？

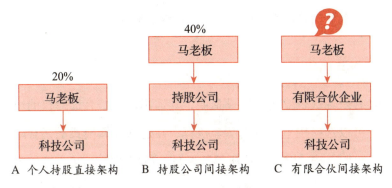

图3-6 三种股权架构税负图

合伙企业是税收透明体，所以其卖股所得无须缴纳所得税，仅由合伙人马老板交一道个人所得税。那马老板到底要交多少个税呢？要想知道马老板交多少个税，先要确定税率。要想确定税率，又需要先确定税目。个人所得税的税目和税率如表3-1所示。

表3-1 个人所得税税目、税率表

税目	适用税率
综合所得①	3%～45%
经营所得	5%～35%
利息、股息、红利所得	20%
财产租赁所得	20%
财产转让所得	20%
偶然所得	20%

注：本表根据《个人所得税法》第三条整理而成。
① 综合所得包括工资薪金所得、劳务报酬所得、稿酬所得、特许权使用费所得。

㊀ 企业所得税税负25%加个人所得税税负15%，具体见第2章。

表 3-1 的税目中，与合伙企业转让股权取得所得相关的有两个：一个是财产转让所得，适用税率为 20%；一个是经营所得，适用超额累进税率，当应纳税所得额超过 50 万元时，适用税率为 35%。

马老板应该用 35%㊀ 的税率还是 20% 的税率呢？根据税法规定㊁，这取决于作为持股平台的合伙企业是不是"创投企业"㊂。

1. 创投合伙企业

如果有限合伙企业属于创投企业，其适用税率是有选择权的。该创投合伙企业可以选择按单一投资基金核算，在这种核算模式下，有限合伙企业转让股权所得按"财产转让所得"税目，适用税率为 20%；该创投合伙企业也可以选择按年度所得整体核算，在这种核算模式下，按"经营所得"税目，适用税率为 35%㊃。

如果单看适用税率，我们很容易得出结论，创投合伙企业选择按单一投资基金核算更合算。但实务中并非如此，因为创投合伙企业按单一投资基金核算，虽然适用税率是 20%，但税基是收入减股权原值和转让环节合

㊀ 经营所得税目，应纳税所得额超过 50 万元，超过部分适用的税率为 35%。因为实务中，股权转让所得一般都超过 50 万元，所以大部分所得都适用 35% 的税率。后面为了叙述方便，均简单按 35% 税率进行表述。

㊁ 见《财政部 税务总局 发展改革委 证监会关于创业投资企业个人合伙人所得税政策问题的通知》（财税〔2019〕8 号）。

㊂ 创投企业，是指符合《创业投资企业管理暂行办法》（国家发展和改革委员会令第 39 号）或者《私募投资基金监督管理暂行办法》（中国证券监督管理委员会令第 105 号）关于创业投资企业（基金）的有关规定，并按照上述规定完成备案且规范运作的合伙制创业投资企业（基金）。

㊃ 《财政部 税务总局 发展改革委 证监会关于创业投资企业个人合伙人所得税政策问题的通知》（财税〔2019〕8 号）第二条规定：创投企业选择按单一投资基金核算的，其个人合伙人从该基金应分得的股权转让所得和股息红利所得，按照 20% 税率计算缴纳个人所得税；创投企业选择按年度所得整体核算的，其个人合伙人应从创投企业取得的所得，按照"经营所得"项目、5%～35% 的超额累进税率计算缴纳个人所得税。

理费用后的余额㊀；如果创投合伙企业选择按年度所得整体核算，虽然适用税率是5%～35%，但税基是收入减除成本、费用及损失后的余额㊁。所以，对于创投合伙企业，需要结合预测的财务数据做好税负测算，然后选择适合的核算模式，以保证税负最优。

2. 非创投合伙企业

如果有限合伙企业不是创投企业，则其无论采用何种核算模式，转让股权所得都将适用"经营所得"税目，应纳税所得额超过50万元的部分，适用35%的税率㊂，税基为收入总额扣除成本、费用和损失后的余额。

在本案例中，马老板设立的有限合伙企业仅仅是持股平台，并非创投企业，因此，对于有限合伙企业的转股所得，马老板按经营所得税目，适用35%的税率计算缴纳个人所得税。由此，我们可以得出结论，如果马老板的持股目的为卖股套现，三种股权架构可以任意选择时，税负最低的是个人持股直接架构（见图3-7）。

最后，我们再讨论合伙企业的纳税申报主体。虽然合伙企业是税收透明体，本身并不缴纳所得税，但国家给了合伙企业一个任务，就是申报

㊀ 《财政部 税务总局 发展改革委 证监会关于创业投资企业个人合伙人所得税政策问题的通知》（财税〔2019〕8号）第三条第（一）项规定：单个投资项目的股权转让所得，按年度股权转让收入扣除对应股权原值和转让环节合理费用后的余额计算，股权原值和转让环节合理费用的确定方法，参照股权转让所得个人所得税有关政策规定执行；单一投资基金的股权转让所得，按一个纳税年度内不同投资项目的所得和损失相互抵减后的余额计算，余额大于或等于零的，即确认为该基金的年度股权转让所得；余额小于零的，该基金年度股权转让所得按零计算且不能跨年结转。

㊁ 《财政部 税务总局 发展改革委 证监会关于创业投资企业个人合伙人所得税政策问题的通知》（财税〔2019〕8号）第四条规定，创投企业年度所得整体核算，是指将创投企业以每一纳税年度的收入总额减除成本、费用以及损失后，计算应分配给个人合伙人的所得。

㊂ 实务中，也有个别地方政府为了招商引资，允许非创投合伙企业的股权转让所得，适用20%的税率，但该做法并非主流观点。

缴纳个人合伙人的个人所得税^㊀，专业术语叫"代为申报"。合伙企业在每年 3 月 31 日之前，需要汇总上一年度的"经营所得"，采取"先分后税"的原则，计算合伙人应当缴纳的个人所得税，向税务机关代为申报缴纳。这里需要注意两点：

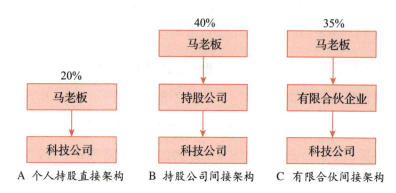

图 3-7　三种股权架构税负比较

第一，经营所得。

"经营所得"既包括合伙企业分配给所有合伙人的所得，也包括合伙企业当年留存的所得（利润）^㊁。因此，合伙企业无论是否将经营所得分配给合伙人，都需要代为申报纳税。

㊀ 《财政部 国家税务总局关于印发〈关于个人独资企业和合伙企业投资者征收个人所得税的规定〉的通知》（财税〔2000〕91 号）第二十条规定："投资者应向企业实际经营管理所在地主管税务机关申报缴纳个人所得税。投资者从合伙企业取得的生产经营所得，由合伙企业向企业实际经营管理所在地主管税务机关申报缴纳投资者应纳的个人所得税，并将个人所得税申报表抄送投资者。"

㊁ 《财政部 国家税务总局关于合伙企业合伙人所得税问题的通知》（财税〔2008〕159 号）第三条规定："合伙企业生产经营所得和其他所得采取"先分后税"的原则。具体应纳税所得额的计算按照财税〔2000〕91 号及《财政部 国家税务总局关于调整个体工商户个人独资企业和合伙企业个人所得税税前扣除标准有关问题的通知》（财税〔2008〕65 号）的有关规定执行。前款所称生产经营所得和其他所得，包括合伙企业分配给所有合伙人的所得和企业当年留存的所得（利润）。"

第二，先分后税。

"先分后税"中的"先分"是指先按照一定的比例①分配合伙企业的应纳税所得额，"后税"是指再按照分配的应纳税所得额乘以适用税率计算合伙人应当缴纳的个人所得税。

3.2.2 持股上市公司

以上我们介绍了通过有限合伙间接架构持有非上市公司股权，如果产生股权转让所得，应该如何纳税。如果通过有限合伙间接架构持有上市公司股票，产生股票转让所得，应该如何申报纳税呢？我们来看金山办公②的案例。

金山办公（688111）是全球领先的办公软件和服务提供商，主要从事WPS Office办公软件产品及服务的设计研发和销售推广。申报IPO时，金山办公的股权架构如图3-8所示。

根据金山办公招股说明书的披露，奇文一维、奇文二维、奇文三维、奇文四维、奇文五维、奇文六维、奇文七维、奇文九维、奇文十维（以下简称"奇文N维③合伙"）均为有限合伙企业，是金山办公为实施股权激励而设立的员工持股平台。

2019年11月，金山办公成功在科创板上市，每股发行价为45.86元。2021年8月，金山办公发布公告，上述奇文N维合伙持有的金山办公股份

---

① 《财政部 国家税务总局关于合伙企业合伙人所得税问题的通知》（财税〔2008〕159号）第四条规定："合伙企业的合伙人按照下列原则确定应纳税所得额：（一）合伙企业的合伙人以合伙企业的生产经营所得和其他所得，按照合伙协议约定的分配比例确定应纳税所得额。（二）合伙协议未约定或者约定不明确的，以全部生产经营所得和其他所得，按照合伙人协商决定的分配比例确定应纳税所得额。（三）协商不成的，以全部生产经营所得和其他所得，按照合伙人实缴出资比例确定应纳税所得额。（四）无法确定出资比例的，以全部生产经营所得和其他所得，按照合伙人数量平均计算每个合伙人的应纳税所得额。……"
② 金山办公全称为北京金山办公软件股份有限公司。
③ 奇文N维均为非创投合伙企业。

61 997 746 股已于 2020 年 11 月 18 日起解禁上市流通。奇文 N 维合伙拟减持其所持有的金山办公股份合计不超过 3 179 000 股。假设解禁期满，员工减持通过奇文 N 维合伙间接持有的金山办公股份 300 万股，交易价格为每股 250 元，合计减持收入为 7.5 亿元，员工取得间接持有股票的原始成本为每股 1 元[一]，金山办公上市首日至解禁日期间没有发生送、转股。员工最终取得减持套现的投资收益，需要缴纳哪些税呢？

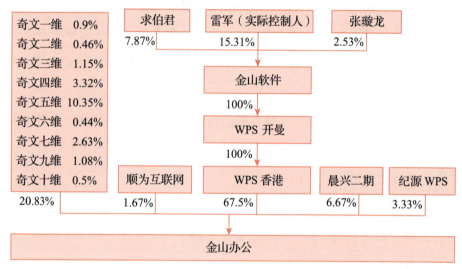

图 3-8　金山办公申报 IPO 时的股权架构图

1. 个人所得税

奇文 N 维合伙将持有的金山办公的股票转让，取得收入 7.5 亿元[二]，作为奇文 N 维合伙当年度的经营收入，减除成本 300 万元[三]，假设发生费用和损失 200 万元，则全部经营所得为 7.27 亿元[四]，再将该所得乘以合伙协议约

[一] 假设员工入股的流程为：员工以每份额 1 元的价格对奇文 N 维合伙投资，奇文 N 维合伙再将资金注入金山办公。

[二] 7.5 亿元是含税收入，需要换算成不含税收入。具体见后面脚注内容。

[三] 交易股数为 300 万股，每股原值为 1 元。

[四] 7.5 亿元 −300 万元 −200 万元 −1 784 万元 =72 716 万元。

定的分配比例,就可以计算出每名员工的应纳税所得额,因为每名员工分配的应纳税所得额均高于50万元,所以适用35%的个人所得税税率。

2. 增值税

根据税法规定[一],单位将其持有的限售股在解禁流通后对外转让的,需要缴纳增值税。销售额为卖出价扣除IPO的发行价的余额[二]。也就是说,奇文N维合伙减持股票取得的销售额,需要缴纳增值税1 784万元[三]。

这里需要提示的是,假设员工在入股金山办公时,没有通过合伙企业作为持股平台,而是个人直接持有金山办公的股票,则减持套现时,员工个人可以享受免征增值税的待遇[四]。

最后,我们对三种不同的股权架构下减持上市公司股票的税负进行对比(见图3-9)。对比后,我们会发现,个人持股直接架构下的税负依然最优。

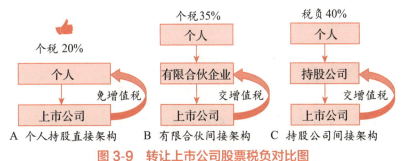

图3-9 转让上市公司股票税负对比图

[一] 见《财政部 国家税务总局关于全面推开营业税改征增值税试点的通知》(财税〔2016〕36号)附件2《营业税改征增值税试点有关事项的规定》"一、(三) 3."。

[二] 《国家税务总局关于营改增试点若干征管问题的公告》(国家税务总局公告2016年第53号)第五条规定:"单位将其持有的限售股在解禁流通后对外转让的,按照以下规定确定买入价:……(二)公司首次公开发行股票并上市形成的限售股,以及上市首日至解禁日期间由上述股份孳生的送、转股,以该上市公司股票首次公开发行(IPO)的发行价为买入价。……"

[三] 具体计算公式为:(7.5亿元-300万股×45.86元/股)/(1+3%)×3%≈1 784万元。其中(7.5亿元-300万股×45.86元/股)为含税销售额,需要换算成不含税价。因为奇文N维合伙在减持股票前没有收入,属于小规模纳税人,适用增值税税率为3%。

[四] 见《财政部 国家税务总局关于全面推开营业税改征增值税试点的通知》(财税〔2016〕36号)附件3《营业税改征增值税试点过渡政策的规定》第一条第(二十二)项。

3.3 分红模式下的税负

了解了卖股套现场景下有限合伙间接架构的税负后，我们继续讲解在分红模式下，有限合伙间接架构的税负。

3.3.1 案例5：掌趣科技[一]

掌趣科技（300315）于 2012 年 5 月在深交所上市。掌趣科技在申报 IPO 时的股权架构如图 3-10 所示。

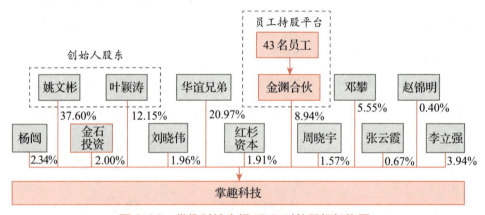

图 3-10 掌趣科技申报 IPO 时的股权架构图

金渊合伙[二]是掌趣科技的一个股东。该合伙企业是掌趣科技为实施股权激励而设立的员工持股平台，其合伙人是掌趣科技的 43 名员工。这 43 名员工里，有一名员工叫范丽华，时任掌趣科技页游事业部总监。下面以范丽华为例，来分析她在不同场景下的税负[三]。

第一种情形：卖股套现

金渊合伙将持有的掌趣科技股份转让，范丽华的税负是多少？

[一] 掌趣科技全称为北京掌趣科技股份有限公司。本案例资料来源于《北京掌趣科技股份有限公司首次公开发行股票并在创业板上市招股说明书》。
[二] 金渊合伙全称为天津金渊投资合伙企业（有限合伙）。
[三] 假设发生以下场景时，掌趣科技未上市。

适用税率

金渊合伙是税收透明体，无须缴纳所得税，仅仅由范丽华缴纳个人所得税。由于金渊合伙不是创投企业，且应税所得额超过50万元，因此适用税率是35%。

纳税时间

由于金渊合伙的经营所得既包括其分配给所有合伙人的所得，也包括其当年留存的所得（利润），所以不论金渊合伙是否将股权转让所得分配给范丽华，金渊合伙均需在次年3月31日之前，汇总当年度的"经营所得"，按"先分后税"的原则，计算范丽华应当缴纳的个人所得税，向主管税务机关代为申报缴纳。

第二种情形：公司分红

掌趣科技向金渊合伙分红，金渊合伙再把取得的股息红利分配给范丽华。这种情况下，范丽华又该如何纳税呢？

适用税率

金渊合伙是税收透明体，无论取得股息红利还是取得卖股所得，都无须缴纳所得税，也就是说仅由范丽华缴纳个人所得税。范丽华的个税适用税率是多少呢？我们来看国税函〔2001〕84号文的规定：

> 合伙企业对外投资分回的利息或者股息、红利，不并入企业的收入，而应单独作为投资者个人取得的利息、股息、红利所得，按"利息、股息、红利所得"应税项目计算缴纳个人所得税。㊀

由此可见，范丽华通过金渊合伙取得掌趣科技的分红，适用股息红利税目，税率为20%。

㊀ 《国家税务总局关于〈关于个人独资企业和合伙企业投资者征收个人所得税的规定〉执行口径的通知》(国税函〔2001〕84号)。

纳税时间

范丽华应该在什么时点缴纳上述股息红利的个税呢？

实务中有三种观点。第一种观点是在掌趣科技分红的年度，也就是金渊合伙取得股息红利的年度终了后三个月内汇算清缴。在汇缴时，金渊合伙代为申报范丽华20%的个税。第二种观点是在金渊合伙分红时，也就是金渊合伙将股息红利分配给范丽华时，金渊合伙才需要代扣代缴范丽华20%的个税。第三种观点是金渊合伙取得分红时，就应按次代扣代缴范丽华的个税，而无须等到年度终了后汇算清缴。

这三种观点哪种正确呢？我们来看税法的规定：

以合伙企业名义对外投资分回利息或者股息、红利的，应按《通知》㊀所附规定的第五条精神确定各个投资者的利息、股息、红利所得，分别按"利息、股息、红利所得"应税项目计算缴纳个人所得税。㊁

个人独资企业的投资者以全部生产经营所得为应纳税所得额；合伙企业的投资者按照合伙企业的全部生产经营所得和合伙协议约定的分配比例确定应纳税所得额，合伙协议没有约定分配比例的，以全部生产经营所得和合伙人数量平均计算每个投资者的应纳税所得额。前款所称生产经营所得，包括企业分配给投资者个人的所得和企业当年留存的所得（利润）。㊂

个人合伙人按照其应从基金股息红利所得中分得的份额计算其应纳税额，并由创投企业按次代扣代缴个人所得税。㊃

㊀《财政部 国家税务总局关于印发〈关于个人独资企业和合伙企业投资者征收个人所得税的规定〉的通知》(财税〔2000〕91号)。

㊁ 见《国家税务总局关于〈关于个人独资企业和合伙企业投资者征收个人所得税的规定〉执行口径的通知》(国税函〔2001〕84号)第二条。

㊂ 见《财政部 国家税务总局关于印发〈关于个人独资企业和合伙企业投资者征收个人所得税的规定〉的通知》(财税〔2000〕91号)第五条。

㊃ 见《财政部 税务总局 发展改革委 证监会关于创业投资企业个人合伙人所得税政策问题的通知》(财税〔2019〕8号)第三条第（二）项。

上述规定均强调了个人合伙人按照"应分得的份额"计算缴纳个税，并非按照实际分配的金额。因此，第二种观点是不可取的。目前，个人合伙人取得股息红利的纳税时点，主流的观点为第三种，即合伙企业取得被投资企业股息红利时就需要按次代为申报范丽华的个税。笔者建议，在实务中，合伙企业应积极与主管税务机关进行沟通，以了解其执行口径。

下面进行小结。在不同的股权架构模型下，范丽华取得掌趣科技的分红，税负是相同的，均为20%。虽然三种股权架构下分红税负相同，但纳税时间并不一致（见图3-11）。

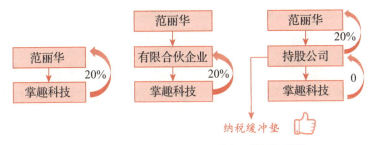

图 3-11 三种股权架构股息红利纳税时间

第一种：个人持股直接架构。掌趣科技分红时，就需要代扣代缴范丽华的个税。第二种：有限合伙间接架构。掌趣科技分红时，有限合伙企业需要为范丽华申报缴纳个税。第三种：持股公司间接架构。掌趣科技分红时，持股公司免税；只有当持股公司分红至范丽华时，才需要代扣代缴范丽华的个税。因此，持股公司间接架构具有纳税缓冲垫的功能。

3.3.2 案例6：开心麻花

本案例的主角叫开心麻花⊖，但因为税，开心麻花却不开心了。这要从开心麻花搭建的股权架构说起。开心麻花的创始人是张晨和遇凯。2013年2月，

⊖ 开心麻花全称为北京开心麻花娱乐文化传媒股份有限公司。本案例资料来源于《北京开心麻花娱乐文化传媒股份有限公司创业板首次公开发行股票招股说明书申报稿》和《北京开心麻花娱乐文化传媒股份有限公司公开转让说明书》。

开心麻花对包括张晨和遇凯在内的 11 名核心高管实施了股权激励。在具体实施激励时，11 名高管设立了开心兄弟合伙㈠作为持股平台。2015 年开心麻花挂牌新三板。截至 2017 年 6 月，开心麻花的股权架构如图 3-12 所示。

2018 年 12 月，新三板公司开心麻花召开了股东大会，决议分红 1.98 亿元，其中开心兄弟合伙取得股息红利 2 000 万元。早在 2014 年，国家为了支持新三板，给予了新三板个人股东分红优惠，只要个人持股时间超过 1 年，就可以享受免个税的待遇㈡。

但开心兄弟合伙的 11 个兄弟很快得知，由于优惠政策只给予"个人直接持股"，而这 11 名合伙人是通过有限合伙企业间接持股，因此无法享受免税待遇。从法规条文看，不给予税收优惠的确没问题㈢。但开心兄弟合伙并没有实质运营，纯粹是员工持股平台，仅仅因为投资者搭建了有限合伙间接架构，便无法享受税收优惠，11 名兄弟确实开心不起来。在有限合伙间接架构中，类似这种情况还有很多，我们再来看蓝色光标（300058）案例。上市公司蓝色光标通过有限合伙企业智度德普㈣间接持股智度投资㈤（见图 3-13）。

㈠ 开心兄弟合伙全称为北京开心兄弟投资管理中心（有限合伙）。

㈡ 个人持有挂牌公司的股票，持股期限超过 1 年的，对股息红利所得暂免征收个人所得税。见《财政部 国家税务总局 证监会关于实施全国中小企业股份转让系统挂牌公司股息红利差别化个人所得税政策有关问题的通知》(财税〔2014〕48 号)、《财政部 国家税务总局 证监会关于上市公司股息红利差别化个人所得税政策有关问题的通知》(财税〔2015〕101 号)、《财政部 税务总局 证监会关于继续实施全国中小企业股份转让系统挂牌公司股息红利差别化个人所得税政策的公告》(财政部公告 2019 年第 78 号)。

㈢ 《国家税务总局稽查局关于 2018 年股权转让检查工作的指导意见》(税总稽便函〔2018〕88 号)第一条第（三）项，关于自然人投资者从投资成立的合伙企业取得的股息、红利是否适用财税〔2015〕101 号文件享受优惠政策问题的意见：财税〔2015〕101 号文件规定，个人从公开发行和转让市场取得上市公司股票，适用上市公司股息红利差别化个人所得税政策。该"个人"不包括合伙企业的自然人合伙人。

㈣ 智度德普全称为北京智度德普股权投资中心（有限合伙）。

㈤ 智度投资全称为智度投资股份有限公司（现为智度科技股份有限公司）。

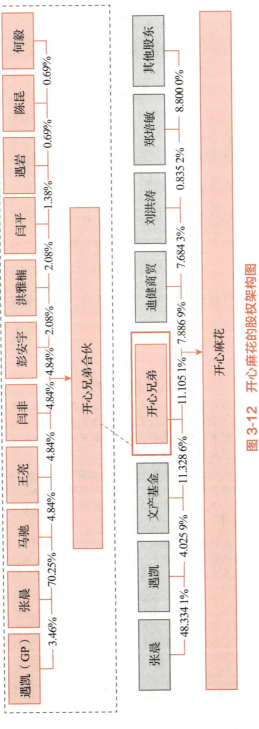

图 3-12 开心麻花的权权架构图

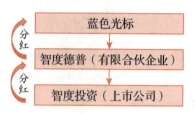

图 3-13　蓝色光标投资智度德普架构图

智度投资分红至智度德普，智度德普再将股息红利分配给蓝色光标，蓝色光标是否可以享受免税待遇呢？

如果蓝色光标直接持股智度投资，从智度投资取得的分红享受免税待遇显然没问题。但当蓝色光标搭建了有限合伙间接架构后，也会遭遇和开心麻花同样的烦恼，由于不符合"直接投资"而无法享受免税待遇⊖。实务中由于搭建了有限合伙间接架构，而导致合伙人无法享受税收优惠的情形如表 3-2 所示。

表 3-2　有限合伙间接架构无法享受税收优惠汇总表

事项	具体描述	税收政策
居民企业股息红利免税待遇	只有居民企业直接投资于其他居民企业取得的投资收益才能享受免税待遇，因此居民企业通过合伙企业间接持有其他居民企业股权而取得的股息红利无法享受免税待遇	《企业所得税法实施条例》第八十三条
个人从上市公司取得股息红利免税	个人从公开发行和转让市场取得的上市公司股票，持股期限超过 1 年的，股息红利所得暂免征收个人所得税。个人通过有限合伙架构间接持股无法享受该免税待遇	财税〔2015〕101 号
个人从新三板公司取得股息红利免税	个人持有挂牌公司的股票，持股期限超过 1 年的，对股息红利所得暂免征收个人所得税。个人通过有限合伙架构间接持股无法享受该免税待遇	财政部公告 2019 年第 78 号
股权激励递延纳税优惠	非上市公司授予本公司员工的股权激励，符合规定条件的，经向主管税务机关备案，可实行递延纳税政策。实务中，很多税务机关对有限合伙企业作为持股平台，不给予税收优惠备案①	财税〔2016〕101 号

① 见本书第 24 章内容。

⊖ 《企业所得税法》第二十六条和《企业所得税法实施条例》第八十三条规定，只有居民企业直接投资于其他居民企业取得的投资收益才能享受免税待遇。

（续）

事项	具体描述	税收政策
转增资本个税递延纳税优惠	中小高新技术企业以未分配利润、盈余公积、资本公积向个人股东转增股本时，经向税务机关备案，个人股东可以享受五年递延纳税优惠。个人通过有限合伙企业间接持股，无法取得备案，导致不能享受税收优惠	财税〔2015〕116号
个人转让上市公司股票的增值税免税待遇	个人从事金融商品转让业务，免增值税。由于上市公司股票属于金融商品，所以个人转让上市公司股票，可以享受免征增值税的待遇。但个人通过有限合伙企业间接持有上市公司股票，由于税法并未给予有限合伙企业免税待遇，所以无法享受该增值税优惠	财税〔2016〕36号附件3"一、（二十二）5."

如果企业遇到上述情况，只能与主管税务机关进行沟通协商，并遵守其执行口径。

3.4　有限合伙间接架构总结

以上我们讲解了有限合伙间接架构在转股和分红两种场景下的涉税知识点，下面进行总结。

1. 持股目的为卖股

通过牛牛合伙案例，我们了解到合伙企业属于税收透明体，因此当持股目的是卖股套现时，以合伙企业作为持股平台的有限合伙间接架构，能避免持股公司间接架构的重复征税问题○。在马老板卖股案例中，我们又了解到，当持股目的是卖股套现时，有限合伙间接架构由于适用"经营所得"税目，因此整体税负高于个人持股直接架构。也就是说，当持股目的为卖股套现时，税负从低到高，依次为个人持股直接架构→有限合伙间接架构→持股公司间接架构（见图3-14）。

○ 持股公司间接架构中，持股公司转让持有的被投资公司股权，取得的所得需要缴纳企业所得税，持股公司向个人股东分红需要缴纳个人所得税。

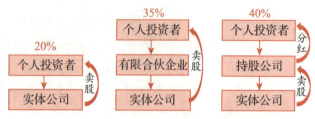

图 3-14 卖股场景下，三种股权架构税负比较

也许有人会问，当股权战略为卖股套现时，有限合伙间接架构并非税负最佳，为什么还要选择呢？原因在于，股权架构设计中，除了税负的考量，还有很多非税的考虑。有限合伙间接架构虽然未必税负最优，却有其他非税维度的优势，在本书第 5 章盐津铺子案例中，我们就会看到企业便是基于非税收因素的考虑，最终采用了有限合伙间接架构。

2. 持股目的为分红

通过掌趣科技案例，我们了解到在分红模式下，三种股权架构最终的所得税税负相同，但纳税时点有差异。由于持股公司间接架构具有纳税缓冲垫的功能，所以更有优势（见图 3-15）。

图 3-15 分红场景下，三种股权架构税负和纳税时点比较

3.5 本章实战思考

我的股权咨询公司每个月都会有针对新入职股权设计师的内部培训，

新人往往在听了股权架构税负分析的讲解后很兴奋，立即摩拳擦掌、跃跃欲试，想要为企业进行股权设计。但在现实世界里，情况远比案例展示出来的复杂，结论也不会这么简单和单一。因为股权架构模型的选择除了税负维度，还有很多非税维度的考量，比如法律维度的控制权设计、管理维度的激励效果、资本维度的融资上市规划等。另外，上述案例中无论有限合伙企业还是持股公司，都是纯粹的持股平台，没有进行任何的实质性经营，并且仅仅持股一家实体公司。而在现实世界里，持股平台也有可能承担一定的管理职能，或者持股了 N 家实体公司。因此具体到每个个案，还需要量体裁衣，只有进行多维度考量和多场景模拟税负测算，才能得出恰当的结论。

CHAPTER 4
第 4 章

混合型股权架构

在前三章我们分别讲解了个人持股直接架构、持股公司间接架构、有限合伙间接架构。这一章我们来学习这三种股权架构的"组合拳"——混合型股权架构。

4.1 什么是混合型股权架构

通过前面的内容,我们了解到,股权架构需要匹配股权战略。不同的股权战略代表着股东不同的持股诉求,但在实践中,一个公司会有多个股东,不同股东的诉求会有所不同,而且同一个股东的诉求也可能是多元化的。于是,针对不同股东和不同诉求的混合型股权架构便应运而生了。

典型的混合型股权架构如图 4-1 所示,创始人及其家族设立控股公司 A,控股公司 A 与创业伙伴持有控股公司 B,控股公司 B 投资设立控股公司 C,控股公司可能会引入战略投资人,控股公司 C 持有部分实体公司/拟上市公司股权;创始人和创业伙伴直接持股部分实体公司/拟上市公司股权。高管和员工通过有限合伙企业持有实体公司/拟上市公司股权。

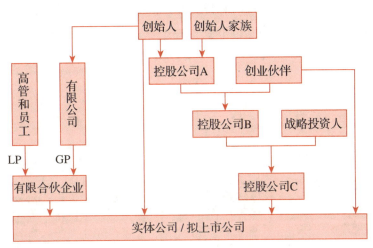

图 4-1 混合型股权架构图

混合型股权架构有哪些涉税知识点呢？我们来看下面的公牛集团案例。

4.2 案例 7：公牛集团

公牛集团[一]（603195）创立于 1995 年，是中国制造业 500 强企业。公牛集团的创始人是阮学平和阮立平兄弟二人（以下简称"阮氏兄弟"）。2020 年 2 月，公牛集团在上交所主板挂牌上市。以下为公牛集团在申报 IPO 时的股权架构图（见图 4-2）。

第 1 类：创始股东池，包括阮立平、阮学平、良机公司[二]、铄今公司[三]；第 2 类：家族股权池，包括阮氏兄弟的三姐妹阮亚平、阮小平、阮幼平和他们共同设立的凝晖合伙[四]；第 3 类：二代传承池，包括阮立平的女儿阮舒

[一] 公牛集团全称为公牛集团股份有限公司。
[二] 良机公司全称为宁波良机实业有限公司。
[三] 铄今公司全称为宁波梅山保税港区铄今投资管理有限公司。
[四] 凝晖合伙全称为宁波凝晖投资管理合伙企业（有限合伙）。

泓和女婿朱赴宁，以及他们共同设立的泓宁公司^㊀和齐源宝合伙^㊁；第 4 类：股权激励池，包括 26 名高管和穗元合伙^㊂；第 5 类：外部资金池，包括高瓴投资、伯韦投资、孙荣飞、晓舟投资。下面着重讲解前 4 类股权池的架构设计。

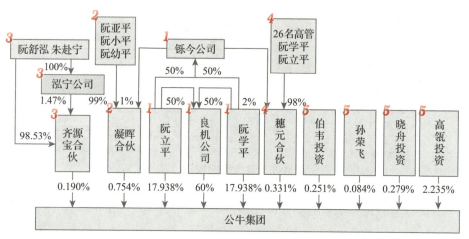

图 4-2　公牛集团申报 IPO 时股权架构

4.2.1　创始股东池

阮氏兄弟直接持有公牛集团约 35% 的股权，又通过持股平台良机公司间接持有公牛集团 60% 的股权，除此之外，阮氏兄弟还共同投资设立了铄今公司（见图 4-3）。

问题 1：为什么阮氏兄弟要搭建持股公司间接架构？

在本书第 2 章，我们曾分析过，创始人股东选择什么样的股权架构模型，取决于股权战略。如果是养儿型股东，计划长期持股，建议搭建持股公司间接架构；如果是养猪型股东，计划短期套现，建议搭建个人持股直

㊀ 泓宁公司全称为宁波泓宁亨泰投资管理有限公司。
㊁ 齐源宝合伙全称为宁波齐源宝投资管理合伙企业（有限合伙）。
㊂ 穗元合伙全称为宁波穗元投资管理合伙企业（有限合伙）。

接架构。那么，阮氏兄弟在公牛集团上市后，是计划把公司当成儿子来养，做成百年老店，还是会把公司当猪来养，日后出售股票套现养老呢？

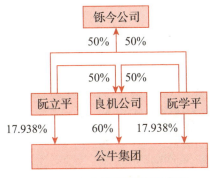

图 4-3 公牛集团创始股东池

公牛集团作为行业龙头，坐拥品牌、技术等护城河，绝对是一家可以传承百年的民族企业，除非发生极端情况，否则阮氏兄弟绝不会放弃公牛集团的控股权。当阮氏兄弟作为养儿型股东，用良机公司作为持股平台搭建间接架构至少有如下优点㊀。

（1）持股公司取得股息红利有免税待遇。

公牛集团分红至持股公司，持股公司可以享受免税待遇，持股公司可以将免税的分红资金，用于再投资。分红—再投资—再分红—再投资，如果循环反复，持股公司可以形成"资金池"。

（2）架构重组有更多税收优惠空间。

在架构重组过程中，企业所得税与个人所得税相比较，有更多的税收优惠政策，也有更完善的配套程序法规。比如，企业合并和分立，公司股东的企业所得税政策非常明确，也有税收优惠可以申请，但个人股东的税政就缺乏明确的规定，也没有税收优惠可以申请。

㊀ 除了税收维度，拟上市公司采用持股公司间接架构，还有其他非税收维度的考量，具体可以见拙作《一本书看透股权架构》。

问题 2：为什么阮氏兄弟要直接持股？

公牛集团上市后，阮氏兄弟不会放弃公牛集团的控股权，但有可能减持部分股票，用于家庭消费。如果是卖股套现，收益装入阮氏兄弟个人钱包，阮氏兄弟直接持股会让其税负最低。

问题 3：为什么设立铄今公司这家公司？

阮氏兄弟为什么要设立铄今公司呢？铄今公司又承载着什么功能呢？我们继续看第 2 类——家族股权池。

4.2.2 家族股权池

阮氏三姐妹阮亚平、阮小平、阮幼平通过凝晖合伙间接持有公牛集团的股份，阮氏三姐妹作为凝晖合伙的有限合伙人（LP），阮氏兄弟设立的铄今公司作为凝晖合伙的普通合伙人（GP）(见图 4-4)。

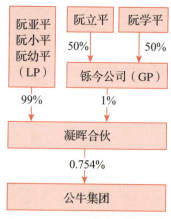

图 4-4　公牛集团家族股权池

为什么阮氏兄弟用铄今公司做普通合伙人（GP）呢？

（1）风险隔离。

根据《合伙企业法》的规定，GP 需要对合伙企业的债务承担无限连带责任[1]。如果铄今公司做 GP，承担无限连带责任的主体将是铄今公司。也就是说，设立铄今公司，让阮氏兄弟和凝晖合伙之间建立一道法律防火墙。

（2）方便更换实际控制人。

目前，凝晖合伙的实际控制人是阮氏兄弟，但不排除未来可能会更换。从工商流程角度，如果直接让阮氏兄弟做 GP，则每次更换 GP，都需要凝晖合伙的 LP 签字，程序很烦琐。但如果是铄今公司做 GP，可以直接在铄今公司层面更换股东，操作就很简单。

4.2.3 二代传承池

阮舒泓是创始人阮立平的女儿。阮舒泓和丈夫朱赴宁，共同成立了泓宁公司，然后用泓宁公司作为 GP，夫妻二人作为 LP，设立了齐源宝合伙（见图 4-5）。

问：用有限公司做 GP，税负上有什么缺陷？应该如何规避？

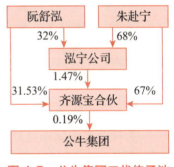

图 4-5　公牛集团二代传承池

如果公牛集团分配股息红利至齐源宝合伙，齐源宝合伙再将取得的股息红利分配至泓宁公司，由于泓宁公司取得的股息红利，并非从直接投资的居民企业分配的，所以无法享受免税待遇[2]。因此，作为 GP 的泓宁公司，持有齐源宝合伙的份额比例越小越好。也就是说，GP 的功能并非取得投资收益，而是掌控合伙企业的话语权。

用分类的方式把公牛集团的整体架构讲解完毕后，我们会发现，公牛集团既有个人持股直接架构，又有持股公司间接架构，还有有限合伙间接

---

[1]《合伙企业法》第二条第三款：有限合伙企业由普通合伙人和有限合伙人组成，普通合伙人对合伙企业债务承担无限连带责任，有限合伙人以其认缴的出资额为限对合伙企业债务承担责任。

[2] 详细讲解见本书第 3 章内容。

架构。这三种架构的混搭，我们称为"混合型股权架构"（见图4-2）。

4.2.4 股权激励池

26名高管通过穗元合伙作为持股平台，间接持有公牛集团的股权（见图4-6）。

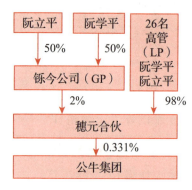

图4-6 公牛集团股权激励池

为什么公牛集团选择注册有限合伙企业作为员工持股平台，而没有选择以持股公司作为员工持股平台呢？结合第3章对有限合伙间接架构的介绍，我们可以做出如下猜想。

1. 有利于公牛集团的股权管理

与个人持股直接架构相比较，员工通过有限合伙间接架构持有公牛集团的股份，可以更加灵活地制定进入和退出机制，而且有限合伙企业的持股平台中，员工做LP，阮氏兄弟控制的公司做GP，有利于表决权集中给阮氏兄弟。㊀

㊀ 关于有限合伙间接架构的非税功能，可以参考拙作《一本书看透股权架构》，机械工业出版社，2019年出版。

2. 有降低税负的功能

与持股公司间接架构相比较，员工通过有限合伙间接架构持有公牛集团的股份，承担的税负更低，具体可以参考本书第 3 章的内容。

4.3 本章实战思考

混合型股权架构是针对不同股东对股权的不同诉求，以及同一股东对股权的多元化诉求准备的股权架构工具。需要注意的是，混合型股权架构看起来很"美"，但在实践中设计的难度系数很高。因为混合型股权架构兼顾的持股平台和股东类型越多，股权重组路径选择的空间就越少，一旦股权战略发生变化，调整的难度是要远远高于单一的股权架构的。作为股权咨询领域的老兵，我给企业的建议是，建立以终为始的股权设计理念。第一步，定时间轴；第二步，在时间轴上标注阶段性目标；第三步，以终为始搭建股权架构。虽然我们都无法抵御不确定性带来的风险，但我们可以努力降低这种风险带来的股权架构调整上的成本。

| CHAPTER 5 |
第 5 章

四种股权架构的应用

前四章我们介绍了四种最基本的股权架构模型,并分别讲解了每种模型的涉税知识点。本章我们将通过盐津铺子的股权架构变迁史,对前四章讲解的知识点进行系统梳理和应用剖析。

5.1 案例 8:盐津铺子

盐津铺子(002847)成立于 2005 年,于 2017 年在深交所中小企业板上市,被媒体誉为"中国零食自主制造第一股"。创始人为张学武和张学文两兄弟。

盐津铺子的股权架构经历过三个重要的阶段,我们来逐一讲解。

5.1.1 第一阶段:直接持股

1. 2005 年

盐津铺子的前身盐津有限⊖在浏阳设立,股东为张学武、张学文和张敬

⊖ 盐津有限全称为湖南盐津铺子食品有限公司,后更名为盐津铺子食品有限公司。

唐，三人的持股比例分别为：张学武 51%，张学文 33%，张敬唐 16%。其中张学文为张学武之兄，张敬唐为张学武前妻张莉的弟弟。

2. 2009 年

2009 年 10 月，张学武与前妻张莉离婚，随后张莉的弟弟张敬唐按照 1 元/注册资本的价格，将其持有的 16% 的股权转让给张学武和张学文，彻底退出盐津铺子股东行列。

3. 2010 年

2010 年 6 月，张学武和张学文向盐津有限增资，增资后，股东结构更改为张学武持股 70%，张学文持股 30%。

4. 2012 年

2012 年 12 月，兄弟二人协商后，决定对 31 名骨干员工实施股权激励。股权激励的定价参考盐津有限的净资产，认购价格为 3 元/注册资本。该 31 名员工对盐津有限均采取个人持股直接架构，股权激励完成后，盐津有限的股权架构如图 5-1 所示。

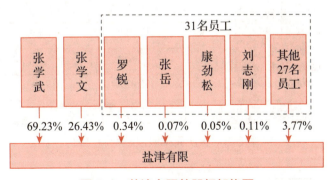

图 5-1　盐津有限的股权架构图

5.1.2 第二阶段：间接持股

1. 2014 年 6 月之前

从 2013 年到 2014 年 5 月，盐津铺子又经历了几次股权更迭，截至 2014 年 5 月，其股权架构如图 5-2 所示。

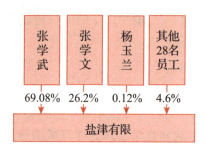

图 5-2　股权更迭后盐津有限的股权架构图

2. 2014 年 6 月之后

2014 年 6 月，盐津铺子开始对股权架构进行调整，张学文、张学武和 28 名员工均改变了持股架构。其中张学武投资设立了持股平台公司盐津控股㊀，张学文投资设立了持股平台公司昊平投资㊁，然后张氏兄弟将部分个人持股直接架构调整为持股公司间接架构（见图 5-3）。

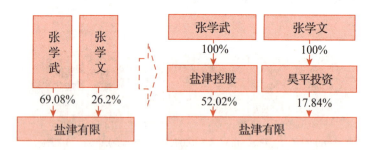

图 5-3　张氏兄弟股权架构调整图

㊀ 盐津控股全称为湖南盐津铺子控股有限公司。
㊁ 昊平投资全称为湖南昊平投资有限公司。

28名员工和张学武、杨玉兰共同投资设立了同创合伙[一]，然后将个人持股直接架构调整为有限合伙间接架构（见图5-4）。

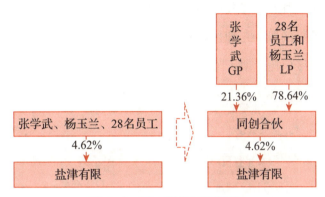

图 5-4　员工股权架构调整

上述股权架构调整完毕后，盐津有限将注册地由浏阳迁到长沙，随后整体变更为股份公司。截至盐津铺子申报IPO时，其股权架构如图5-5所示。

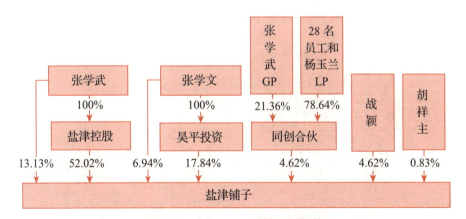

图 5-5　申报 IPO 时的股权架构

5.1.3　第三阶段：直接持股

2017年2月，盐津铺子成功敲钟上市，股票发行价为9.14元。随后发

[一] 同创合伙全称为湖南盐津铺子同创企业（有限合伙）。

起人股东持有的盐津铺子股票进入了漫长的锁定期。2020年，盐津铺子上市满三年，发起人的股票均解禁，但无论是张氏兄弟还是通过同创合伙间接持股的员工，均没有减持盐津铺子的股票。2021年2月，张学文依然没有减持盐津铺子的股票，却选择通过注销昊平投资的方式调整了股权架构，将持股公司间接架构变回了个人持股直接架构（见图5-6）。

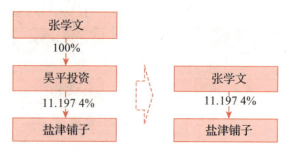

图5-6　张学文第二次股权架构调整

同年6月，通过同创合伙①间接持股的25名员工及张学武、杨玉兰，通过证券非交易过户的方式调整了股权架构②，由有限合伙间接架构变回个人持股直接架构（见图5-7）。

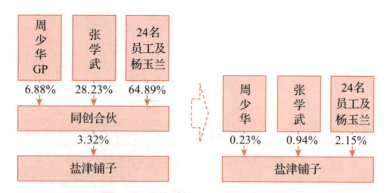

图5-7　员工第二次股权架构调整

为什么盐津铺子要伤筋动骨进行两次股权架构调整呢？

---

① 同创合伙后更名为平顶山一燊同创企业管理合伙企业（有限合伙）。
② 股权架构调整中的税务处理见本书第三部分讲解。

5.2 两次股权架构调整的原因

5.2.1 直接架构变间接架构

1. 张氏兄弟

2014年,张氏兄弟为什么要将部分个人持股直接架构调整为持股公司间接架构呢?

在第2章,我们曾经对个人持股直接架构和持股公司间接架构进行过对比。如果持股目的是长期分红,创始人股东更适合搭建持股公司间接架构;如果持股目的是卖股套现,创始人股东更适合搭建个人持股直接架构。在2014年,盐津铺子的发展蒸蒸日上,无论是大股东张学武,还是二股东张学文,都是事业如日中天之时,兄弟二人均计划长期持有盐津铺子的股权。因此,无论从盐津铺子分红到各自"大钱包公司"的角度,还是从分红再投资免税的角度,张氏兄弟设立各自的持股公司,并搭建持股公司间接架构都是彼时最有利的选择。

2. 28名员工

28名员工为什么也将个人持股直接架构调整为有限合伙间接架构呢?

员工投资入股盐津铺子,无论是直接持股还是间接持股,获得的投资收益无外乎股息红利和卖股所得。下面我们就以28名员工中在盐津铺子担任总经理助理的邱湘平为代表,测算下其个人直接持股和通过有限合伙企业间接持股的税负。假设盐津有限2013年向股东分红,邱湘平取得分红款1 000万元。不同架构模式下,邱湘平的税负如表5-1所示。

由此可见,在盐津有限分红时,员工个人直接持股和有限合伙间接持股,税负上并无差异。

假设2013年邱湘平从盐津有限退出,取得股权转让所得200万元,假设投资成本为 20 万元，则在不同架构模式下，邱湘平的税负如表 5-2 所示。

表 5-1　分红场景下，邱湘平税负对比表

	个人持股直接架构	有限合伙间接架构
股息红利	1 000 万元	1 000 万元
适用税目	股息红利	股息红利
适用税率	20%	20%
应纳个税	200 万元	200 万元

表 5-2　转股场景下，邱湘平税负对比表

	个人持股直接架构	有限合伙间接架构
股权转让所得	200 万元	200 万元
适用税目	财产转让所得	经营所得
适用税率	20%	5%～35%
应纳个税	36 万元[①]	56.45 万元[②]

①计算公式为：（200-20）×20%=36（万元）。

②计算公式为：（200-20）×35%-6.55=56.45（万元），其中 6.55 为速算扣除数。

由此可见，当员工转让盐津有限股权时，员工个人直接持股的税负比有限合伙间接持股的税负低。

既然税负上并没有优势，为什么 28 名员工还要调整持股模式呢？答案是：基于非税方面的原因。我们来看，从 2012 年 12 月员工入股到 2014 年 6 月架构调整，此期间发生了哪些事件，促使员工改变持股模式。

（1）员工离职。

2013 年 2 月，激励对象罗锐离职，其持有的盐津有限的股权被收回[㊀]；2013 年 7 月，激励对象张岳和康劲松离职，其持有的盐津有限的股权被收回[㊁]。

[㊀] 罗锐与张学武签订《股权转让协议》，将其持有的盐津有限 19.25 万元出资额以 57.75 万元的价格转让给张学武。

[㊁] 张岳与张学武签订《股权转让协议》，将其持有的盐津有限 3.85 万元出资额以 12.705 万元的价格转让给张学武。康劲松与张学武签订《股权转让协议》，将其持有的盐津有限 2.75 万元出资额以 9.075 万元的价格转让给张学武。

（2）员工离婚。

2013 年 9 月，激励对象刘志刚与妻子杨玉兰离婚，在离婚财产分割中，刘志刚持有的盐津有限股权全部分割给妻子杨玉兰。就这样，直至盐津铺子上市，非员工杨玉兰一直是公司的股东。

经历过几次股权更迭后，创始人张学武意识到，个人直接持股非常不利于盐津有限的股权管理，每次股东变更均需要在拟上市公司盐津有限层面召开股东会，并进行工商变更登记。因此，很有必要将个人持有的盐津有限股权归集到一个持股平台里集中持股。而有限合伙间接架构恰好是最佳的持股管理工具，不仅方便约定员工的进入和退出机制，还有利于集中普通合伙人（GP）张学武的控制权㊀。

5.2.2　间接架构变直接架构

如果说从直接架构变成间接架构是基于张氏兄弟深思熟虑的选择，那为什么在上市后，又再次将间接架构变回直接架构呢？

1. 张学文

盐津铺子上市后，张学文于 2019 年 10 月离职。张学文离职的原因我们不得而知，也许仅有中学学历的他跟不上上市公司的发展，也许是已经奋斗数十年的他想退隐"江湖"。总而言之，张学文从盐津铺子彻底退出。如果张学文想将盐津铺子的股份全部减持套现，张学文—昊平投资—盐津铺子的间接架构税负如何呢？我们将张学文持股公司间接架构和张学文持股直接架构的税负做个对比。假设张学文将持有的盐津铺子 1 448.494 4 万股（占比 11.197 4%）的股票减持套现，每股价格为 106 元，假设投资总成

㊀ 关于有限合伙间接架构的非税功能，可以参考拙作《一本书看透股权架构》，机械工业出版社，2019 年出版。

本为3 000万元，不同架构模式下，张学文的税负如表5-3所示。

表5-3　张学文整体税负比较表　　（单位：亿元）

	个人持股直接架构	持股公司间接架构
股票转让所得	15.35	15.35
昊平投资增值税	0	0.79①
昊平投资所得税	0	3.56②
张学文的个税	3.01③	2.2④
总体税负合计	3.01	6.56
张学文税后收益	12.34	8.80

①计算公式为：（106-9.14）×1 448.494 4×6%/(1+6%)/10 000=0.79（亿元）。
②计算公式为：（15.35-0.79-0.3）×25%=3.56（亿元）。
③计算公式为：（15.35-0.3）×20%=3.01（亿元）。
④计算公式为：（15.35-3.56-0.79）×20%=2.2（亿元）。

由此可见，在减持套现情况下，与持股公司间接架构相比，个人持股直接架构税负更低，是更优的架构选择。

2. 25名员工

盐津铺子上市后，2020年5月同创合伙的普通合伙人（GP）由张学武换成了时任盐津铺子高管的周少华。这说明张学武彻底放弃对同创合伙的控制，同创合伙的27名合伙人⊖也开始步入减持盐津铺子股票的预备期。我们将27名合伙人有限合伙间接架构和个人持股直接架构做个对比。假设27名合伙人将持有的盐津铺子430.057 8万股（占比3.32%）的股票减持套现，每股价格为106元，每股投资成本为3元，不同架构模式下，27名合伙人的税负如表5-4所示。

由此可见，在减持套现情况下，与有限合伙间接架构相比，个人持股直接架构税负更低，是更优的架构选择。

⊖　27名合伙人包括25名员工和杨玉兰、张学武。

表 5-4　27 名合伙人整体税负比较表　　（单位：亿元）

	有限合伙间接架构	个人持股直接架构
股票转让所得	4.56	4.56
同创合伙所得税	0	不适用
同创合伙增值税	0.24①	0
27 名合伙人个税	1.45②	0.89③
总体税负合计	1.69	0.89
27 名合伙人税后收益	2.87	3.67

①计算公式为：（106-9.14）×430.057 8×6%/（1+6%）/10 000=0.24（亿元）。
②计算公式为：（4.56-430.057 8×3/10 000-0.24）×35%-6.55/10 000×27=1.45（亿元）。
③计算公式为：（4.56-430.057 8×3/10 000）×20%=0.89（亿元）。

5.3　本章实战思考

我从事了 20 年股权咨询，不断地与企业家碰撞交流，不停地对股权架构进行思考，通过本章盐津铺子的案例，我很想与你分享以下心得。

第一，股权架构设计是个"系统工程"

在搭建股权架构的过程中，税负最低的股权架构尽管受人青睐，却未必是最优的选择。在选择持股架构的时候，需要用商业的思维，并综合法律、税务、资本等硬规则进行系统权衡。

第二，股权架构设计需要"量体裁衣"

通过前四章的内容，我们了解到，在不同的股权战略下，不同的股权架构选择会导致不同的税负。本章盐津铺子案例又提供给我们新维度，除了股权战略外，还需要区分控股股东和非控股小股东，来有针对性地进行架构设计。股东类别不同，对公司的控制力就会有所不同，导致获得股权收益的路径不同，进而也会影响股东的税负。

第三，股权架构设计需要"以终为始"

我们建造一栋大楼，会从打地基开始，地基究竟要挖多深，取决于大楼需要盖多高。股权架构就是每家公司的地基工程，一旦股权战略发生调整，就会伴随着股权架构的调整。在本案例中，我们看到张学文从个人持股直接架构变为持股公司间接架构，又从持股公司间接架构变回个人持股直接架构，究其根源，就是股权战略发生了变化。本案例没有讲解上述架构调整过程中的税负[一]，但事实上，股权架构并非想变就变，而是要付出沉重的税收代价。因此，设计股权架构必须培养以终为始的思维方式。

[一] 关于股权架构调整过程中的税负，见本书第20章的内容。

CHAPTER 6
第 6 章

企业类型如何选择

6.1 案例 9：王者咨询

2021 年，老王从世界 500 强公司埃森哲咨询离职，开启自己的创业之旅。老王为自己的商号取名为"王者咨询"，计划招聘 5 名员工，人均年薪约 30 万元。除了人力成本外，王者咨询每年还需要约 250 万元的固定支出，包括办公室租赁费、广告费等。王者咨询年成本费用合计约为 400 万元。下面我们就从创业者老王的视角，来看看不同的企业类型和所得类型的选择，对其纳税有何影响。

6.1.1 企业类型的选择

1. 五种企业类型

老王应该如何选择新设企业的类型呢？实务中，老王可以有表 6-1 所示的五种选择。

表 6-1 企业类型汇总表

选择	企业名称	企业性质	企业类型
选择 1	王者管理咨询有限公司	有限公司	法人
选择 2	王者管理咨询股份公司	股份公司	法人
选择 3	王者管理咨询中心	个人独资企业	非法人
选择 4	王者管理咨询合伙企业	合伙企业	非法人
选择 5	王者管理咨询工作室	个体工商户	非法人

前两种均是公司，适用法人税制，纳税规则基本相同，我们统称为"法人"；后三种都不具有法人资格，均适用非法人税制，纳税规则基本相同，我们统称为"非法人"。法人和非法人的纳税规则有什么不同呢？

非法人不缴纳企业所得税

根据税法的规定㊀，无论是个体工商户、个人独资企业，还是合伙企业，都属于非法人企业，本身并不需要缴纳企业所得税，而是以投资者为纳税义务人。也就是说，非法人企业比起法人企业，会少申报 1 个税种——企业所得税。

投资者适用的个税税率不同

公司的个人股东取得公司分配的股息红利，适用 20% 的个人所得税税率。而非法人企业投资者取得的经营所得，适用 5%～35% 的超额累进税率。

留存利润的纳税时点不同

对于公司的个人股东，只有当公司的股息红利分配到个人名下时，才需要缴纳个人所得税㊁，也就是说，应纳税所得额是分配给投资者个人的股

㊀ 见《财政部 国家税务总局关于印发〈关于个人独资企业和合伙企业投资者征收个人所得税的规定〉的通知》（财税〔2000〕91 号）、《国家税务总局关于印发〈个体工商户个人所得税计税办法（试行）〉的通知》（国税发〔1997〕43 号）、《个体工商户个人所得税计税办法》（国家税务总局令第 35 号）。

㊁ 见《国家税务总局关于利息、股息、红利所得征税问题的通知》（国税函〔1997〕656 号）。

息红利。但对于非法人企业，却并非如此，让我们来看财税〔2000〕91号的规定：

个人独资企业的投资者以全部生产经营所得为应纳税所得额；合伙企业的投资者按照合伙企业的全部生产经营所得和合伙协议约定的分配比例确定应纳税所得额，合伙协议没有约定分配比例的，以全部生产经营所得和合伙人数量平均计算每个投资者的应纳税所得额。

前款所称生产经营所得，包括企业分配给投资者个人的所得和企业当年留存的所得（利润）。㊀

由此可见，对于非法人企业的投资者，即使留存利润尚未分配到其个人名下，也需要并入经营所得，缴纳个人所得税。

2. 老王的选择

了解了法人企业和非法人企业的不同后，我们站在老王的角度，对比其设立法人企业和非法人企业的税后投资收益㊁（见表6-2）。假设王者咨询的不含税年收入为1 000万元㊂。

表6-2 老王设立不同类型企业投资收益对比表（单位：万元）

企业组织类型	不含税收入	年成本费用	企业所得税	税后利润	老王缴纳个人所得税	老王税后收益
法人企业	1 000	400	150①	450	90②	360
非法人企业	1 000	400		600	201.35③	398.65

① 计算公式为：（1 000-400）×25%=150（万元）。
② 计算公式为：（1 000-400-150）×20%=90（万元）。
③ 计算公式为：（1 000-400-6）×35%-6.55=201.35（万元），其中6为每年个税基本扣除费用（每月5 000元）；6.55为速算扣除数。

㊀ 见《财政部 国家税务总局关于印发〈关于个人独资企业和合伙企业投资者征收个人所得税的规定〉的通知》（财税〔2000〕91号）附件1第五条。
㊁ 法人企业是指有限公司或股份公司；非法人企业是指个体工商户、合伙企业、个人独资企业。
㊂ 假设非法人企业专项扣除、专项附加扣除以及依法确定的其他扣除忽略不计。

根据以上测算，选择注册非法人企业，老王的税后收益更多，非法人企业貌似略胜一筹。但在实务中，老王没有选择非法人企业，而是注册了"王者管理咨询有限公司"（以下简称"王者咨询公司"）。老王为什么做这种选择呢？

原因1：利润留存的考虑

王者咨询每年产生几百万元的税后利润，但老王作为投资者并没有规划每年分红，而是希望将利润留存在王者咨询，用于扩大经营以及作为运营滚动资金。如果王者咨询为个人独资企业等非法人企业，则不管其是否进行利润分配，全部经营所得（包括分配给老王的所得和当年留存的利润）均需要作为应纳税所得，缴纳个人所得税。但如果王者咨询注册为公司，只要没有向股东老王分配留存利润，老王就无须缴纳个人所得税。因此，当考虑到非法人企业未分配的"留存利润"要提前纳税，其税负低的优势就没那么重要了。

原因2：非税因素的考虑

除了上述税收维度的考量，老王还有很多非税因素的考虑，比如基于法律风险的考虑：公司股东以认缴的出资额为限对公司承担责任，而非法人企业的投资者对企业承担连带责任。再比如，基于品牌传播的考虑：在普通人的心智中，个人独资企业等非法人企业等同于"小企业"，而设立公司更有利于对外展示其品牌形象。

6.1.2 所得类型的选择

王者咨询公司很快完成注册。在老王的努力下，公司的业务蒸蒸日上，首次创业的老王颇感欣慰。但老王接下来又被一个问题困扰：王者咨询公司应该如何给老王发工资薪金呢？老王既是公司的股东，又是公司的高管，这双重身份意味着，他既可以从公司取得股息红利，又可以从公司取得工资薪金。

那么老王从王者咨询公司取得股息红利，和老王从王者咨询公司取得工资薪金，税负差异大吗？我们来看税法的规定。

根据《个人所得税法》的规定，下列各项个人所得，应当缴纳个人所得税：

（一）工资、薪金所得；（二）劳务报酬所得；（三）稿酬所得；（四）特许权使用费所得；（五）经营所得；（六）利息、股息、红利所得；（七）财产租赁所得；（八）财产转让所得；（九）偶然所得。

上述所得中，第（一）项至第（四）项称为综合所得，适用3%至45%的超额累进税率[一]；第（五）项经营所得，适用5%至35%的超额累进税率[二]；第（六）项至第（九）项，适用20%的比例税率。

由此可见，工资薪金适用的税率最高为45%，而股息红利适用的税率仅为20%。那是否可以由此得出结论，老王取得股息红利更划算呢？答案却是否定的。股息红利所得适用20%的税率，虽然比综合所得最高45%的税负要低很多，但需要注意的是，股息红利所得是用公司税后利润分配的。也就是说，分配给个人股东的股息红利已经在公司缴纳了25%的企业所得税，因此个人股东取得的股息红利的实际税负是40%[三]。

下面我们就为老王算算账。假设王者咨询公司发生的成本费用为400万元（不包含向老王发放的工资薪金），表6-3是王者咨询公司不同的年收入、发薪模式和分红模式下老王的税后收益对比情况。

[一] 超过96万元的部分适用45%的税率。
[二] 超过50万元的部分适用35%的税率。
[三] 计算过程为：25%+（1−25%）×20%=40%。

表 6-3 老王的税后收益对比表　　　　（单位：万元）

情形	公司年收入	发老王工资	老王税后收益	
			发薪模式	分红模式
情形 1	500	100	76	60
情形 2	600	200	131	120
情形 3	700	300	186	180
情形 4	800	400	241	240
情形 5	900	500	296	300
情形 6	1 000	600	351	360
情形 7	1 200	800	461	480

注：老王税后收益的计算过程见表 6-4。

通过上述数据测算，我们会发现，当王者咨询公司向老王发工资约 400 万元时，发薪模式和分红模式对老王税后收益并无影响；但当王者咨询公司向老王发薪低于 400 万元时，发薪模式下老王的税后收益要高于分红模式；当王者咨询公司向老王发薪高于 400 万元时，分红模式下老王的税后收益要高于发薪模式。

王者咨询公司的年收入已经超过了 1 000 万元，是不是意味着老王会采用分红模式呢？答案却是否定的。老王最终选择让王者咨询公司向其每年发薪 100 万元，其他收益通过分红方式取得。老王为什么会做出这种选择呢？

因为上述数据测算是基于一个前提，就是老王既是王者咨询公司唯一的股东，也是王者咨询公司唯一的管理者，这两种特殊身份的合二为一，让他可以自主选择发薪金额和分红金额。但老王一直计划进行股权激励，一旦公司的股权结构被打开，就意味着老王将不再是王者咨询公司唯一的股东和唯一的管理者，无论是老王的发薪金额，还是分红的时点，老王都不能再搞"一言堂"。如果上述数据测算的前提被打破，表 6-3 的结论也就不会成为老王决策时唯一权衡的要素了。

表6-4 老王的税后收益计算表

(单位：万元)

所得类型	情形1 发薪模式	情形1 分红模式	情形2 发薪模式	情形2 分红模式	情形3 发薪模式	情形3 分红模式	情形4 发薪模式	情形4 分红模式	情形5 发薪模式	情形5 分红模式	情形6 发薪模式	情形6 分红模式	情形7 发薪模式	情形7 分红模式
不含税年收入	500.0	500.0	600.0	600.0	700.0	700.0	800.0	800.0	900.0	900.0	1 000.0	1 000.0	1 200.0	1 200.0
年成本费用	400.0	400.0	400.0	400.0	400.0	400.0	400.0	400.0	400.0	400.0	400.0	400.0	400.0	400.0
发老王工资	100.0	—	200.0	—	300.0	—	400.0	—	500.0	—	600.0	—	800.0	—
企业所得税①	0.0	25.0	0.0	50.0	0.0	75.0	0.0	100.0	0.0	125.0	0.0	150.0	0.0	200.0
税后利润	0.0	75.0	0.0	150.0	0.0	225.0	0.0	300.0	0.0	375.0	0.0	450.0	0.0	600.0
向老王分红	0.0	75.0	0.0	150.0	0.0	225.0	0.0	300.0	0.0	375.0	0.0	450.0	0.0	600.0
老王分红个人所得税②	0.0	15.0	0.0	30.0	0.0	45.0	0.0	60.0	0.0	75.0	0.0	90.0	0.0	120.0
老王工资薪金个人所得税③	24.3	—	69.1	—	114.1	—	159.1	—	204.1	—	249.1	—	339.1	—
老王个人所得税小计	24.3	15.0	69.1	30.0	114.1	45.0	159.1	60.0	204.1	75.0	249.1	90.0	339.1	120.0
老王税后收益	75.7	60.0	130.9	120.0	185.9	180.0	240.9	240.0	295.9	300.0	350.9	360.0	460.9	480.0

①计算公式为：(不含税年收入－年成本费用－发老王工资)×25%。
②计算公式为：税后利润×20%。
③计算老王工资薪金个人所得税时，假设专项扣除、专项附加扣除和依法确定的其他扣除金额为0。

6.2 本章实战思考

我曾经做过一个咨询项目,企业老板一口气注册了8家有限合伙企业,我问为什么要注册这么多有限合伙企业,他回答因为有限合伙企业税负低。但在做商业决策时,税负低的选项就是正确的吗?在王者咨询案例中,无论企业类型,还是所得类型,老王都没有挑选税负最低的。通过这个案例,我希望能拓展你的思路——税负最优≠方案最优,并能给你带来以下启发。

第一,纳税要素除了税负,还有纳税时点、纳税主体等。除了要综合考量各税种总体税负外,还要判断其他纳税要素,这样才能做出恰当的纳税判断。

第二,税仅仅是企业的成本之一,而非全部。所以,进行税务规划要基于税,但也要超越税,综合考虑法律、商业、资本等多维度。有了这种思维,才能让税务规划真正融合到商业决策中。

第三,在现实世界里,情况要比王者咨询复杂得多,比如公司是高新技术企业,适用15%的企业所得税税率;再如公司属于小微企业,可以享受小微企业的企业所得税优惠税率等,这些都会影响投资者对企业类型或所得类型的选择。因此,税务规划这件事,一定是定制化的量体裁衣,结合股权战略、商业模式、组织架构,模拟应用场景,进行税负测算,并且后续还需要持续跟踪,以进行动态调整。

本章留给你一道思考题。刘小备是一名连续创业者,最近他刚刚结束了上一场创业,准备开启一个新项目。刘小备找到了关小羽和张小飞作为联合创始人共同创业。新企业的核心资产包括商标、专利,还有一处房产。刘小备对新项目寄予厚望,希望新企业未来会上市,并成为百年老店。请问:刘小备应该如何选择企业类型,以及如何设计股权架构呢?

你可以扫一扫本书封面的二维码,把你的设计思路告诉我,我也会定期把我的思考以及我挑选的最棒的10个读者思考,分享给你。

| PART 2 |

第二部分

公司扩张

在第一部分，我们把公司设立时需要关注的涉税要点做了系统串讲。在第二部分，我们将用6章的内容思考公司扩张期的涉税处理，其中第7章讲解非货币资产出资，第8章和第9章讲解股权合作，第10章讲解债权融资，第11章讲解股权融资，第12章讲解转增资本。

| CHAPTER 7 |
第 7 章

资产出资之非货币资产出资

7.1 案例 10：国茂股份[一]

7.1.1 案例背景

国茂股份（603915）的创始人为徐国忠，公司的主营业务为减速机的研发、生产和销售。2019 年国茂股份在上交所主板成功上市。下面我们看看国茂股份在上市前的一次资产重组。

2015 年，国茂股份开始筹备上市。为了避免国茂股份与母公司国茂集团[二]发生关联交易和同业竞争，母公司国茂集团决定将财务账上与减速机业务相关的资产，过户给国茂股份。这种行为有个约定俗成的称呼——"资产注入"，通俗地讲，就是把一家公司的资产装进另外一家公司（见图 7-1）。

[一] 国茂股份全称为江苏国茂减速机股份有限公司。本案例根据该公司首次公开发行股票招股说明书内容整理和改编。
[二] 国茂集团全称为国茂减速机集团有限公司。

图 7-1　国茂集团资产注入国茂股份示意图

如何能实现资产注入呢？实务中有三种路径，分别为买卖、划转和投资。考虑到上市合规以及资金流等因素，国茂集团针对不同的资产类别，采用了不同的注入方式（见表 7-1），其中对土地和厂房拟采用投资的方式。

表 7-1　国茂集团拟注入资产和注入方式一览表　（单位：万元）

拟注入的资产	注入方式	账面净值	评估价值	交易价格
存货	买卖	17 797.13	17 797.13	17 797.13
机器设备	买卖	8 130.00	9 535.35	8 435.68
土地、房产	投资	29 356.77	35 157.32	35 157.32
经营性应收账款、应付账款和预付账款	买卖	10 958.37	10 958.37	10 958.37
商标、专利	划转	0	—	无偿转让

关于买卖和划转方式，我们将在本书第 18 章讲解。下面，我们以国茂集团以土地⊖和房产（以下简称"不动产"）对国茂股份进行投资为例，着重了解资产注入中的"投资"方式。

国茂集团以非货币资产投资前，需要进行两个维度的论证：

第一，以不动产投资，法律流程是什么？

第二，上述投资环节是否会产生税负？如果有税负，是否有纳税筹划的空间？

明晰了法律流程，才能做好时间规划；测算好税负，才能做好资金安排。

⊖ 本书中土地如未做特殊说明均指土地使用权。

7.1.2 法律流程

《公司法》[一]规定，股东可以用货币出资，也可以用实物、知识产权、土地使用权、股权、债权等可以用货币估价并可以依法转让的非货币财产作价出资。[二]由此可见，非货币财产满足两个条件，就可以作价出资了。这两个条件分别是可以用货币估价和可以依法转让。非货币财产投资的法律流程有四个最核心的步骤，分别是评估、签约、过户、工商。

第一步：评估

因为《公司法》要求作为出资的非货币财产应当评估作价，所以在实务中，有些地方的工商局会要求企业提供资产评估报告。[三]国茂集团委托的资产评估事务所将 2015 年 10 月 31 日作为评估基准日。在该基准日，用作增资的房屋建筑物共 11 幢，用作增资的土地共 2 宗。经评估，国茂集团拟作价出资涉及的房屋建筑物及其占有的土地账面净值为 29 356.79 万元，评估净值为 35 157.32 万元，增值 5 800.53 万元，增值率为 19.76%（见表 7-2）。

表 7-2　出资不动产情况表　　　　（单位：万元）

资产类型	账面净值	评估价值	评估增值	交易价格
无形资产－土地	8 157.63	11 784.04	+3 626.41	11 784.04
固定资产－房屋	21 199.16	23 373.28	+2 174.12	23 373.28
合计	29 356.79	35 157.32	+5 800.53	35 157.32

[一]　全称为《中华人民共和国公司法》（以下简称《公司法》）。
[二]　《公司法》第四十八条规定："股东可以用货币出资，也可以用实物、知识产权、土地使用权、股权、债权等可以用货币估价并可以依法转让的非货币财产作价出资；但是，法律、行政法规规定不得作为出资的财产除外。对作为出资的非货币财产应当评估作价，核实财产，不得高估或者低估作价。法律、行政法规对评估作价有规定的，从其规定。"
[三]　具体以当地市场监督管理部门的要求为准。

第二步：签约

在非货币资产投资过程中，投资方、被投资方和被投资方原股东需要签订一系列法律文件，主要包括增资协议、公司章程、股东会决议等。在签署上述法律文件之前，交易各方需要确定以下几个核心事项：交易价格、每股价格、注册资本、资本公积。

交易价格

投资双方可以以评估价为基础协商交易价格，交易价格可以等于或低于评估价，但不能高于评估价。在本案例中，国茂集团和国茂股份以评估价值为交易价格，即国茂集团以不动产作价约 3.5 亿元[⊖]向国茂股份进行增资。

每股价格

经协商，本次增资时，国茂股份每注册资本的价格约为 2.3 元，即国茂集团以作价 3.5 亿元的不动产认购国茂股份约 1.53 亿元新增注册资本。

注册资本

国茂股份增资后的注册资本为 3.6 亿元。

资本公积

国茂集团不动产作价 3.5 亿元，其中约 1.53 亿元进入国茂股份注册资本，其余约 1.97 亿元进入资本公积。

第三步：过户

非货币资产投资的第三个核心步骤是"过户"，即投资方将非货币资产的所有权转移至被投资方。不同资产"过户"的方式不同，比如存货、机

⊖ 不动产的精准作价为 35 157.32 万元，为了便于理解，后续评估价值均采用概数 3.5 亿元。

器设备等动产，过户的方式为"交付"；而不动产则需要办理不动产过户登记。在本案例中，国茂集团需要将不动产登记过户至国茂股份名下。

第四步：工商

办理完不动产过户手续后，由被投资公司国茂股份到所在地工商局办理增资等工商变更登记。

7.1.3 会计处理

1. 国茂集团

国茂集团房屋、土地的账面净值约 3 亿元，评估价值约 3.5 亿元，交易价格也确定为 3.5 亿元，即不动产增值了 0.5 亿元。假设不考虑相关税费，国茂集团的会计处理为：

借：长期股权投资——国茂股份　　　　　　　3.5 亿
　　贷：无形资产——土地　　　　　　　　　　0.9 亿
　　　　固定资产清理——房屋　　　　　　　　2.1 亿
　　　　营业外收入——非流动性资产处置利得　0.5 亿

2. 国茂股份

国茂集团以作价约 3.5 亿元的不动产认购国茂股份新增注册资本 1.53 亿元。假设不考虑相关税费，国茂股份的会计处理为：

借：无形资产——土地　　　　　　　　　1.2 亿
　　固定资产——房屋　　　　　　　　　2.3 亿
　　贷：实收资本　　　　　　　　　　　1.53 亿
　　　　资本公积——资本溢价　　　　　1.97 亿

7.1.4 税务处理

非货币资产投资环节是否涉税呢?具体而言,母公司国茂集团是否需要对不动产评估增值的0.5亿元缴纳企业所得税和土地增值税?国茂集团是否需要对不动产过户行为缴纳增值税?子公司国茂股份是否需要缴纳契税?国茂集团和国茂股份签订的投资协议是否需要贴花,缴纳印花税?具体如表7-3所示。

表7-3 非货币资产出资税负表

税种	纳税人	纳税规则
企业所得税	国茂集团	?
增值税	国茂集团	?
土地增值税	国茂集团	?
契税	国茂股份	?
印花税	国茂集团和国茂股份	?

1. 企业所得税

非货币资产投资过程中,资产评估增值是否需要缴纳企业所得税呢?

法人税制

我们先来讲解企业所得税的基本原理,也是打开企业所得税的钥匙——"法人税制"。法人税制是指,法人[一]是企业所得税的基本纳税单位,即1家公司就是1个纳税主体。因此,只要公司的资产所有权发生了转移,就属于企业所得税的征税范围[二]。

我们用一个小案例来说明。巧巧食品公司正在搞商品促销,请路人试

[一] 《民法典》总则编第五十七条规定,法人是具有民事权利能力和民事行为能力,依法独立享有民事权利和承担民事义务的组织。

[二] 见《企业所得税法实施条例》第二十五条和《国家税务总局关于企业处置资产所得税处理问题的通知》(国税函〔2008〕828号)第二条。

吃香肠。路人甲拿起一根香肠，两口就吃光了。这根香肠零售价是 8 元，成本价 5 元，巧巧食品公司一分钱也没赚到，还亏掉成本 5 元，请问：巧巧食品公司是否需要缴纳企业所得税？

我们唯一需要判断的就是，香肠的所有权是否发生了转移。显然，当香肠被路人甲吞到肚子里的那一刻，香肠的所有权就已经由巧巧食品公司转移到路人甲。在这种情况下，巧巧食品公司就产生企业所得税的纳税义务了。如果香肠所有权转移了，巧巧食品公司收到的对价是钱，我们称之为"销售"；如果香肠所有权转移了，巧巧食品公司收到的对价不是钱，我们称之为"视同销售"〇。

我们还可以用曾经学过的分解原理来理解这个过程。商业世界里的一件事——香肠试吃，在税收世界里，被分解成了两件事：第一件事，巧巧食品公司把成本 5 元的香肠以 8 元的零售价出售；第二件事，巧巧食品公司又将 8 元收入用于营销，计入销售费用。

国茂集团的税务处理

我们用法人税制原理分析国茂集团的税务处理。

第一，视同销售。

国茂集团用不动产对国茂股份投资，投资的四个核心步骤中第三步就是过户，因此，不动产的所有权已经从国茂集团转移至国茂股份。因为国茂集团收到的对价不是钱，所以，国茂集团需要进行视同销售的企业所得税处理。

第二，分解原理。

运用分解原理进行税务处理。在商业世界里是这样一件事：国茂集团将不动产评估作价对国茂股份进行增资。在税收世界里，这件事将被分解

〇 见《国家税务总局关于企业处置资产所得税处理问题的通知》（国税函〔2008〕828 号）第二条。

成两件事：国茂集团先将不动产按公允价值 3.5 亿元出售，确认视同销售收入 3.5 亿元[一]；然后再用 3.5 亿元对子公司国茂股份进行投资，增加国茂股份的注册资本。

税收优惠

国茂集团用不动产对外投资，先要按评估价值 3.5 亿元确认视同销售收入，再结转 3 亿元的视同销售成本，需要确认应纳税所得额 0.5 亿元。但国茂集团觉得很委屈，因为其投资出去的是不动产，换来的是国茂股份的注册资本。投资过程中并没有现金流入，也就是"缺乏纳税必要资金"。

其实国家早就对这种情况给予了考虑。为了支持企业重组，国家准备了三类税收优惠"蛋糕"供企业享用。这三类税收优惠分别为特殊重组优惠[二]、特定划转优惠、五年分期优惠（见表 7-4）。

表 7-4　非货币资产投资税收优惠表

优惠种类	适用条件	优惠内容	税政依据
特殊重组优惠	投资资产占全部资产比例不低于 50%	上家不交下家不扣	财税〔2009〕59 号；国家税务总局公告 2010 年第 4 号；财税〔2014〕109 号；国家税务总局公告 2015 年第 48 号
特定划转优惠	投资方与被投资方是 100% 直接控制的母子公司或是受同一或相同多家居民企业 100% 直接控制的兄弟公司	上家不交下家不扣	财税〔2014〕109 号；国家税务总局公告 2015 年第 40 号
五年分期优惠	无（全部可适用）	投资方 5 年分期确认所得	财税〔2014〕116 号；国家税务总局公告 2015 年第 33 号

[一] 《国家税务总局关于企业所得税有关问题的公告》（国家税务总局公告 2016 年第 80 号）第二条规定，企业发生《国家税务总局关于企业处置资产所得税处理问题的通知》（国税函〔2008〕828 号）第二条规定情形的，除另有规定外，应按照被移送资产的公允价值确定销售收入。

[二] 特殊重组优惠即特殊性税务处理，下同。

在本案例中，国茂集团可以根据自身情况，从三类税收优惠中任选其一。国茂集团选择哪一类好呢？我们分别来看一下。

第一类：特殊重组优惠⊖。

在非货币资产投资过程中，投资方要想享受特殊重组优惠，有个重要的前提，即投资出去的资产占公司总资产的比例不低于50%㊁。满足条件的，投资方可以申请优惠。申请优惠后，上家不交，下家不扣。

什么是"上家不交，下家不扣"呢？这是指投资方（即上家）不确认所得，被投资方（即下家）取得资产的计税基础㊂，以投资资产的原账面净值确定，未来也按原账面净值计算折旧扣除。

在本案例中，国茂集团和国茂股份申报享受特殊重组优惠待遇后，国茂集团无须对0.5亿元的评估增值确认所得，这意味着国茂集团可以少交1 250万元的企业所得税，也就是"上家不交"。但是当不动产投资过户至国茂股份，虽然国茂股份会计账上的不动产是3.5亿元，但允许扣除的税收成本仅为原账面净值3亿元，并不允许扣除0.5亿元增值部分的税收成本，这就是"下家不扣"。"下家不扣"意味着，国茂股份不能税前扣除0.5亿元，未来要多交1 250万元的企业所得税。

也许有人会质疑：为什么这是税收优惠呢？"上家不交，下家不扣"，换个说法，不就是上家不交，下家来交！但经济学里有句名言：今天的1元和明天的1元是不等价的，因为货币拥有时间价值。虽然国家并没有将

⊖ 本书第27章和第28章将详细讲解特殊重组优惠。

㊁《财政部 国家税务总局关于促进企业重组有关企业所得税处理问题的通知》（财税〔2014〕109号）第二条规定，将财税〔2009〕59号文件第六条第（三）项中有关"资产收购，受让企业收购的资产不低于转让企业全部资产的75%"规定调整为"资产收购，受让企业收购的资产不低于转让企业全部资产的50%"。

㊂ 计税基础是指企业收回资产账面价值过程中，计算应纳税所得额时按照税法规定可以自应税经济利益中抵扣的金额，即该项资产在未来使用或最终处置时，允许作为成本或费用于税前列支的金额。资产的计税基础＝未来可税前列支的金额。某一资产在资产负债表日的计税基础＝成本－以前期间已税前列支的金额。

1 250万元的企业所得税减免,但至少国茂集团在投资环节可以不交这些税款,而是由国茂股份在未来交。在税法里,这种晚交税被称为"递延纳税"。所以,我们不要狭隘地将税收优惠等同于免税待遇,能获得货币时间价值的"递延纳税",也属于税收优惠的一种形式。

第二类:特定划转优惠㊀。

特殊重组优惠要求投资方投资出去的资产占公司全部资产的比例不低于50%。如果比例没有达到上述比例要求,可以考虑第二类税收优惠——特定划转优惠。只要投资方和被投资方是100%直接控制的母子公司或是受同一或相同多家居民企业100%直接控制的兄弟公司,不论投资资产占比是否达标,都可以申请特定划转优惠。申请特定划转优惠后,上家不交,下家不扣。

第三类:五年分期优惠。

该类税收优惠没有前提条件,只要公司以非货币资产对外投资,都可以申请。申请优惠后,投资方可自确认非货币资产转让收入年度起,不超过连续5个纳税年度的期间内,分期均匀计入相应年度的应纳税所得额,按规定计算缴纳企业所得税。

最后需要重点提示,上述三类税收优惠均不会自动享受,需要在企业所得税年度申报时向主管税务机关报送相关资料。报送资料的不仅仅包括投资方,还包括被投资方。㊁

讲解完基础税政后,我们来看国茂集团和国茂股份的所得税处理。国

㊀ 特定划转优惠的税政依据是《财政部 国家税务总局关于促进企业重组有关企业所得税处理问题的通知》(财税〔2014〕109号)和《国家税务总局关于资产(股权)划转企业所得税征管问题的公告》(国家税务总局公告2015年第40号)。特定划转待遇可以见本书第18章相关内容讲解。

㊁ 见《国家税务总局关于企业重组业务企业所得税征收管理若干问题的公告》(国家税务总局公告2015年第48号)第四条、《国家税务总局关于非货币性资产投资企业所得税有关征管问题的公告》(国家税务总局公告2015年第33号)第四条和第五条、《国家税务总局关于资产(股权)划转企业所得税征管问题的公告》(国家税务总局公告2015年第40号)第四条和第五条。

茂集团在投资环节需要做视同销售的所得税处理，但可以申请税收优惠。由于国茂集团投资资产占比未达到全部资产的50%，但国茂集团和国茂股份属于100%直接控制的母子公司，因此可以选择特定划转优惠。国茂集团和国茂股份在企业所得税申报时均需要申请才能享受该优惠。申请完毕后，上家不交，下家不扣，即国茂集团无须确认视同销售的应纳税所得额，国茂股份按账面净值在税前扣除。

2. 增值税

如果说理解企业所得税有把钥匙，叫"法人税制"，那么理解增值税也有把钥匙，叫"链条税"。什么是"链条税"呢？就是上一家的销项就是下一家的进项（见图7-2）。

图 7-2　增值税链条税属性示意图

正是因为增值税是链条税，在很多场景下，增值税免税反而是惩罚，因为一旦上家免税，上家的进项税将无法抵扣⊖，同时还会导致下家也缺乏进项税抵扣，进而使得增值税链条断掉，这被通俗地称为"增值税掉链子"。在增值税的立法中，非特殊情形，会尽量保证增值税链条完整，也就是上家交销项税额，下家抵进项税额。

国茂集团以不动产向国茂股份投资，国茂集团应按不动产交易作价3.5亿元计算缴纳增值税销项税额，国茂股份取得的增值税进项税额可以

⊖ 《中华人民共和国增值税暂行条例》第十条第（一）项和《财政部 国家税务总局关于全面推开营业税改征增值税试点的通知》（财税〔2016〕36号）附件1：《营业税改征增值税试点实施办法》第二十七条第（一）项。

抵扣。[①]

关于国茂集团的增值税销项税额如何计算和国茂股份的增值税进项税额如何抵扣，可以参考表7-5。

表7-5 不动产投资税务处理总结表

	一般纳税人	小规模纳税人	税政依据
投资方	2016年5月1日后取得的不动产：一般计税方法，全额[①]×9%	非自建：差额×5% 自建：全额×5%	国家税务总局公告2016年第73号；国家税务总局公告2016年第14号
	2016年4月30日前取得的非自建不动产：简易计税方法，差额[②]×5%		
	2016年4月30日前取得的自建不动产：简易计税方法，全额×5%		
	2016年4月30日前取得的不动产，也可以适用一般计税方法，全额×9%		
被投资方	取得进项税发票，可一次性抵扣	不得抵扣	财政部 税务总局 海关总署公告2019年第39号

①全额是指取得的全部价款和价外费用。
②差额是指取得的全部价款和价外费用扣除不动产购置原价或者取得不动产时的作价后的余额。

3. 土地增值税

国茂集团以不动产向国茂股份投资，过户时是否需要缴纳土地增值税呢？根据税法规定[②]，转让房地产并取得收入的单位和个人，为土地增值税

[①] 《财政部 税务总局 海关总署关于深化增值税改革有关政策的公告》（财政部 税务总局 海关总署公告2019年第39号）第五条规定，自2019年4月1日起，《营业税改征增值税试点有关事项的规定》（财税〔2016〕36号印发）第一条第（四）项第1点、第二条第（一）项第1点停止执行，纳税人取得不动产或者不动产在建工程的进项税额不再分2年抵扣。此前按照上述规定尚未抵扣完毕的待抵扣进项税额，可自2019年4月税款所属期起从销项税额中抵扣。

[②] 《中华人民共和国土地增值税暂行条例》（以下简称《土地增值税暂行条例》）第二条规定，转让国有土地使用权、地上的建筑物及其附着物并取得收入的单位和个人，为土地增值税的纳税义务人，应当依照本条例缴纳土地增值税。

的纳税人，应当缴纳土地增值税。这里的"收入"包括货币收入、实物收入和其他收入。㊀国茂集团在投资过程中，将不动产过户给国茂股份，取得了国茂股份的股权，所以，该投资行为应当缴纳土地增值税。

但国家为了支持企业重组行为，给予了投资中的不动产过户税收优惠，即在改制重组时，以房地产作价入股进行投资，暂不征土地增值税。㊁需要提示的是，国家并没有将这个税收优惠给予房地产开发企业㊂，也就是说，投资方和被投资方中有任意一方是房地产开发企业，就无法享受税收优惠了。

最后，我们对不动产投资过程中的土地增值税做个小结：投资方和被投资方都不是房地产开发企业，投资方不交土地增值税，被投资方按原值扣除；投资方和被投资方有任何一方是房地产开发企业，投资方交土地增值税，被投资方按评估值扣除。

4. 契税

国茂集团以不动产向国茂股份投资，过户时国茂股份是否需要缴纳契税呢？

根据税法㊃规定，以土地、房屋权属作价投资入股的，应当缴纳契税，承受土地、房屋的一方为契税的纳税人。但国家为了支持企业重组行为，给予了投资中的不动产过户税收优惠，即母公司以土地、房屋向其全资子

㊀ 《土地增值税暂行条例》第五条规定，纳税人转让房地产所取得的收入，包括货币收入、实物收入和其他收入。
㊁ 见《财政部 税务总局关于继续实施企业改制重组有关土地增值税政策的公告》（财政部 税务总局公告2023年第51号）第四条。
㊂ 《财政部 税务总局关于继续实施企业改制重组有关土地增值税政策的公告》（财政部 税务总局公告2023年第51号）第五条规定："上述改制重组有关土地增值税政策不适用于房地产转移任意一方为房地产开发企业的情形。"
㊃ 《中华人民共和国契税法》（以下简称《契税法》）第二条第三款规定，以作价投资（入股）、偿还债务、划转、奖励等方式转移土地、房屋权属的，应当依照本法规定征收契税。《国家税务总局关于契税纳税服务与征收管理若干事项的公告》（国家税务总局公告2021年第25号）第二条规定，以作价投资（入股）、偿还债务等应交付经济利益的方式转移土地、房屋权属的，参照土地使用权出让、出售或房屋买卖确定契税适用税率、计税依据等。

公司增资，免征契税。[1]

5. 印花税

在国茂集团投资过程中，有两个行为和印花税相关：一个是国茂股份的实收资本和资本公积增加，需要按合计金额的万分之二点五缴纳印花税[2]；另一个是投资中对有不动产产权转移内容的协议贴花，税率是万分之五[3]。

在各税种讲解完毕后，我们将非货币资产出资税负表填写完整，如表 7-6 所示。

表 7-6　非货币资产出资税负表

税种	纳税人	纳税规则
企业所得税	国茂集团	交（有 3 类税收优惠）
增值税	国茂集团	交（上家交销项，下家抵进项）
土地增值税	国茂集团	交（非房地产企业免）
契税	国茂股份	交（100% 直接持股免）
印花税	国茂集团和国茂股份	交（资金账簿和投资协议贴花）

7.2　本章实战思考

非货币资产投资有三个特点：第一，用于投资的资产并非货币，而是

---

[1] 《财政部 税务总局关于继续实施企业、事业单位改制重组有关契税政策的公告》（财政部 税务总局公告 2023 年第 49 号）第六条第三款规定，母公司以土地、房屋权属向其全资子公司增资，视同划转，免征契税。

[2] 根据《中华人民共和国印花税法》（以下简称《印花税法》）附件《印花税税目税率表》，记载资金的营业账簿，按实收资本（股本）、资本公积合计金额的万分之二点五贴花。

[3] 根据《印花税法》附件《印花税税目税率表》，产权转移书据，包括土地使用权出让书据、土地使用权、房屋等建筑物和构筑物所有权转让书据（不包括土地承包经营权和土地经营权转移）、股权转让书据（不包括应缴纳证券交易印花税的）、商标专用权、著作权、专利权、专有技术使用权转让书据。转让包括买卖（出售）、继承、赠与、互换、分割。其中，土地使用权、房屋等建筑物和构筑物所有权转让书据按价款的万分之五贴花。

非货币资产，所以需要在投资前先评估非货币资产的价值，并以此为基础确定交易价格；第二，非货币资产的所有权发生了转移，从投资方过户至被投资企业；第三，非货币资产投资过程中缺乏现金流。由于上述特点，非货币资产投资的税务处理不同于普通的资产交易。

1. 视同销售

视同销售是指依据税法的规定，在没有现金流的情况下，依然需要确认收入的情形。由此可见，纳税人是否需要履行纳税义务，并不以是否有现金流入为前提。

2. 税收优惠

在纳税人缺乏现金流入的情况下，依然要求纳税人履行纳税义务，可能会影响正常的商业决策，但如果只要纳税人缺乏现金流入，就无须履行纳税义务，又可能导致税收漏洞。所以立法者需要在"不干扰正常的商业行为"和"避免利用政策恶意避税"之间寻找平衡点。对于非货币资产投资这种情况，立法者最终选择将其纳入征税范围，但符合条件的给予税收优惠。

3. 税收优惠≥免税减税

在税收领域有一些常见误区，比如以为税收优惠＝免税减税。其实税收优惠的含义非常广泛，既有免税、减税、减计收入、税额抵免、加计扣除这类国家给予纳税人照顾的情形，还包括加速折旧、递延纳税这类国家给予纳税人鼓励的情形。前者会让纳税链条整体税负减少，后者仅仅是延迟税款的缴纳。在非货币资产投资过程中，企业所得税这个税种，就采取了递延纳税的优惠；契税这个税种，就采取了免税的优惠。

CHAPTER 8
第 8 章

股权合作之联姻生子

股权合作有两种常见的模式：联姻生子型股权合作和借鸡生蛋型股权合作。本章我们讲解股权合作中的联姻生子型股权合作，下一章将讲解借鸡生蛋型股权合作。

什么是联姻生子型股权合作呢？我们来看下面的腾飞智能案例。

8.1 案例 11：腾飞智能

8.1.1 案例背景

张博士一直深耕新能源汽车研发，最近刚刚取得一项重大发明专利。一家做新能源汽车零部件的公司——领先科技[⊖]找到张博士，希望与他合作。合作方案有两个：方案 A 是领先科技以 2 000 万元的价格购买张博士的发明专利，同时聘请他担任技术副总裁；方案 B 是张博士以专利技术评

⊖ 领先科技是一家有限责任公司。

估作价，对领先科技投资，成为领先科技股东，并进入公司董事会。领先科技计划未来上市。

考虑再三后，张博士决定选择方案 B，用专利出资，成为拥有话语权的股东。合作方案的初稿是：张博士将专利技术评估作价 2 000 万元投资到领先科技，持有领先科技 10% 的股权，并在领先科技董事会拥有一个席位。但这个方案最终被张博士否决了。因为张博士委托会计师对领先科技进行了尽职调查，发现领先科技的财务处理非常不规范，合规会成为公司上市的重大障碍。

双方又研究出替代方案，叫"联姻生子型股权合作"，具体就是领先科技以资产出资，张博士以专利出资，双方投资成立一个全新的公司"腾飞智能"，并以腾飞智能作为未来上市的主体公司（见图 8-1）。

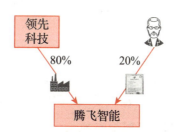

图 8-1 联姻生子型股权合作示例

方案确定后，双方进入操作阶段。在联姻生子型股权合作过程中，领先科技和张博士需要纳税吗？

8.1.2 税务处理

1. 领先科技税负

领先科技投资的资产包括存货、机器设备、商标、房屋、土地。本次出资资产的评估情况如表 8-1 所示。

表 8-1　领先科技出资资产评估情况　　（单位：万元）

资产类别	账面净值	评估值	交易作价	资产增值	备注
存货	300	300	300	0	
机器设备	500	300	300	−200	评估减值
商标	200	400	400	200	评估增值
房屋	1 000	4 000	4 000	3 000	评估增值
土地	2 000	3 000	3 000	1 000	评估增值
合计	4 000	8 000	8 000	4 000	

这些资产的账面净值为 4 000 万元，评估值为 8 000 万元，交易作价 8 000 万元。我们在第 7 章讲解过非货币资产投资的涉税处理，你可以作为复习题将表 8-2 填写完整。

表 8-2　领先科技非货币资产出资税负表

税种	纳税人	纳税规则
企业所得税	领先科技	
增值税	领先科技	
土地增值税	领先科技	
契税	腾飞智能	
印花税	领先科技和腾飞智能	

下面，我们重点讲解以下两个问题。

问题一：资产减值是否税前扣除

领先科技出资的资产中有机器设备，该机器设备评估减值 200 万元。如果说增值的资产需要视同销售，确认资产转让所得，那么，减值的资产是否确认资产转让损失，允许企业所得税前扣除呢？

投资过程中，无论资产发生增值还是减值，均需要企业所得税做视同销售处理，即评估作价的金额作为视同销售收入，同时结转账面净值作为视同销售成本。在本案例中，领先科技将机器设备对外投资，应将 300 万元确认为视同销售收入，500 万元确认为视同销售成本，也就是说，领先科技将产生 200 万元的资产转让损失，并允许在税前扣除。

问题二：投资中房屋土地过户的契税

如果领先科技以房屋、土地向其全资子公司增资，该全资子公司可以享受免征契税的优惠，但领先科技对腾飞智能的持股比例只有80%，不满足免契税条件，怎么办？

领先科技只需要与张博士协商，将联姻生子型股权合作方案进行以下调整即可：

第一步，领先科技投资设立全资子公司腾飞智能；

第二步，不动产过户时，腾飞智能申请契税免税；

第三步，不动产过户后，张博士对腾飞智能增资。

上述操作方案和原直接投资方案殊途同归，都实现了双方合资成立腾飞智能的目的，却可以节省210万元的契税㊀。

2. 张博士税负

张博士研发专利时，投入了约100多万元的成本，但没有取得发票。请问：张博士需要对投资行为纳税吗？具体而言，张博士是否需要对专利出资缴纳个人所得税、增值税、土地增值税？腾飞智能是否需要缴纳契税？双方的投资协议是否需要贴花，缴纳印花税？

土地增值税和契税均与不动产相关，与专利风马牛不相及，我们不必考虑。下面着重讨论个人所得税、增值税和印花税（见表8-3）。

表8-3 张博士专利出资税负表

税种	纳税人	纳税规则
个人所得税	张博士	
增值税	张博士	
印花税	张博士和腾飞智能	

㊀ 假设当地的契税税率为3%。房屋、土地的评估值为7 000万元。计算公式为7 000 × 3%=210（万元）。

个人所得税

张博士以专利技术出资，是否缴纳个人所得税？我们可以再次应用"分解原理"进行解析。商业世界里的一件事——张博士用专利评估作价对腾飞智能进行投资。在税收世界里，这被分解成了两件事——首先张博士把专利转让取得对价 2 000 万元，然后张博士再用这 2 000 万元对腾飞智能进行投资。应用分解原理，我们很容易就得出结论，张博士视同转让专利技术，按"财产转让所得"税目，计算缴纳个人所得税㊀，税基是评估值减除专利原值及合理税费㊁。如果张博士无法提供证明资产原值的发票，税务机关可以核定资产原值㊂。

当得知专利投资要交个税时，张博士十分惊诧！毕竟投资时，张博士没有任何现金流入，仅仅是用专利换取了腾飞智能的股权。如果这种情况需要交个税，钱从哪里来呢？其实张博士大可放心，针对这种缺乏纳税必要资金的情形，国家准备了两种税收优惠供张博士选择，分别为五年分期优惠和递延纳税优惠。张博士可以根据自身情况从两种优惠中任选一种。

第一种：五年分期㊃。

如果张博士想享受五年分期优惠，可以自行确定分期缴纳计划并报税

㊀ 《财政部 国家税务总局关于个人非货币性资产投资有关个人所得税政策的通知》（财税〔2015〕41号）第一条规定："个人以非货币性资产投资，属于个人转让非货币性资产和投资同时发生。对个人转让非货币性资产的所得，应按照'财产转让所得'项目，依法计算缴纳个人所得税。"

㊁ 《财政部 国家税务总局关于个人非货币性资产投资有关个人所得税政策的通知》（财税〔2015〕41号）第二条规定："个人以非货币性资产投资，应按评估后的公允价值确认非货币性资产转让收入。非货币性资产转让收入减除该资产原值及合理税费后的余额为应纳税所得额。个人以非货币性资产投资，应于非货币性资产转让、取得被投资企业股权时，确认非货币性资产转让收入的实现。"

㊂ 《国家税务总局关于个人非货币性资产投资有关个人所得税征管问题的公告》（国家税务总局公告2015年第20号）第五条规定："非货币性资产原值为纳税人取得该项资产时实际发生的支出。纳税人无法提供完整、准确的非货币性资产原值凭证，不能正确计算资产原值的，主管税务机关可依法核定其非货币性资产原值。"

㊃ 见《财政部 国家税务总局关于个人非货币性资产投资有关个人所得税政策的通知》（财税〔2015〕41号）和《国家税务总局关于个人非货币性资产投资有关个人所得税征管问题的公告》（国家税务总局公告2015年第20号）。

务机关备案，在不超过五个公历年度内分期缴纳个人所得税。

第二种：递延纳税㊀。

如果张博士选择递延纳税优惠，可以直接向税务机关备案。备案后，张博士投资入股当期可暂不纳税，允许递延至转让股权时，按股权转让收入减去技术成果原值和合理税费后的差额计算缴纳所得税。

在本案例中，张博士果断选择了第二种递延纳税优惠。

最后，对于张博士享受的税收优惠做三点提示：

（1）不管张博士选择哪一种优惠，都需要向税务机关备案；

（2）备案的税务机关应为被投资企业腾飞智能的主管税务机关；

（3）即使张博士享受了税收优惠，被投资企业腾飞智能仍然可以按专利投资入股时的评估值在税前扣除㊁。

增值税

根据税法的规定，技术转让免征增值税㊂。因此，张博士可以持技术转让合同，到腾飞智能所在地省级科技主管部门进行认定，并持合同和科技主管部门审核意见证明文件报主管税务机关备查㊃。履行完上述备案流程后，

㊀ 见《财政部 国家税务总局关于完善股权激励和技术入股有关所得税政策的通知》（财税〔2016〕101号）和《国家税务总局关于股权激励和技术入股所得税征管问题的公告》（国家税务总局公告2016年第62号）。

㊁ 《财政部 国家税务总局关于完善股权激励和技术入股有关所得税政策的通知》（财税〔2016〕101号）第三条规定，对技术成果投资入股实施选择性税收优惠政策：①企业或个人以技术成果投资入股到境内居民企业，被投资企业支付的对价全部为股票（权）的，企业或个人可选择继续按现行有关税收政策执行，也可选择适用递延纳税优惠政策；②企业或个人选择适用上述任一项政策，均允许被投资企业按技术成果投资入股时的评估值入账并在企业所得税前摊销扣除。

㊂ 《财政部 国家税务总局关于全面推开营业税改征增值税试点的通知》（财税〔2016〕36号）附件3《营业税改征增值税试点过渡政策的规定》第一条第（二十六）项规定，纳税人提供技术转让、技术开发和与之相关的技术咨询、技术服务免征增值税。

㊃ 见《财政部 国家税务总局关于全面推开营业税改征增值税试点的通知》（财税〔2016〕36号）附件3《营业税改征增值税试点过渡政策的规定》"一、（二十六）2."。

张博士就可以享受免征增值税的待遇了。

印花税

投资中有两个行为和印花税相关：一个是腾飞智能的实收资本和资本公积增加，需要按合计金额的万分之二点五贴花；另一个是技术投资或者技术转让协议，根据税法规定，适用产权转移书据，按价款的万分之三贴花[一]。

表 8-4 为个人将非货币资产对外投资的税负汇总。

表 8-4　个人非货币资产出资税负表

税种	纳税人	纳税规则
个人所得税	个人投资者	交（有两种税收优惠）
增值税	个人投资者	交（可申请免税待遇）
印花税	个人投资者和被投资公司	交
土地增值税	个人投资者	交（被投资公司为非房地产开发企业免）
契税	被投资公司	交（全资子公司免）

8.2　联姻生子型股权合作总结

1. 联姻生子型股权合作

联姻生子型股权合作，是指股东各方有钱出钱，有物出物，共同投资设立一家新公司，作为实体运营平台。在联姻生子型股权合作过程中，如果投资方出资的不是货币，而是非货币资产，则可能产生税负。在第 7 章，我们着重讲解了公司股东非货币资产投资的涉税处理，本章我们着重讲解

[一]《中华人民共和国印花税法》(中华人民共和国主席令第八十九号) 附《印花税税目税率表》规定，商标专用权、著作权、专利权、专有技术使用权转让书据，属于产权转移书据，税率为价款的万分之三。

了个人股东专利投资的涉税处理。

2. 个人股东和公司股东的优惠对比

在本案例中,无论个人股东用专利投资,还是公司股东用非专利资产投资,国家均给予了税收优惠,但由于股东类型不同、投资资产类型不同,享受的优惠内容也不尽相同。我们来对比领先科技和张博士申请税收优惠后各方的税务处理(见表8-5)。

表8-5 税收优惠对比表

	企业所得税	个人所得税
投资方	上家不交	上家不交
被投资方	下家不扣	下家可扣
不同之处	纳税主体发生转移	纳税主体未发生转移
相同之处	递延纳税(享受货币时间价值)	

领先科技

领先科技享受了特殊重组优惠后,产生的税收结果是"上家不交,下家不扣",即腾飞智能未来需要按资产原值税前扣除。这意味着,享受税收优惠后,纳税主体发生了变更,由领先科技变更为腾飞智能。

张博士

张博士申请递延纳税优惠后,产生的税收结果是"上家不交,下家可扣",即张博士的个税递延到张博士卖股权时交,腾飞智能按评估值税前扣除。这意味着,享受税收优惠后,纳税主体并未变更,依然是张博士。

8.3 本章实战思考

在股权咨询过程中,我们常用"联姻生子型股权合作"为客户设计合作方案。需要提示的是，联姻生子型股权合作中除了税收考量外，还会有持股比例、控制权、组织架构、激励体系等一系列的配套设计，所以股权税收知识的学习，也需要与其他的知识体系融会贯通，只有这样才能基于税但超越税，创造最大的专业价值。

CHAPTER 9
第 9 章

股权合作之借鸡生蛋

第 8 章我们讲解了股权合作中的联姻生子模式，这一章我们讲解另一种股权合作模式——"借鸡生蛋型股权合作"。什么是"借鸡生蛋型股权合作"呢？我们来看下面的紫荆花园案例。

9.1 房地产项目的借鸡生蛋

9.1.1 案例 12：紫荆花园[一]

海南有家房地产公司叫海口城开[二]，这家公司有一块 44.5 亩的住宅用地，但没有资金开发；海南还有一家公司叫海南中建[三]，这家公司有资金，但一直没找到合适的土地。一家有钱没地，一家有地没钱，两家公司很快

[一] 本案例根据《海南省地方税务局关于我省海口紫荆花园合作开发税收问题的请示》（琼地税发〔2005〕57 号）内容整理和改编而成。为了方便读者理解，案例中有一定的虚构成分，请勿对号入座。
[二] 海口城开全称为海口市城市建设开发总公司。
[三] 海南中建全称为海南中建建设发展公司。

开始磋商合作开发。

双方首先讨论的是联姻生子型股权合作,即海口城开以土地出资,海南中建以资金出资,共同投资设立一家新项目公司来运营(见图9-1)。

图 9-1 联姻生子型股权合作

但联姻生子型股权合作遇到了两个障碍:

障碍 1:税收障碍。在联姻生子型股权合作模式下,因为海口城开是房地产开发企业,所以投资环节无法享受土地增值税优惠待遇。海口城开做了税负测算,土地投资过户环节就需要缴纳数千万元土地增值税。房子还没盖,先要交巨额的土地增值税,海口城开无法接受。

障碍 2:法律障碍。除了税负障碍外,联姻生子型的股权合作模式也有法律层面的操作问题。因为我国法律不允许裸地转让,即转让的土地,其工程必须完成开发投资总额的25%㊀。

因为上述问题,联姻生子型股权合作模式流产了。但合作还要继续,于是海口城开想到一个简单可行的方案:反正房地产从开发到清盘周期只有2~3年,不如在海口城开内部成立一个"项目部",这个项目部独立核算、独立运营,双方共担风险、共享利润,只要约定好管理权限和利益分配,就可以快速将合作推进。这个想法得到了海南中建的认可,合作开始

㊀ 《中华人民共和国城市房地产管理法》(以下简称《城市房地产管理法》)第三十九条规定:"以出让方式取得土地使用权的,转让房地产时,应当符合下列条件:……(二)按照出让合同约定进行投资开发,属于房屋建设工程的,完成开发投资总额的百分之二十五以上,属于成片开发土地的,形成工业用地或者其他建设用地条件。转让房地产时房屋已经建成的,还应当持有房屋所有权证书。"

启动。因为拟开发的小区叫"紫荆花园",于是双方将项目部定名为"紫荆花园项目部"(见图9-2)。

图 9-2 借鸡生蛋型股权合作

这种模式被称为"借鸡生蛋型股权合作",具体就是指合作双方不投资设立法律意义上的合资公司,而是以在一家公司内部设立"项目部"的形式进行合作。"项目部"不是法律意义上的公司,但是独立核算、独立运营,合作双方共担风险、共享利润。本案例中,"鸡"就是指海口城开,"蛋"是指紫荆花园项目。

海口城开和海南中建确定了合作模式后,双方首先协商了运营权分配,紫荆花园项目部下设工程部、销售部、财务部、办公室,项目部设在海口城开内部,但由海南中建实际管理。然后,双方针对紫荆花园的规划图,协商了项目利益分配,其中25%建筑面积的销售权和收入归海口城开,75%建筑面积的销售权和收入归海南中建。双方各自负担所销售房屋的税费;水电增容费、广告费双方按25∶75比例分担。双方很快签署了《合作开发合同》,该合同要点如下:

(1)紫荆花园项目所有报批报建手续均以甲方(海口城开)名义进行;

(2)建设过程中所需资金均由乙方(海南中建)提供;

(3)以甲方(海口城开)名义开设资金账户,资金由甲乙双方共管;

(4)甲方(海口城开)拥有25%面积的销售权,享受其售房所得并缴纳税费；乙方（海南中建）拥有 75% 面积的销售权，享受其售房所得并缴纳税费。

9.1.2 税务处理

紫荆花园项目紧锣密鼓地启动了，由于土地证没有过户，依然在海口城开名下，所以紫荆花园项目立项在海口城开名下，规证○也都办理在海口城开名下，签署建筑施工合同的主体、商品房销售的主体均为海口城开。

紫荆花园项目部陆陆续续向建筑公司支付了约 1.3 亿元开发成本，所有资金均来源于海南中建。具体资金流向为，海南中建打款至海口城开紫荆花园项目部，紫荆花园项目部再支付给施工企业。海口城开全部房子销售额约 2.55 亿元，所有购房人均将购房款打入海口城开账户（见图 9-3）。

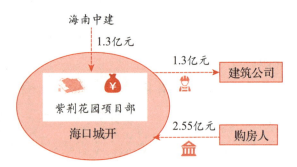

图 9-3 紫荆花园项目资金流向图

第 1 次税务交锋：税款如何分摊

紫荆花园项目销售清盘后，海口城开迎来了一年一度的企业所得税汇算清缴。因为合同、发票、规证上都是海口城开，所以，到税务机关申报纳税的主体只能是海口城开。虽然紫荆花园项目部是赢利的，但是海口城开还有其他项目，其他项目是亏损的。那么，在企业所得税汇算清缴时，

○ 包括土地使用证、建设用地规划许可证、建筑施工许可证、房产预售证、房屋所有权证。

海口城开应该将紫荆花园项目单独计算缴纳企业所得税，还是要同公司其他项目合并计算缴纳企业所得税呢？

企业所得税"法人税制"原理告诉我们，应该是"合并计算"。不管合作开发合同如何约定，也不管海口城开如何进行会计核算，只有公司才是企业所得税基本的纳税单位，这个纳税单位里所有的收入、成本、费用等都需要汇总到一起，计算企业应纳税所得额。海口城开的几个房地产项目汇总计算后，盈亏相抵，当年并没有应纳税所得额，因此也没有实际缴纳企业所得税。

根据合作开发合同约定，海口城开和海南中建是要对各自的收入独立纳税的。既然海口城开向税务机关进行企业所得税的申报缴纳，那接下来就需要将税款分摊给海南中建。关于如何分摊，海南中建认为，应该以海口城开实际缴纳的企业所得税为基数进行分摊。因为海口城开并没有实际缴纳企业所得税，所以海南中建也就无须分摊企业所得税；但海口城开坚决不同意，海口城开认为，紫荆花园项目的盈利是双方共同的，其他项目的亏损是专属于我的，不能用我的亏损去消化双方共同的盈利，因此，应当以紫荆花园项目独立核算的账目为基础，单独核算其应当缴纳的企业所得税，并以此为基数计算双方应分摊的税款（见图9-4）。

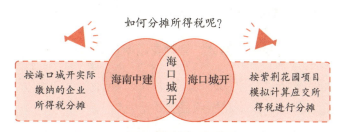

图9-4 企业所得税分摊的两种观点

到底是海南中建的观点正确，还是海口城开的观点正确呢？

我们先来了解两个重要的概念：纳税主体和负税主体（见图9-5）。纳税主体即纳税人，是指依照税法规定直接负有纳税义务者，负税主体则是税款的实际承担者。这个案例里，纳税主体是借鸡生蛋中的"鸡"——海口城开，但最终承担税款的主体却是海南中建和海口城开双方。纳税主体是税法强制规定的，我们没有任何讨价还价的余地，国家规定是谁就是谁。负税主体却是合同约定的，约定谁承担都可以，国家不会干预。

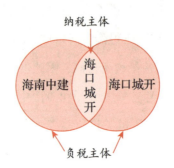

图 9-5　纳税主体和负税主体

本案例中的双方主体之所以发生分歧，根本原因在于，合作开发合同中税款的分摊原则太过于笼统。这其实也给我们做了警示，遇到借鸡生蛋型股权合作，除了一般利益分配条款外，也要对税款的负担及分摊进行详细的约定。

第 2 次税务交锋：流转税

完成了企业所得税汇算清缴，紫荆花园项目又迎来了土地增值税清算。土地增值税的纳税主体是海口城开，负税主体依然是海口城开和海南中建。土地增值税清算完毕，紫荆花园项目开始清盘。

在项目运营过程中，海南中建陆续向海口城开注入资金约 1.3 亿元，从海口城开陆续分配回来资金约 1.8 亿元。海南中建是否需要对分回的 1.8 亿元缴纳营业税呢[⊖]？

[⊖] 本案例发生在 2005 年，当时尚未实行营改增，因此当时争议的是是否缴纳营业税。本案例中营业税和增值税的原理是完全相通的。关于营业税的结论，增值税同样适用。

关于海南中建是否需要对分配回来的1.8亿元售房款缴纳营业税，海南省税务局内部有两种观点：一种观点认为，不需要缴纳；另一种观点认为，必须缴纳㊀。因为这种借鸡生蛋模式极具特殊性，以至于持两种观点的人各持己见，争执不下。于是，海南省税务局请示了国家税务总局。国家税务总局很快给予了答复，并为此专门下发了一个税收文件，该文件内容如下：

鉴于该项目开发建设过程中，土地使用权人和房屋所有权人均为甲方，未发生《中华人民共和国营业税条例》规定的转让无形资产的行为。因此，甲方提供土地使用权，乙方提供所需资金，以甲方名义合作开发房地产项目的行为，不属于合作建房，不适用《国家税务总局关于印发〈营业税问题解答（之一）〉的通知》（国税发〔1995〕156号）第十七条有关合作建房征收营业税的规定。㊁

由此可见，国家税务总局给出的最终结论是不征收营业税。因为紫荆花园项目分配给海南中建的1.8亿元，在海口城开已经缴纳了企业所得税、营业税、土地增值税，换言之，海南中建取得的1.8亿元，其中有1.3亿元是本金，其余的0.5亿元就是税后利润分配。因此，海南中建本质上是共担风险、共享利润的投资行为。投资行为既不属于营业税的征税范围，也不属于增值税的征税范围。

第3次税务交锋：企业所得税

海南中建收回来的1.8亿元，被国家税务总局认定为不属于营业税征税范围后，海南中建松了一口气。但一波刚平，一波又起，海南中建迎来了企业所得税汇算清缴。海南中建陆续往紫荆花园项目投资了1.3亿元，

㊀ 见《海南省地方税务局关于我省海口紫荆花园合作开发税收问题的请示》（琼地税发〔2005〕57号）。
㊁ 《国家税务总局关于合作建房营业税问题的批复》（国税函〔2005〕1003号）。

清盘后,海南中建累计分回 1.8 亿元。那海南中建赚的 0.5 亿元,是否应该缴纳企业所得税呢?

对于借鸡生蛋的合作模式,国家可以有两种立法思路:一种是将 0.5 亿元的所得作为"股息红利";另一种是将 0.5 亿元的所得作为"利息收入"。如果选择了前者,则海南中建可享受股息红利免税待遇,但海口城开应在未分配利润列支 0.5 亿元,换言之,海口城开不能将 0.5 亿元在税前扣除;如果选择了后者,则海南中建需要对这 0.5 亿元缴纳企业所得税,但海口城开可将 0.5 亿元作为利息费用在税前扣除(见图 9-6)。

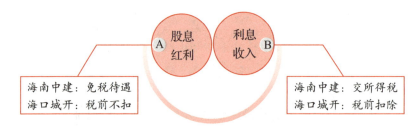

图 9-6 两种不同思路的纳税规则

最终立法者会如何选择呢?我们来看税法的规定:

企业以本企业为主体联合其他企业、单位、个人合作或合资开发房地产项目,且该项目未成立独立法人公司的,按下列规定进行处理:

……

(二)凡开发合同或协议中约定分配项目利润的,应按以下规定进行处理:

1. 企业应将该项目形成的营业利润额并入当期应纳税所得额统一申报缴纳企业所得税,不得在税前分配该项目的利润。同时不能因接受投资方投资额而在成本中摊销或在税前扣除相关的利息支出。

2. 投资方取得该项目的营业利润应视同股息、红利进行相关的税务处理。⊖

⊖ 见《国家税务总局关于印发〈房地产开发经营业务企业所得税处理办法〉的通知》(国税发〔2009〕31号)第三十六条。

由此可见，立法最终的选择是按股息红利进行税务处理。这主要是考虑到在借鸡生蛋型股权合作中，海南中建和海口城开共担风险、共享利润，也就是说海南中建并不是取得固定收益，而是参与了房地产开发，最终分配的是紫荆花园项目的税后利润。所以，税务机关基于实质重于形式原则[一]，尊重海南中建的投资本质，认可0.5亿元是股息红利。

借鸡生蛋型股权合作和常规的股权合作有很大不同。常规的股权合作多是联姻生子型，也就是投资方会设立一家新公司，作为新项目的运营平台。但这个案例却另辟蹊径，用了借鸡生蛋的模式，也就是在海口城开内部设立了一个虚拟的公司，并不拥有工商登记的公司外壳。

面对这种极其特殊的合作模式，国家税务总局最终基于实质重于形式原则，允许海南中建按"股息、红利所得"申请免税待遇。但与此相对应，海口城开支付的0.5亿元也就无法税前扣除了。我们也再一次见证了企业所得税的耐人寻味之处，当一家公司欢呼雀跃的时候，就会有另外一家公司在暗自神伤。

9.1.3 案例小结

紫荆花园案例分为两个阶段：运营阶段和分配阶段。

第一个阶段：运营阶段

在该阶段，纳税主体是海口城开，需要对销售房屋的收入向税务机关申报纳税，海南中建和海口城开是负税主体，按合作开发合同的约定分摊负担税款。

[一] 实质重于形式原则（substance over form principle）是指企业应当按照交易或事项的经济实质进行会计核算，而不应当仅仅按照它们的法律形式作为会计核算的依据。在实际工作中，交易或事项的外在形式或人为形式并不能完全真实地反映其实质内容。所以会计信息拟反映的交易或事项，必须根据交易或事项的实质和经济现实，而非根据它们的法律形式进行核算。

第二个阶段：分配阶段

税法按实质重于形式的原则，将紫荆花园项目部作为虚拟公司，投资方海南中建取得的股息红利可享受免税待遇，项目方海口城开支付的股息红利税前不能扣除。

最后，还有个很重要的提示。由于国税发〔2009〕31号仅适用于房地产开发企业，所以上述分配阶段的企业所得税处理也仅限于房地产开发企业[一]。

9.2 非房地产项目的借鸡生蛋

实务中，借鸡生蛋型股权合作不仅仅存在于房地产企业，非房地产行业也有很多借鸡生蛋型合作。比如，有的公司有资质，有的公司有资金，有资金的公司在有资质的公司里借鸡生蛋；再比如，有的公司有品牌，并能提供财务、人事等后台支持，向优秀的运营团队开放项目合作。这些非房地产行业的借鸡生蛋型股权合作又该如何进行税务处理呢？我们来看下面的哆啦游戏案例。

9.2.1 案例13：哆啦游戏[二]

哆啦游戏创立于2010年，那一年手机的增量开始由智能手机提供，大量游戏公司向手游转型。哆啦游戏由5位充满活力的80后创立，搭乘移动互联网的东风，很快在游戏行业站稳了脚跟，拥有了一席之地。网络游戏产业由内容制作研发、运营、渠道分发及支付三大主要环节组成。哆啦游戏处于网络游戏产业链中上游位置，承担着网络游戏研发商及运营商两大核心角色（见图9-7）。

[一] 《国家税务总局关于印发〈房地产开发经营业务企业所得税处理办法〉的通知》（国税发〔2009〕31号）第二条规定："本办法适用于中国境内从事房地产开发经营业务的企业。"

[二] 本案例根据真实案例改编。

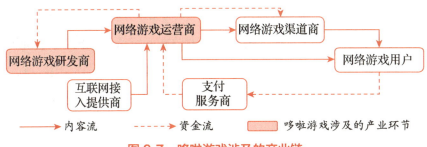

图 9-7 哆啦游戏涉及的产业链

这几年随着国内网络游戏市场逐步走向成熟，网络游戏也发展到了精品化阶段，哆啦游戏面临的市场竞争越来越激烈，游戏产品的品质及能否黏住用户成为公司成功的关键因素，哆啦游戏急需更多优秀的游戏研发团队，以增强公司的核心竞争力。在网络游戏行业里，优秀的研发团队不仅具备强大的技术能力，还具备对用户需求的敏感力和周密的组织能力，十分稀缺。所以，哆啦游戏采取了内部孵化和外部整合双线策略，并开始用工作室模式给研发制作团队更大的运营自主权，以求吸引和留住人才。哆啦游戏目前的组织架构如图 9-8 所示。

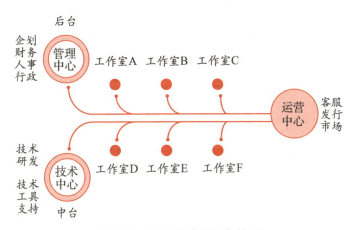

图 9-8 哆啦游戏组织架构图

最近，哆啦游戏正在与一个游戏的研发团队——飞鹰工作室谈判。飞鹰工作室包括 4 名核心成员，分别是张三、李四、王五和赵六。双方协商后一致同意，不成立独立的公司，而是在哆啦游戏内部以飞鹰工作室的名义独立运营，飞鹰工作室的成员均与哆啦游戏签订劳动合同，并入职哆啦游戏，但飞鹰工作室财务独立核算，并有独立的用人权。哆啦游戏则提供中台支持（包括财务、招聘、美工、服务器、营销等）。哆啦游戏和飞鹰工作室按3∶7的比例分配利润。假设2020年飞鹰工作室开发的游戏共取得收入2 000万元，扣除直接相关的项目成本（包含发放给飞鹰工作室成员的工资）和营销成本后，利润为1 000万元。飞鹰工作室分配700万元，哆啦游戏分配300万元。飞鹰工作室分配的700万元，由张三根据飞鹰工作室成员贡献进行内部分配。那么飞鹰工作室成员取得的700万元和哆啦游戏取得的300万元应该如何纳税呢？

9.2.2 税务处理

1. 增值税

在本案例中，虽然飞鹰工作室拥有相对独立的财权、事权和人权，但在法律形式上，飞鹰工作室成员均与哆啦游戏签订劳动合同，已经成为哆啦游戏聘用的员工。根据税法规定[一]，无论是单位为聘用的员工提供服务，还是聘用的员工为单位提供服务，均不属于增值税的征税范围。因此，无论1 000万元利润如何分配，飞鹰工作室和哆啦游戏均无须缴纳增值税。

2. 个人所得税

飞鹰工作室成员取得的700万元利润应该如何缴纳个人所得税呢？从

[一]《财政部 国家税务总局关于全面推开营业税改征增值税试点的通知》（财税〔2016〕36号）附件1《营业税改征增值税试点实施办法》第十条规定："销售服务、无形资产或者不动产，是指有偿提供服务、有偿转让无形资产或者不动产，但属于下列非经营活动的情形除外：……（二）单位或者个体工商户聘用的员工为本单位或者雇主提供取得工资的服务。（三）单位或者个体工商户为聘用的员工提供服务……"

立法上,有两种思路可以选择:

思路一:作为股息红利

如果分配给飞鹰工作室的700万元作为股息红利,飞鹰工作室成员取得的股息红利需要缴纳20%的个人所得税,但哆啦游戏支付的股息红利,需要从税后利润中支出,也就是哆啦游戏无法税前扣除这700万元,需要缴纳25%的企业所得税。

思路二:作为工资薪金

如果分配给飞鹰工作室的700万元作为工资薪金,飞鹰工作室成员则需要将700万元并入每月工资薪金,按"工资、薪金所得"税目缴纳个人所得税,如果全年应纳税所得额超过96万元,超过部分则需要按45%的税率缴纳个人所得税。但哆啦游戏支付给飞鹰工作室成员的700万元可以税前扣除。

无论采取哪一种方式进行所得税处理,飞鹰工作室和哆啦游戏的整体税负差异并不大,仅仅是税负承担的主体不同。对于借鸡生蛋的模式,目前国家明确了房地产行业借鸡生蛋型股权合作可以适用特殊的税收政策,即遵循实质重于形式原则,允许采取股息红利方式进行所得税处理。除房地产行业外的其他企业,由于国家并未给予特殊待遇,本案例只能按工资薪金方式进行税务处理,即飞鹰团队取得的700万元作为工资薪金,但哆啦游戏支付的700万元可以作为成本费用,在企业所得税前扣除(见图9-9)。

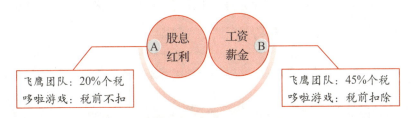

图9-9 哆啦游戏的两种纳税思路

9.3 本章实战思考

在为股权设计师提供培训时,我发现很多学员学习税政很吃力,究其原因是因为存在概念的混淆,所以始终无法掌握税法的语言体系,也就无法迈入税收的大门。本章有两组重要概念:第一组是纳税主体和负税主体;第二组是实质重于形式和形式重于实质。

1. 纳税主体≠负税主体

纳税主体和负税主体是两个很容易混淆的概念,在大部分场景下,这两个概念是合二为一的,但也有个别场景,纳税主体并不是负税主体。在借鸡生蛋型股权合作中,就出现了纳税主体≠负税主体的情况,因此,合作双方需要特别注意,应事先在协议中对负税主体进行明确约定,同时清晰约定双方负担税款的分摊原则。

2. 实质和形式发生冲突

在紫荆花园案例中,海南中建和海口城开合作的紫荆花园项目独立运营,且合作双方共担风险、共享利润,其经济实质就是"虚拟的公司",但在法律形式上却不具备"公司"的基本要件——工商注册。此时,经济实质和法律形式发生了冲突。在立法选择上,到底是实质重于形式,还是形式重于实质,就很考验立法者的智慧。目前的税法,区分了房地产行业和非房地产行业,对两者分别采取了不同的税务处理思路,但不管如何进行税务处理,合作双方均应保持相同的处理原则。

CHAPTER 10
第 10 章

债权融资之明股实债

企业融资一般分为债权融资和股权融资，但实务中却有一种很特殊的融资模型——明股实债（或称"名股实债"）。到底什么叫"明股实债"呢？"明股实债"又将如何进行税务处理呢？本章我们将通过两个案例来讲解明股实债的涉税要点。

10.1 案例 14：羊宝宝案例

10.1.1 什么是"明股实债"

喜羊羊房地产开发有限公司（以下简称"喜羊羊"）有家全资子公司叫羊宝宝房地产开发有限公司（以下简称"羊宝宝"）。最近羊宝宝资金链紧绷，危难之际，灰太狼地产集团公司（以下简称"灰太狼"）伸出援助之手，愿意以 1 亿元资金对羊宝宝增资扩股，增资后持羊宝宝 20% 的股权。当然，灰太狼愿意雪中送炭也有前提条件：第一，不管羊宝宝赢利还是亏损，羊宝宝每年都要向灰太狼固定分红 0.15 亿元；第二，3 年后，羊宝宝要支付给灰太狼1亿元,将灰太狼持有的羊宝宝20%的股权进行回购(见图10-1)。

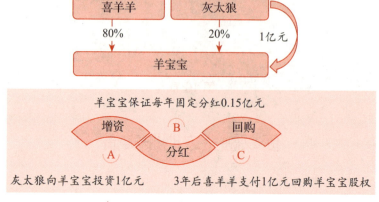

图10-1　灰太狼投资羊宝宝示意图

灰太狼注入羊宝宝的1亿元资金是"债权"还是"股权"呢?其实股和债的本质区别是"共担风险"。债权是资金方投入本金后,旱涝保收,不管融资方经营如何,都会收取固定利息。但股权却是资金方投入资金后,与融资方共担风险,如果融资方经营不善,股东有可能血本无归,同时因为股东承担了共担风险的责任,所以也拥有共享利润的权利。

本案例的难点在于,灰太狼注入羊宝宝1亿元资金,羊宝宝到工商局办理了增资登记,因此,从法律形式上,灰太狼已经成为羊宝宝的股东,让这1亿元资金拥有了"股的外衣"。但灰太狼注入羊宝宝的1亿元收取固定收益,且灰太狼不承担羊宝宝的任何经营风险,因此,从法律实质上,这1亿元资金又拥有了"债的内核"。在商业世界里,这种表里不一的资金,我们就称之为"明股实债"㊀。

㊀《证券期货经营机构私募资产管理计划备案管理规范第4号——私募资产管理计划投资房地产开发企业、项目》规定,名股实债是指投资回报不与被投资企业的经营业绩挂钩,不是根据企业的投资收益或亏损进行分配,而是向投资者提供保本保收益承诺,根据约定定期向投资者支付固定收益,并在满足特定条件后由被投资企业赎回股权或者偿还本息的投资方式,常见形式包括回购、第三方收购、对赌、定期分红等。

10.1.2 "明股实债"税务处理

在税法世界里,股和债有着完全不同的税务规则,兼具了股和债双重属性的"明股实债"又该如何纳税呢?

1. 企业所得税

要知道明股实债如何缴纳企业所得税,我们首先对比股和债的税务处理。

如果灰太狼注入羊宝宝的资金,被定性为"债",羊宝宝每年支付给灰太狼的 0.15 亿元,将作为利息费用,允许在所得税前扣除,而灰太狼每年收到的 0.15 亿元,则作为利息收入,需要缴纳企业所得税。如果灰太狼注入羊宝宝的资金,被定性为"股",羊宝宝支付给灰太狼的 0.15 亿元,将作为股息红利,不能在所得税前扣除,但灰太狼收到的股息红利可以享受免税待遇。前者我们称之为"债所得税规则",后者我们称之为"股所得税规则"(见图 10-2)。

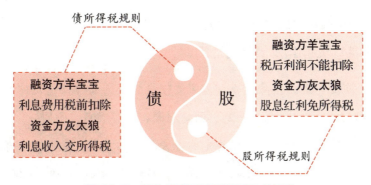

图 10-2 债和股的所得税处理对比图

由此可见,只要对灰太狼注入羊宝宝的 1 亿元资金进行正确的定性,并且灰太狼和羊宝宝保持一致,无论是依据实质重于形式的原则,认定为"债";还是依据形式重于实质的原则,认定为"股",融资方和资金方都很容易进行税务处理。法理分析虽然简单,但实务中却出现了以下两种令人烦恼的现象：

第一种，羊宝宝把融资当成是"债"，将支付的 0.15 亿元作为利息费用，在税前扣除；而灰太狼当成是"股"，将收到的 0.15 亿元作为股息红利，申请了免税待遇。

第二种，羊宝宝主管税务机关将资金定性为"股"，不允许羊宝宝支付的 0.15 亿元在税前扣除；而灰太狼主管税务机关将资金定性为"债"，要求灰太狼收到的 0.15 亿元缴纳企业所得税。

为了消除这种税务征管的乱象，国家税务总局在 2013 年出台了 41 号公告㊀。在该文件中，国家税务总局将明股实债称为"混合性投资"㊁，并明确了混合性投资只要满足以下五个条件，投融资双方就按"债所得税规则"进行处理㊂，即融资方支付的款项，作为利息支出，允许税前扣除；资金方收到的款项，作为利息收入，应缴纳企业所得税。如果有任何一个条件不满足，就按"股所得税规则"进行税务处理，即融资方支付的款项，作为股息红利，不允许税前扣除；资金方收到的款项，作为股息红利，可以申请免税待遇。对混合性投资进行定性的五个条件，为了方便记忆，我们通俗称为"五指山"，具体是指：

（1）被投资企业接受投资后，需要按投资合同或协议约定的利率定期支付利息（或定期支付保底利息、固定利润、固定股息，下同）；

（2）有明确的投资期限或特定的投资条件，并在投资期满或者满足特

㊀ 见《国家税务总局关于企业混合性投资业务企业所得税处理问题的公告》（国家税务总局公告 2013 年第 41 号）。

㊁ 《国家税务总局关于企业混合性投资业务企业所得税处理问题的公告》（国家税务总局公告 2013 年第 41 号）第一条规定，企业混合性投资业务，是指兼具权益和债权双重特性的投资业务。

㊂ 《国家税务总局关于企业混合性投资业务企业所得税处理问题的公告》（国家税务总局公告 2013 年第 41 号）第二条第（一）项规定，对于被投资企业支付的利息，投资企业应于被投资企业应付利息的日期，确认收入的实现并计入当期应纳税所得额；被投资企业应于应付利息的日期，确认利息支出，并按税法和《国家税务总局关于企业所得税若干问题的公告》（国家税务总局公告 2011 年第 34 号）第一条的规定，进行税前扣除。

定投资条件后，被投资企业需要赎回投资或偿还本金；

（3）投资企业对被投资企业净资产不拥有所有权；

（4）投资企业不具有选举权和被选举权；

（5）投资企业不参与被投资企业日常生产经营活动。○一

回到羊宝宝案例，由于灰太狼注入羊宝宝的资金完全满足"五指山"的条件，因此，灰太狼和羊宝宝应统一采用"债所得税规则"，即羊宝宝每年支付的 0.15 亿元作为利息费用，允许在所得税前扣除；灰太狼每年收到的 0.15 亿元作为利息收入，应缴纳企业所得税。

2. 增值税

根据税法规定○二，以货币资金投资收取的固定利润或者保底利润，按照贷款服务缴纳增值税。由此可见，对明股实债的增值税处理，标准非常简单，仅仅看明股实债的实质——是否共担风险。如果资金方共担风险，则不属于增值税的征税范围；如果资金方不共担风险，收取固定利润或保底利润，就属于增值税的应税项目。我们将这个标准套用到羊宝宝案例，很容易就得出结论，灰太狼每年收取固定收益 0.15 亿元，属于增值税应税项目，适用税率为 6%。羊宝宝支付的 0.15 亿元应取得发票，才能在所得税汇算清缴时税前扣除。

这里需要特殊强调，"明股实债"的企业所得税和增值税两个税种的处理原则并不相同。在企业所得税的世界里，明股实债被称为"混合性投资"。在企业所得税的立法选择上，既没有单一根据"实质"——是否共担风险，也没有单一根据"形式"——是否工商登记，来判定其应该适用的

○一 见《国家税务总局关于企业混合性投资业务企业所得税处理问题的公告》（国家税务总局公告 2013 年第 41 号）第一条。

○二 见《财政部 国家税务总局关于全面推开营业税改征增值税试点的通知》（财税〔2016〕36 号）附件 1《营业税改征增值税试点实施办法》中《销售服务、无形资产、不动产注释》"一、（五）1."。

税务规则,而是选择用所得税"五指山"来确定,融资方是否可以适用债所得税规则。但在增值税的世界里,简单地根据明股实债的实质——是否共担风险,这个单一的标准来判定其是否属于增值税的征税范围。

10.2 案例 15:肥肥养生[一]

10.2.1 案例背景

肥肥投资是一家湖北的公司。肥肥投资旗下有个养生板块——肥肥养生,最近肥肥养生资金链岌岌可危。深圳有家基金管理公司(以下简称"深圳基金")有强大的募资能力,以有限合伙企业"基金一号"做资金池,很快找到了 18 个投资人,募集到了 2 亿元资金。现在"基金一号"的 2 亿元资金需要注入肥肥养生。资金如何注入呢?无非就是股和债两种方式。

基金一号与肥肥养生分别签订了两个协议:一个是借款协议,以债的方式注入资金 1.5 亿元;另一个是增资协议,以股的方式注入资金 0.5 亿元(见图 10-3)。

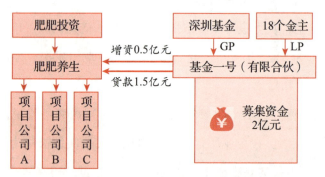

图 10-3 基金一号资金注入肥肥养生的路径

肥肥养生有了基金一号注入的 2 亿元资金,很快满血复活了。不过基金一号的 2 亿元可不是白用的,是需要付出代价的。那肥肥养生要付出什

[一] 本案例根据真实案例改编而成。肥肥投资和肥肥养生均为湖北的有限公司。

么代价呢？我们来看一下表 10-1。

表 10-1 肥肥养生融资成本一览表

费用类别	收益方	成本	计算基数	支付周期	支付期限	合同依据
投资收益	基金一号	18%	投资资金	半年	投资款实际到账之日到基金退出	投资协议第7条
顾问费	GP公司	300万元固定金额		每年	资金募集达到预定目标之日	补充协议第2条

肥肥养生的融资成本包括两类：第一类是投资收益，支付给基金一号，每年的融资成本是基金一号的投资金额 ×18%；第二类是顾问费，每年支付给深圳基金（GP）300 万元的固定金额。这两类融资成本，肥肥养生应如何进行税务处理呢？

10.2.2 支付的投资收益

肥肥养生支付的投资收益包括两部分：一部分是对应《借款协议》1.5亿元的债的融资成本；另一部分是对应《增资协议》0.5 亿元的股的融资成本。前者比较简单，就是常规的"普通之债"，按债所得税规则进行处理即可，即肥肥养生每年支付的 0.27（=1.5×18%）亿元，允许在税前扣除，应取得发票作为税前扣除凭证。我们着重分析后者的税务处理。

1. 税前扣除吗

基金一号以增资扩股的方式将 0.5 亿元注入肥肥养生，这 0.5 亿元资金具备了"股"的形式，但从双方签订的协议来看，基金一号收取 18% 的固定收益，并不承担肥肥养生任何经营风险，因此这 0.5 亿元又具备了"债"的实质。这种兼具股和债双重属性的"明股实债"，在企业所得税世界里，被称为混合性投资。混合性投资如果符合所得税"五指山"标准，可以按债所得税规则进行处理。根据肥肥养生与基金一号签订的《增资协议》内容，肥肥养生接受的混合性投资完全满足所得税"五指山"标准，因此可以将每年支出的 0.09（=0.5×0.18%）亿元，在税前列支扣除。

2. 需要发票吗

肥肥养生如果在税前扣除 0.09 亿元的支出，是否需要取得发票呢？这取决于 0.09 亿元是否属于增值税的应税项目。由于基金一号收取固定利润，并不承担肥肥养生的经营风险，属于增值税应税项目，因此肥肥养生只有取得发票，才能在税前扣除。

10.2.3　支付的顾问费

深圳基金对每年收取的 300 万元顾问费，需要缴纳所得税和增值税，并应该为肥肥养生开具发票。肥肥养生支付的顾问费，取得发票后，可以在税前扣除。

10.3　本章实战思考

本章我们认识了一种表里不一的资金——"明股实债"。曾有培训的学员问我："利威老师，为什么企业不好好做债权融资，而是要绕弯弯弄这么复杂的明股实债？"黑格尔曾说过："存在即合理。"从融资方的角度看，"明股实债"既可以免受银行贷款额度和时间的限制，又可以扩大自身的股本金；从投资方的角度看，"明股实债"不仅可以获得相对稳定的收益，还可以避免因其不具备放贷资质而带来的风险。正是由于"明股实债"模式满足了多方利益诉求，因此被越来越多的企业所接受，并成为一种新兴的融资模式。但需要注意的是，由于明股实债交易结构的复杂性，很多融资方会忽略掉融资成本中的"税负成本"，导致对融资成本的低估，进而做出错误的融资决策。

| CHAPTER 11 |
第 11 章

增资扩股之股权融资

从本章开始，我们将用两章的内容讲解增资扩股。本章讲解股权融资的核心涉税知识点，第 12 章讲解转增资本的涉税知识点。

11.1 增资扩股基本税政

11.1.1 案例 16：吉祥航空[⊖]

吉祥航空（603885）的控股股东是均瑶集团。均瑶集团的创始人是温州三兄弟：王均瑶、王均金和王均豪。大哥王均瑶持股比为 50%，二弟王均金持股比为 30%，三弟王均豪持股比为 20%。2004 年，均瑶集团旗下有三大板块，分别为航空、乳业、置业（见图 11-1）。

⊖ 吉祥航空全称为上海吉祥航空股份有限公司。本案例在吉祥航空公告的招股说明书基础上整理加工而成。为了方便理解，凡是涉及数字，均四舍五入为整数。

图 11-1 均瑶集团的股权架构图

但天妒英才，2004 年 11 月，年仅 38 岁的王均瑶因肠癌去世。王均瑶去世前，将 50% 的股权做了安排，给了两个弟弟各 5% 的股权，给了大儿子王翰 35.5% 的股权，另外两个子女 4.5% 的股权。股份分配完毕后，均瑶集团的大股东为王均瑶之子王翰。由于当时的王翰才 14 岁，于是王均瑶安排，王翰的股权由两位叔叔共同代为管理（见图 11-2）。在业务上，王均金和王均豪两兄弟也做了分工，王均金主要管理吉祥航空和均瑶乳业，王均豪主要管理均瑶置业。

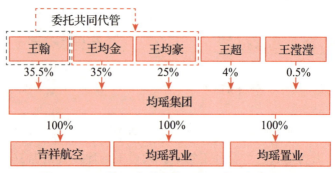

图 11-2 王均瑶去世后均瑶集团的股权架构图

11.1.2 第一阶段：王均豪货币增资

2010 年，吉祥航空开始筹备上市。王均豪提出，放弃侄儿王翰股权的代管权，以便吉祥航空上市时，王均金为实际控制人。另外，王均豪增资拟上市公司吉祥航空，以便直接持股吉祥航空（见图 11-3）。

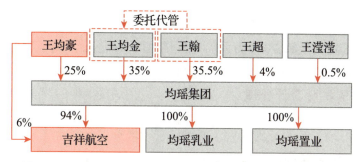

图 11-3　王均豪向吉祥航空增资后均瑶集团的股权架构图

1. 增资扩股三剑客

王均豪如果想拥有吉祥航空 6% 的持股比，需要向吉祥航空投入多少资金呢？

我们来看增资扩股的公式：投资金额 ÷ 公司估值[一]= 持股比例。这个公式中的三个要素，我称之为"增资扩股三剑客"。三剑客中最核心的是公司估值，可以简单理解为公司值多少钱。假如吉祥航空的公司估值是 10 亿元，王均豪需要投入 6 000 万元才能占 6%；假如吉祥航空的公司估值是 100 亿元，王均豪需要投入 6 亿元才能占 6%。由此可见，公司估值是连接投资金额和持股比例的桥梁。公司估值到底该如何计算呢？常用的有三种方法，分别是成本法、比较法、收益法。[二]

根据吉祥航空招股说明书的披露，王均豪增资时，选择了成本法，即以吉祥航空净资产值为基础进行估值[三]，并确定了投前估值 3.6 亿元。王均

[一] 公司估值有两种：投前估值和投后估值。其中投前估值是指增资前公司的估值，投后估值＝投前估值＋增资时股东投入的总金额。本书如未做特殊说明，公司估值均指投后估值。

[二] 见《资产评估执业准则——资产评估方法》（中评协〔2019〕35 号）。

[三] 见《上海吉祥航空股份有限公司首次公开发行股票招股说明书》第 60 页，自然人王均豪先生本次增资价格系依据吉祥有限截至 2010 年 6 月 30 日经中磊会计师事务所审计并出具的中磊沪审字〔2010〕105 号《审计报告》中的净资产值，并综合考虑经吉祥有限股东会于 2010 年 10 月 8 日做出的 2010 年度中期分红 15 000 万元的决议，由相关各方协商，以高于分红后上述净资产值的价格确定。

豪占6%的比例，需要投入的资金为2 300万元[一]。至此，增资扩股三剑客全部确定：投资金额2 300万元 ÷ 公司估值3.83亿元[二]= 持股比例6%。

2. 增资扩股会计处理

确定好增资扩股三剑客后，就可以进行增资扩股的会计处理了。我们可以用以下的三步制作会计分录。

第一步：计算新增资本

吉祥航空增资前的注册资本为3亿元。本次新增的注册资本为2 000万元[三]。

第二步：确定资本公积

根据企业会计准则的规定，"资本公积——资本溢价"科目用于核算企业收到投资者出资额超出其在注册资本或股本中所占份额的部分。在本案例中，吉祥航空记入"资本公积——资本溢价"的金额为300万元[四]。

第三步：制作会计分录

根据前两步的计算结果，吉祥航空制作如下会计分录：

借：银行存款　　　　　　　　　　　　　　2 300万
　　贷：实收资本——王均豪　　　　　　　　2 000万
　　　　资本公积——资本溢价　　　　　　　 300万

[一] 计算公式为：投资总额=投后估值 × 持股比例=投前估值/（1- 持股比例）× 持股比例 = 36 000/（1-6%）×6% ≈ 2 300（万元）。

[二] 公司估值是指吉祥航空的投后估值，计算公式为：投后估值=投前估值/（1- 持股比例）= 3.6/（1-6%）≈ 3.83（亿元）。

[三] 计算公式为：增加的注册资本=增资后注册资本 × 持股比例=增资前注册资本/（1- 持股比例）× 持股比例 =30 000/（1-6%）×6% ≈ 2 000（万元）。

[四] 资本公积=投资者出资额－新增注册资本金额=2 300-2 000=300（万元）。

3. 货币出资税务处理

王均豪投资 2 300 万元到吉祥航空，其中 2 000 万元进入注册资本，300 万元进入资本公积。增资后，吉祥航空的股权结构为：王均豪的持股比为 6%，均瑶集团的持股比为 94%。增资扩股过程涉及哪些税呢？

印花税

根据税法规定⊖，记载资金的账簿，按实收资本（股本）、资本公积合计金额的万分之二点五贴花。

所得税

吉祥航空增资前，股东均瑶集团的持股比为 100%；吉祥航空增资后，股东均瑶集团的持股比为 94%。请问：均瑶集团是否应视同股权转让，缴纳企业所得税呢？换言之，是不是只要股东持股比例减少，就会产生所得税的纳税义务呢？

导致股东持股比例减少的原因有三种，分别是股权转让、股东撤资、增资扩股。股权转让和股东撤资是原股东主动行为导致的持股比例减少；增资扩股是原股东被动行为导致的持股比例减少。这三种股权动作中，只有股权转让和股东撤资这两种原股东主动的行为，才属于所得税的征税范围。增资扩股导致原股东持股比例被动减少，专业术语为"股权稀释"，并不属于征税范围。为什么国家不对溢价增资的行为征税呢？其实道理很简单，股东投资导致公司注册资本增加，是股东向公司注入资金，并不是股东从公司撤走资金的收益环节。国家如果在该时点征税，将会严重抑制投资行为，所以无论是企业所得税法还是个人所得税法，均未将股东的货币

⊖ 《印花税法》附件《印花税税目税率表》规定，记载资金的营业账簿，按实收资本（股本）、资本公积合计金额的万分之二点五贴花。

投资行为列入征税范围⊖。

11.1.3 第二阶段：投资人货币增资

王氏兄弟内部调整好吉祥航空股权架构后，吉祥航空开始引入外部投资人。

1. 增资扩股三剑客

2011年，吉祥航空共引入了三家基金，分别是磐石宝骐、大众交通、容银投资。三家基金计划向吉祥航空投资人民币5亿元。

三家基金应占吉祥航空多少持股比呢？

我们来看增资扩股三剑客：投资金额÷公司估值=持股比例。三家基金的投资金额为5亿元，占吉祥航空多少持股比例，取决于吉祥航空的估值。

这次增资扩股的估值，经均瑶集团、王均豪和三家基金协商，采用了比较法中的市盈率法。市盈率法的计算公式可以简单表述为：公司估值=净利润×市盈率。2011年，吉祥航空预计净利润为5亿元，双方协商确定的市盈率为10倍，据此计算出吉祥航空的公司估值为50亿元。我们将50亿元的估值代入增资扩股三剑客公式，可以计算出，三家基金投资后对吉祥航空的持股比例为10%⊖。图11-4为吉祥航空第2次增资扩股后的股权架构图，均瑶集团和王均豪的持股比被同步稀释至84.6%和5.4%。

2. 增资扩股会计处理

我们用三步法来制作增资扩股的会计分录。

⊖ 关于不公允价值出资将在本书第20章中讲解。
⊜ 持股比例=投资金额÷公司估值=5亿÷50亿=10%。

图 11-4 三家基金增资后吉祥航空的股权架构图

第一步：计算新增资本

吉祥航空增资前的注册资本为 3.2 亿元。本次新增注册资本 0.36 亿元[一]。

第二步：确定资本公积

本次增资扩股，吉祥航空记入"资本公积——资本溢价"的金额为 4.64 亿元[二]。

第三步：制作会计分录

根据前两步的计算结果，吉祥航空制作如下会计分录：

借：银行存款　　　　　　　　　　　　　5 亿
　贷：实收资本——三家基金　　　　　　0.36 亿
　　　资本公积——资本溢价　　　　　　4.64 亿

3. 增资扩股税务处理

本次增资扩股过程中，吉祥航空注册资本增加，公司需要缴纳印花税。除此之外，新老股东均无须纳税。

[一] 计算公式为：增加的注册资本＝增资后注册资本 × 持股比例＝增资前注册资本 /（1−持股比例）× 持股比例＝3.2/（1−10%）× 10% ≈ 0.36（亿元）。

[二] 资本公积＝投资者出资额−新增注册资本金额＝5−0.36=4.64（亿元）。

11.2 对赌条款涉税处理

在股权融资过程中，投资人通常会要求在投资协议中约定"对赌条款"㊀。下面，我们通过被誉为中国对赌第一案的"海富投资案例"，分析对赌条款的税务处理。其实，对赌之税并不复杂，但难在对其商业本质的理解，所以，我们先了解海富投资案例的背景，当理解了对赌的商业本质，对赌如何纳税就迎刃而解了。

11.2.1 案例 17：海富投资㊁

中国对赌第一案的主角叫海富投资㊂，成立于 2007 年，注册资本 5 000 万元。初出茅庐的海富投资挥金如土，仅 3 个月的时间，先后斥资 1 800 万元投资天马精化，斥资 750 万元投资盛万投资，斥资 2 000 万元投资甘肃世恒。实践证明，前两笔 Pre-IPO 投资都是英明神武的，但投资甘肃世恒的 2 000 万元却惹上了始料未及的麻烦。

甘肃世恒原名为甘肃众星锌业有限公司，在海富投资投资前公司注册资本为 2 860 万元，公司仅有一个股东——迪亚公司，迪亚公司的实际控制人叫陆波。2007 年 11 月，经过熟人介绍，海富投资以现金 2 000 万元对甘肃世恒进行增资。

增资扩股三剑客告诉我们，海富投资对甘肃世恒的持股比例，取决于甘肃世恒的估值。经海富投资和迪亚公司协商，采用了比较法中的市盈率法估值，即甘肃世恒估值 = 甘肃世恒的净利润 × 可比上市公司的市盈率。

㊀ 《最高人民法院关于印发〈全国法院民商事审判工作会议纪要〉的通知》(法〔2019〕254 号，以下简称《九民纪要》) 规定，"对赌协议"，又称估值调整协议，是指投资方与融资方在达成股权性融资协议时，为解决交易双方对目标公司未来发展的不确定性、信息不对称以及代理成本而设计的包含了股权回购、金钱补偿等对未来目标公司的估值进行调整的协议。

㊁ 本案例根据最高人民法院（2012）民提字第 11 号民事再审判决书内容整理而成。

㊂ 海富投资全称为苏州工业园区海富投资有限公司。

甘肃世恒向海富投资承诺，2008年净利润不会低于3 000万元，双方协商的市盈率为17倍。据此计算，甘肃世恒估值＝净利润3 000万元×17倍市盈率＝5.1亿元，海富投资投资2 000万元所占的持股比＝投资金额2 000万元÷5.1亿元≈4%（见图11-5）。

图11-5　甘肃世恒增资后的股权架构图

双方确定了投资金额、公司估值和持股比例后，开始准备投资协议。此时海富投资提出来一个很核心的问题：如果甘肃世恒2008年的净利润低于3 000万元，未能兑现承诺怎么办？假设甘肃世恒2008年仅完成净利润1 500万元，公司估值将为2.55亿元[⊖]。如果甘肃世恒估值为2.55亿元，就会出现两种可能：第一种，海富投资的投入资金2 000万元不变，但持股比显然不是4%，而是8%（2 000万元÷2.55亿元≈8%）；第二种，海富投资保持4%的持股比例不变，那显然不需要投入2 000万元资金，仅投入1 000万元（2.55亿元×4%≈1 000万元）即可。

怎么解决这个问题呢？"对赌"闪亮登场了。"对赌"属于舶来品，英文为VAM（value adjustment mechanism），直译为"估值调整机制"，是在投融资案例中，投资方为了自我保护，约定被投资方承诺的情形未兑现时，对原有估值重新计算的机制。对赌一旦失败，结果是什么呢？无外乎两种：一种是退钱，另一种是退股。前者专业术语叫给予补偿金，后者叫调整持股比。但不管退钱还是退股，都建立在对公司估值进行重新计算的基础上。

⊖　计算公式为：1 500万元×17倍市盈率＝2.55亿元。

如果甘肃世恒向海富投资承诺的 2008 年净利润没达标，也就是对赌失败了，海富投资是希望要钱还是要股呢？我们来看他们签的对赌条款：

甘肃世恒 2008 年净利润不低于 3 000 万元人民币。如果甘肃世恒 2008 年实际净利润完不成 3 000 万元，海富公司有权要求甘肃世恒予以补偿，如果甘肃世恒未能履行补偿义务，海富公司有权要求迪亚公司履行补偿义务。补偿金额 =（1-2008 年实际净利润/3 000 万元）× 本次投资金额。[一]

根据上述条款，甘肃世恒如果完不成 2008 年净利润指标，海富投资有权要求甘肃世恒予以补偿；如果甘肃世恒不补偿，海富投资有权要求股东迪亚公司补偿。它们还约定了补偿金额的具体计算公式。由此可见，海富投资是要钱的。

对赌条款签署完毕，海富投资安心地把钱打给了甘肃世恒，甘肃世恒也去工商局做了增资登记，并进行了会计处理，海富投资投入的 2 000 万元，其中有 120 万元进入了甘肃世恒的实收资本，其他的 1 880 万元进入了"资本公积——资本溢价"。

11.2.2　对赌的司法结论

2008 年有色金属行业哀鸿遍野，主营有色金属的甘肃世恒业绩十分惨淡。信誓旦旦承诺完成 3 000 万元净利润的甘肃世恒，2008 年实际净利润仅仅 2.7 万元。按照对赌计算公式，甘肃世恒需补偿海富投资 1 998 万元[二]。但此时的甘肃世恒无论如何也不肯愿赌服输。拉锯战持续了近一年，失去耐心的海富投资终于决定与甘肃世恒和迪亚公司"对簿公堂"。

[一] 摘自最高人民法院（2012）民提字第 11 号民事再审判决书，判决书原文中将甘肃世恒称为众星公司，为了方便读者理解，笔者统一使用简称甘肃世恒。

[二] 计算公式为：补偿金额 =（1-2008 年实际净利润/3 000）× 本次投资金额 =（1-2.7/3 000）× 2 000 ≈ 1 998（万元）。

海富投资在甘肃法院经历了一审和二审,判决结果竟然是对赌无效。一时间,资本市场一片哗然,投资机构忧心忡忡,焦虑的不是海富投资与甘肃世恒的恩恩怨怨,而是法院判决海富投资败诉,是否意味着中国司法对"对赌条款"判处"死刑"?幸好海富投资并不服输,将官司最终诉讼至最高人民法院。2012年年底,最高人民法院给出了答案:关于股东与公司之间对赌的效力,最高人民法院依然认为是无效的;但对于股东与股东之间对赌的效力,最高人民法院给予了认可[一]。2019年,最高人民法院发布了《九民纪要》。《九民纪要》中再次提到了对赌的规则。这次的结论是,投资方和股东的对赌有效;投资方和公司的对赌,只要没有违反法律的强制性规定,也是有效的[二]。这标志着,中国司法界基本认可了对赌的法律效力。

11.2.3 对赌的税务处理

关于"对赌条款"合法与非法的是是非非尘埃落定,下面我们来讨论对赌的税务处理。根据对赌对象的不同,对赌可以分为两种:投资方和老股东对赌,投资方和公司对赌。对赌失败又有两种后果:一种是退钱,另一种是退股。我们将上述场景进行组合,可以将对赌归纳为4种模型,分别为模型1:退钱+和公司对赌;模型2:退钱+和股东对赌;模型3:退股+和公司对赌;模型4:退股+和股东对赌。

模型1:退钱+和公司对赌

假设海富投资案例中,甘肃世恒向海富投资如约支付了1 998万元对

[一] 见最高人民法院(2012)民提字第11号民事再审判决书。
[二] 《九民纪要》规定,投资方与目标公司订立的"对赌协议"在不存在法定无效事由的情况下,目标公司仅以存在股权回购或者金钱补偿约定为由,主张"对赌协议"无效的,人民法院不予支持,但投资方主张实际履行的,人民法院应当审查是否符合公司法关于"股东不得抽逃出资"及股份回购的强制性规定,判决是否支持其诉讼请求。

赌补偿金。海富投资收到1 998万元，是否需要缴纳企业所得税？甘肃世恒支付了1 998万元，是否可以在税前扣除？

对赌补偿金如何纳税，至今为止，国家并未出台政策予以明确，所以实务中出现了不同的观点，这些众说纷纭的观点可以归纳为四种，分别为捐赠说、违约说、期权说、变更说。

捐赠说

这种观点将对赌补偿金定性为捐赠。按捐赠说的观点，接收方海富投资应将1 998万元作为接受捐赠收入，当期缴纳企业所得税；支付方甘肃世恒，应将1 998万元作为非公益性捐赠，不得在所得税前扣除。

捐赠说显然是错误的。根据《民法典》的规定[一]，赠与合同是赠与人将自己的财产无偿给予受赠人，受赠人表示接受赠与的合同。赠与合同属于无偿合同、单务合同、诺成合同，而对赌条款并不具备这些法律特点。对赌补偿与股权投资，两者的关系并非独立的，而是你中有我、我中有你、浑然相融的一个整体。捐赠说割裂了股权投资和对赌补偿，是不可取的。

违约说

这种观点将对赌补偿金定性为违约金。支付方甘肃世恒将其作为费用在当期扣除，接收方海富投资将其作为收入缴纳企业所得税。

违约说的观点也不正确。根据《民法典》的规定[二]，当事人一方不履行合同义务或者履行合同义务不符合约定的，应当承担继续履行、采取补救措施或者赔偿损失等违约责任。由此可见，违约责任的存在是有前提的，即不履行合同或履行合同义务不符合约定。而在对赌案例中，合同各方均未出现不履行合同或履行合同义务不符合约定的情形，而且恰恰相反，对

[一] 见《民法典》第六百五十七条。
[二] 见《民法典》第五百七十七条。

赌补偿金的兑现恰恰是合同条款得到了良好履行。所以，这种观点并未被广泛接受。

期权说

这种观点认为，对赌约定是嵌入式衍生工具——看跌期权[1]。对赌条款实质为：海富投资购买一份场外欧式看跌期权，甘肃世恒出售一份场外看跌期权。双方应运用"布莱克 – 斯科尔斯模型"[2]对期权进行定价，并以此为基础进行会计处理。税务上可简化处理，海富投资取得的补偿全部确认为投资收益，当期缴纳企业所得税，甘肃世恒支付的补偿金，确认投资损失，在企业所得税前申报扣除。

嵌入式衍生工具和"布莱克 – 斯科尔斯模型"都是舶来品，虽然期权说是会计界主流观点，但是由于需要复杂的数学模型，实践中在中小企业并没有得到广泛的应用。因此期权说尽管很科学，但由于太复杂，也不适合引入税法领域。

变更说

这种观点认为，对赌补偿金的本质为原合同价款的调整。投资合同中约定的投资价格，是基于甘肃世恒承诺2008年净利润3 000万元这个前提，如果净利润没有达标，则会基于甘肃世恒的真实利润，对交易价格进行调整。因此，对赌条款相当于对原合同价格的变更。按这种观点，海富投资取得补偿款冲减长期股权投资的初始投资成本，甘肃世恒支付补偿款

---

[1] 看跌期权又称"认沽期权""卖出期权"或"敲出"，看涨期权的对称，是指在将来某一天或一定时期内，按规定的价格和数量，卖出某种有价证券的权利。客户购入卖出期权后，有权在规定的日期或期限内，按契约规定的价格、数量向"卖出期权"的卖出者卖出某种有价证券。

[2] 期权定价模型（OPM），由布莱克与斯科尔斯在20世纪70年代提出。该模型认为，只有股价的当前值与未来的预测有关；变量过去的历史与演变方式与未来的预测不相关。模型表明，期权价格的决定非常复杂，合约期限、股票现价、无风险资产的利率水平以及交割价格等都会影响期权价格。

冲减"资本公积——资本溢价",双方均无须做税务处理。

根据《民法典》的规定,当事人协商一致,可以变更合同。[一]对赌案例中的合同变更比我们平时接触的合同变更略显复杂,因为附加了一定的条件,如果条件成就,则合同价款不改变;如果条件不成就,则合同价款改变。变更说有合理性,而且操作起来很简单,是笔者比较赞同的观点。这种观点,虽然没有国家层面税收政策的支持,但海南省税务局曾对海南航空做出有关对赌处理的回复函,就采用了变更说的观点[二]。

我们做个小结:对赌补偿金如何进行税务处理有四种观点,第一种捐赠说,简单但粗暴;第二种违约说,夸张且无理;第三种期权说,科学但复杂;第四种变更说,合理且可行。采用变更说时,投资方收到的对赌补偿金冲减长期股权投资的初始投资成本,被投资公司支付补偿金冲减资本溢价,双方无须在收支对赌补偿金环节缴纳所得税。

模型2:退钱 + 和股东对赌

我们再假设,海富投资案例中,由迪亚公司对海富投资进行补偿,海富投资收到的1 998万元,依然冲减投资成本,但迪亚公司支付的1 998万元,如何进行税务处理呢?

要想知道迪亚公司如何进行税务处理,首先需要对迪亚公司支付1 998万元的行为进行定性。海富投资投资时,把2 000万元注入了甘肃世恒。既然收钱的是甘肃世恒,业绩不达标的也是甘肃世恒,为什么迪亚公司去支付对赌补偿金呢?其实这是非常典型的子债父偿的行为。也就是说,迪亚公司支付的补偿款其实是代替甘肃世恒支付的(见图11-6)。

[一] 见《民法典》第五百四十三条。
[二] 见《海南省地方税务局关于对赌协议利润补偿企业所得税相关问题的复函》(琼地税函〔2014〕198号):"……你公司在该对赌协议中取得的利润补偿可以视为对最初受让股权的定价调整,即收到利润补偿当年调整相应长期股权投资的初始投资成本。"

图 11-6 子债父偿示意图

沿着这个思路，我们很容易进行税务处理。具体有两种处理思路。

作为资本公积

如果甘肃世恒无须偿还迪亚公司垫付的 1 998 万元，则迪亚公司增加对甘肃世恒 1 998 万元的长期股权投资，甘肃世恒增加 1 998 万元的"资本公积——其他资本公积"，同时冲减"资本公积——资本溢价" 1 998 万元。海富投资收到 1 998 万元，冲减长期股权投资。

作为往来款

如果甘肃世恒需要偿还迪亚公司垫付的 1 998 万元，则迪亚公司增加对甘肃世恒 1 998 万元的其他应收款，甘肃世恒增加 1 998 万元的其他应付款，同时冲减"资本公积——资本溢价" 1 998 万元。海富投资收到 1 998 万元，冲减长期股权投资。

无论上述哪一种思路，海富投资、甘肃世恒、迪亚公司均无须在收支对赌补偿金环节缴纳企业所得税。

模型 3：退股 + 和公司对赌

假设海富投资不要钱，而是要求调整持股比。最终各方协商，通过甘肃世恒资本溢价定向向海富投资转增资本的方式，调整了股东双方对甘肃世恒的持股比例（见图 11-7）。各方又该如何进行税务处理？

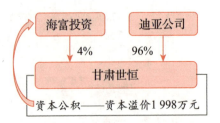

图 11-7 "资本公积——资本溢价"定向转增注册资本

根据税法规定①,海富投资对资本溢价转增资本的行为无须缴纳企业所得税,同时也不调整持有甘肃世恒股权的计税基础。甘肃世恒迪亚公司无须进行税务处理。

模型 4:退股 + 和股东对赌

假设海富投资不要钱,而是要求调整持股比。经协商,迪亚公司无偿将持有的甘肃世恒的部分股权,转让给海富投资(见图 11-8)。各方又该如何进行税务处理?

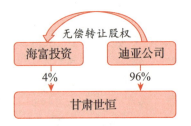

图 11-8 退股 + 和股东对赌示意图

按变更说的观点,迪亚公司将持有的甘肃世恒部分股权转让的行为,属于对原投资行为的延续,是对原持股比例的调整。因此迪亚公司无须对 0 元转让甘肃世恒部分股权的行为缴纳企业所得税;海富投资对受让甘肃世恒的部分股权也无须缴纳企业所得税。对赌条款履行完毕后,双方持有

---

① 见《国家税务总局关于贯彻落实企业所得税法若干税收问题的通知》(国税函〔2010〕79 号)第四条第二款。具体见本书第 12 章讲解。

甘肃世恒股权的计税基础不变。

那么，因对赌失败导致原股东1元或0元转让股权的行为，是否需要特别纳税调整？根据《企业所得税法》第四十七条的规定，企业实施其他不具有合理商业目的安排而减少其应纳税收入或者所得额的，税务机关有权按照合理方法调整。由此可见，对原股东以0元价格转让股权的行为进行特别纳税调整，需要转让股权行为满足两个条件：一是不具有合理商业目的；二是减少应纳税收入或所得额。因此，企业如遭遇税务机关的特别纳税调整，需要提供该股权转让行为有合理商业目的的证据，并向税务机关说明该行为并未导致国家税款流失，以争取不被纳入特别纳税调整的范围。

11.3 本章实战思考

本章我们学习了增资扩股三剑客，还有对赌的四种模型。在讲解过程中，我们均采取了首先还原事项的商业本质，然后再去讨论税务处理的思路。经典电影《教父》里有一句台词："花半秒钟就看透事物本质的人，和花一辈子都看不清事物本质的人，注定是截然不同的命运。"其实，学习税法也是如此，我每年培训上千名股权设计师学员，发现永远是那种喜欢追本溯源的学员成长最快。

CHAPTER 12
第 12 章

增资扩股之转增资本

"转增资本"是指公司以留存收益和资本公积转为增加公司注册资本的行为。公司的净资产有 4 个一级科目,分别为实收资本/股本[一],资本公积[二],盈余公积,未分配利润。在转增资本过程中,公司的净资产总额不发生变化,但净资产各科目的结构发生改变。转增资本的税务处理极其复杂,为了方便理解,我们首先把净资产按照税收属性划分为 3 类:第 1 类:实收资本/股本和"资本公积——资本溢价/股本溢价",它们都是由股东的权益性投入形成的,其中实收资本是企业接受投资者实际投入的注册资本部分,资本溢价/股本溢价是企业收到投资者出资额超出其在注册资本或股本中所占份额的部分。第 2 类:其他资本公积,是直接计入所有者权益的利得和损失。第 3 类:盈余公积[三]和未分配利润,合称为留存收益,它们

[一] 根据《企业会计准则——应用指南》附件:会计科目和主要账务处理的规定,实收资本核算企业接受投资者投入的实收资本。股份有限公司应将本科目改为 "4001 股本" 科目。

[二] 资本公积包括资本溢价/股本溢价和其他资本公积。

[三] 《公司法》第二百一十条规定,公司分配当年税后利润时,应当提取利润的百分之十列入公司法定公积金。公司法定公积金累计额为公司注册资本的百分之五十以上的,可以不再提取。这里的法定公积金提取后,被记入盈余公积科目。

都是由公司的税后利润形成的。本章我们区分这 3 种类型的净资产，讲解居民个人股东、居民企业股东和合伙企业股东 3 类股东，在转增资本环节的涉税处理。

12.1 留存收益转增

12.1.1 案例 18：尚美家装

尚美家装[⊖]是 2004 年 4 月由尚先生和尚夫人（以下简称"尚氏夫妻"）创立的。

截至 2012 年 3 月底，尚美家装共有 3 类股东：第 1 类是个人股东——尚氏夫妻 2 人；第 2 类是公司股东——尚美集团；第 3 类是有限合伙股东——尚美合家合伙，如图 12-1 所示。

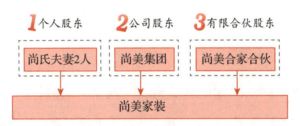

图 12-1 尚美家装股权架构图

2012 年 4 月，尚美家装股东会决议将注册资本由 4 000 万元增加到 8 000 万元，增加的注册资本由转增方式实现。转增资本的具体操作为：尚美家装将净资产中的盈余公积和未分配利润 2 个科目，转到实收资本科目。转增过程中三类股东是否需要纳税呢？我们先来了解转增的税政原理。

12.1.2 转增税政原理

未分配利润和盈余公积统称为留存收益，是由公司税后利润形成的，

⊖ 尚美家装是一家注册在广州的家装公司。本案例根据真实案例改编而成。

即转增资本的留存收益均已缴纳过企业所得税（见图 12-2）。

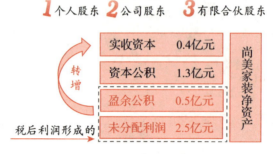

图 12-2　尚美家装留存收益转增

理解了留存收益的性质，下面应用"分解原理"来分析留存收益转增资本的税务处理。在税法的世界里，转增需要分解为两件事：尚美家装视同分红给股东，股东再用分红款进行投资。即尚美家装转增时，三类股东按被投资公司分红进行税务处理。

12.1.3　居民个人股东

留存收益转增资本，居民个人股东需要缴纳个人所得税，税率为 20%。㊀

但留存收益转增资本时，居民个人股东并没有取得资金流入，也就是说股东缺乏纳税必要资金。考虑到这种情况，国家允许以下 4 类公司转增时，居民个人股东可以申请递延纳税的优惠待遇。

㊀《财政部　国家税务总局关于将国家自主创新示范区有关税收试点政策推广到全国范围实施的通知》（财税〔2015〕116 号）第三条规定，个人股东获得转增的股本，应按照"利息、股息、红利所得"项目，适用 20% 税率征收个人所得税。《国家税务总局关于股权奖励和转增股本个人所得税征管问题的公告》（国家税务总局公告 2015 年第 80 号）第二条第（一）项规定，非上市及未在全国中小企业股份转让系统挂牌的中小高新技术企业以未分配利润、盈余公积、资本公积向个人股东转增股本，并符合财税〔2015〕116 号文件有关规定的，纳税人可分期缴纳个人所得税；非上市及未在全国中小企业股份转让系统挂牌的其他企业转增股本，应及时代扣代缴个人所得税。

1. 中小高新技术企业

如果是中小高新技术企业⊖以留存收益向个人股东转增股本，个人股东可以自行制订分期缴税计划，在不超过 5 个公历年度内（含）分期缴纳，并将有关资料报主管税务机关备案⊜。

2. 新三板挂牌公司

如果是新三板公司以留存收益向个人股东转增股本，个人股东持股期限超过 1 年的，可以享受免税待遇⊜。

3. 北交所上市公司

新三板精选层公司转为北交所上市公司，以及创新层挂牌公司通过公开发行股票进入北交所上市后，以留存收益向个人股东转增股本，投资北交所上市公司的个人股东持股期限超过 1 年的，可以享受免税待遇⊛。

⊖ 《财政部 国家税务总局关于将国家自主创新示范区有关税收试点政策推广到全国范围实施的通知》（财税〔2015〕116 号）第三条规定，中小高新技术企业，是指注册在中国境内实行查账征收的、经认定取得高新技术企业资格，且年销售额和资产总额均不超过 2 亿元、从业人数不超过 500 人的企业。

⊜ 见《财政部 国家税务总局关于将国家自主创新示范区有关税收试点政策推广到全国范围实施的通知》（财税〔2015〕116 号）和《国家税务总局关于股权奖励和转增股本个人所得税征管问题的公告》（国家税务总局公告 2015 年第 80 号）。

⊜ 《财政部 国家税务总局关于将国家自主创新示范区有关税收试点政策推广到全国范围实施的通知》（财税〔2015〕116 号）第三条规定，上市中小高新技术企业或在全国中小企业股份转让系统挂牌的中小高新技术企业向个人股东转增股本，股东应纳的个人所得税，继续按照现行有关股息红利差别化个人所得税政策执行，不适用本通知规定的分期纳税政策。《国家税务总局关于股权奖励和转增股本个人所得税征管问题的公告》（国家税务总局公告 2015 年第 80 号）第二条第（二）项规定，上市公司或在全国中小企业股份转让系统挂牌的企业转增股本（不含以股票发行溢价形成的资本公积转增股本），按现行有关股息红利差别化政策执行。《财政部 税务总局 证监会关于继续实施全国中小企业股份转让系统挂牌公司股息红利差别化个人所得税政策的公告》（财政部公告 2019 年第 78 号）第一条规定，个人持有挂牌公司的股票，持股期限超过 1 年的，对股息红利所得暂免征收个人所得税。

⊛ 见《财政部 税务总局关于北京证券交易所税收政策适用问题的公告》（财政部 税务总局公告 2021 年第 33 号）。

4. 除北交所外上市公司

除北交所外的上市公司以留存收益向个人股东转增股本,个人股东持有的限售股自解禁之日起持股期限超过 1 年的,可以享受免税待遇[一]。

在本案例中,尚美家装既不是中小高新技术企业,也不是上市公司,更没有在新三板挂牌,因此,无法申请到税收优惠,尚氏夫妻只能在公司转增时点缴纳 20% 的个税。

12.1.4　居民企业股东

尚美家装留存收益转增资本的过程,可以视同尚美家装向股东尚美集团分红,然后股东尚美集团用分红款向尚美家装投资,增加尚美家装的注册资本。因此,股东尚美集团可以按如下思路进行税务处理:

(1)尚美集团获得留存收益转增的资本,按取得股息红利收入进行税务处理。

(2)根据《企业所得税法》[二]的规定,符合条件的居民企业之间的股息、红利等权益性投资收益[三],为免税收入。由于尚美集团和尚美家装均属于居民企业,且在转增时尚美家装尚未上市,因此尚美集团符合上述申请免税待遇的条件,可以在办理企业所得税汇算清缴时申请该免税待遇。

[一] 优惠政策见《财政部 国家税务总局 证监会关于实施上市公司股息红利差别化个人所得税政策有关问题的通知》(财税〔2012〕85 号)和《财政部 国家税务总局 证监会关于上市公司股息红利差别化个人所得税政策有关问题的通知》(财税〔2015〕101 号),具体可以见本书第四部分第 19 章内容。

[二] 见《企业所得税法》第二十六条。

[三] 《企业所得税法实施条例》第八十三条规定,《企业所得税法》第二十六条第(二)项所称符合条件的居民企业之间的股息、红利等权益性投资收益,是指居民企业直接投资于其他居民企业取得的投资收益。《企业所得税法》第二十六条第(二)项和第(三)项所称股息、红利等权益性投资收益,不包括连续持有居民企业公开发行并上市流通的股票不足 12 个月取得的投资收益。

（3）尚美集团未来转让持有的尚美家装股份时，该部分转增资本，允许作为成本在企业所得税前扣除。我们可以概括为"转增环节免税，转股环节扣除"。

12.1.5 合伙企业股东

第3章介绍过合伙企业是税收透明体，其本身无须缴纳所得税，仅是作为税收导管，将被投资企业的投资收益向上导，由合伙人分别缴纳所得税。因此尚美合家合伙无须缴纳所得税，而是由尚美合家合伙的合伙人根据其类型缴纳所得税。在本案例中尚美合家合伙的合伙人是有限公司尚美集团和13名高管（见图12-3）。

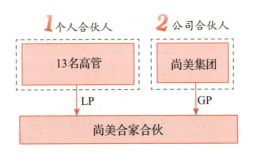

图12-3 尚美合家合伙股权架构图

其中，13名高管通过合伙企业取得的尚美家装转增的资本，视同取得股息红利，需要按"股息、红利"税目缴纳20%的个人所得税。尚美集团作为公司合伙人，通过合伙企业取得的尚美家装转增的资本，视同取得股息红利，需要缴纳25%的企业所得税。因为税法规定，只有居民企业之间直接持股取得的股息红利才能享受免税待遇，尚美集团是通过尚美合家合伙间接持股尚美家装，因此无法享受免税待遇⊖（见图12-4）。

⊖ 参见本书第3章开心麻花案例。

如果合伙企业的合伙人依然是合伙企业,则该合伙企业需要将涉税事项继续往上导,直到穿透至最终的公司合伙人和个人合伙人,然后分别依据上述公司合伙人和个人合伙人的税务规则进行涉税处理。

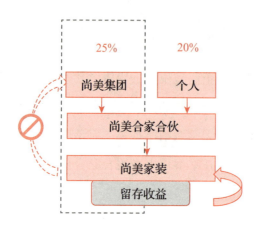

图12-4　尚美家装留存收益转增时,尚美集团与个人股东税负分析

12.2 "资本公积——资本溢价"转增

"资本公积——资本溢价/股本溢价"与留存收益的性质截然不同,它是由股东的权益性投入形成的,是股东出资额超出其在注册资本或股本中所占份额的部分。下面通过三只松鼠案例,分析"资本公积——资本溢价/股本溢价"转增资本的税务处理。

12.2.1　案例19:三只松鼠

三只松鼠(300783)的创始人章燎源,在互联网界被称为"松鼠老爹"。三只松鼠成立于2012年,只用了几年时间就成长为中国销售规模最大的食品电商企业。2019年7月,三只松鼠在深交所创业板上市。三只松鼠在申报IPO之前的股权沿革如下。

1. 公司设立

2012 年 2 月，创始人章燎源注册成立三只松鼠的前身松鼠有限㊀，设立时公司注册资本为 100 万元。

2. 四轮增资

2012 年 4 月至 2014 年 3 月，松鼠有限先后进行了四轮股权融资，引入私募股权基金 IDG 资本㊁和今日资本㊂。这 2 家基金以增资方式进入松鼠有限，出资金额的一部分用于增加公司的注册资本，一部分记入"资本公积——资本溢价"。

3. 第 1 次转增资本

完成了四轮增资后，松鼠有限于 2014 年 3 月将"资本公积——资本溢价"中的 4 808.01 万元按各股东的持股比例，同比例转增注册资本至 5 000 万元。

4. 增加新股东

2015 年 7 月，章燎源将其持有的松鼠有限 0.57% 的股权转让给自友投资公司㊃，将 2% 的股权转让给燎原投资公司㊄。

2015 年 9 月，自友松鼠合伙㊅以 1.66 亿元的价格认购新增的约 260 万元注册资本（溢价部分记入资本公积）。

㊀ 松鼠有限全称为安徽三只松鼠电子商务有限公司。
㊁ IDG 资本通过在中国香港注册成立的 NICE GROWTH LIMITED 对三只松鼠增资扩股。
㊂ 今日资本通过在中国香港注册成立的 LT GROWTH INVESTMENTIX（HK）LIMITED 对三只松鼠增资扩股。
㊃ 自友投资公司全称为上海自友投资管理有限公司。
㊄ 燎原投资公司全称为安徽燎原投资管理有限公司，该公司的股东为章燎源和他的妻子樊静。
㊅ 自友松鼠合伙全称为上海自友松鼠投资中心（有限合伙）。

5. 净资产折股

2015年12月，松鼠有限进行股份制改造，以截至2015年9月30日经审计的净资产中的3亿元折合为3亿股作为股份公司股本总额，剩余部分净资产记入"资本公积——股本溢价"。

6. 实施股权激励

2016年12月，员工持股平台松果投资中心㊀向三只松鼠增资人民币3 750万元，其中600万元记入注册资本，剩余3 150万元记入"资本公积——股本溢价"。

7. 第2次转增资本

2017年3月，三只松鼠以截至2016年12月31日的"资本公积——股本溢价"按各股东持股比例转增注册资本5 400万元（见图12-5）。

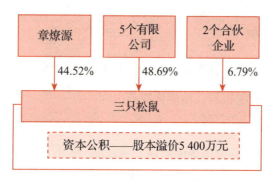

图12-5　三只松鼠"资本公积——股本溢价"转增注册资本

通过梳理三只松鼠的股权历史沿革，我们会发现，三只松鼠的资本公积均为资本溢价/股本溢价，即三只松鼠收到投资者出资超过其在注册资本中所占份额的部分。那么，在上述"资本公积——资本溢价/股本溢价"

㊀ 松果投资中心全称为安徽松果投资管理中心（有限合伙）。

转增的过程中，各类股东是否有义务缴纳个人所得税呢？下面我们着重分析个人股东章燎源、公司股东燎原投资和自友投资、合伙企业股东自友松鼠和松果投资中心转增的税务处理。

12.2.2　居民个人股东

三只松鼠除了净资产折股[一]外，有过两次转增资本：第 1 次是在股改前，即在有限公司阶段将"资本公积——资本溢价"转增资本；第 2 次是在股改后，即在股份公司阶段将"资本公积——股本溢价"转增资本。

资本公积转增个人所得税的税收政策如表 12-1 所示。

表 12-1　资本公积转增资本个人所得税税政汇总表

文件号	内容摘要	核心观点
体改生[①][1992] 30 号	我国的股份制企业主要有股份有限公司和有限责任公司两种组织形式	股份制企业既包括股份公司，也包括有限公司
国税发[1997] 198 号	股份制企业用资本公积金转增股本不属于股息、红利性质的分配，对个人取得的转增股本数额，不作为个人所得，不征收个人所得税；股份制企业用盈余公积金派发红股属于股息、红利性质的分配，对个人取得的红股数额，应作为个人所得征税	股份制企业用资本公积转增资本，不征收个人所得税
国税函[1998] 289 号	"资本公积金"是指股份制企业股票溢价发行收入所形成的资本公积金	对国税发[1997] 198 号文件进行解释，明确仅对由"资本公积——股本溢价"形成的转增资本，不征收个人所得税
《企业会计准则——应用指南》	资本公积科目核算企业收到投资者出资额超出其在注册资本或股本中所占份额的部分。直接计入所有者权益的利得和损失，也通过本科目核算；本科目应当分别"资本溢价（股本溢价）""其他资本公积"进行明细核算	资本公积分为资本溢价/股本溢价和其他资本公积两个二级科目

[一]　净资产折股见本书第 23 章。

（续）

文件号	内容摘要	核心观点
国税发〔2010〕54号	对以未分配利润、盈余公积和除股票溢价发行外的其他资本公积转增注册资本和股本的，要按照"利息、股息、红利所得"项目，依据现行政策规定计征个人所得税	明确以"资本公积——股票溢价"形成转增资本，不征收个人所得税
财税〔2015〕116号	自2016年1月1日起，全国范围内的中小高新技术企业以未分配利润、盈余公积、资本公积向个人股东转增股本时，个人股东一次缴纳个人所得税确有困难的，可根据实际情况自行制定分期缴税计划，在不超过5个公历年度内（含）分期缴纳，并将有关资料报主管税务机关备案； 个人股东获得转增的股本，应按照"利息、股息、红利所得"项目，适用20%税率征收个人所得税； 上市中小高新技术企业或在全国中小企业股份转让系统挂牌的中小高新技术企业向个人股东转增股本，股东应纳的个人所得税，继续按照现行有关股息红利差别化个人所得税政策执行，不适用本通知规定的分期纳税政策	对非上市或非新三板公司的资本公积转增资本未做区分，全部征收个人所得税，但符合条件的给予分期纳税的税收优惠
国家税务总局公告2015年第80号	（一）非上市及未在全国中小企业股份转让系统挂牌的中小高新技术企业以未分配利润、盈余公积、资本公积向个人股东转增股本，并符合财税〔2015〕116号文件有关规定的，纳税人可分期缴纳个人所得税；非上市及未在全国中小企业股份转让系统挂牌的其他企业转增股本，应及时代扣代缴个人所得税； （二）上市公司或在全国中小企业股份转让系统挂牌的企业转增股本（不含以股票发行溢价形成的资本公积转增股本），按现行有关股息红利差别化政策执行	对非上市或非新三板公司的资本公积转增资本未做区分，全部征收个人所得税，但符合条件的给予分期纳税的税收优惠

注：表中"股本溢价"与"股票溢价"意义接近。因不同政策文件中的表达不尽相同，笔者这里援引的是政策文件中的原始表达。
①该文件已于2016年1月1日失效。

通过上述税政梳理，我们会发现，由于税收政策的表述不是非常明晰，实务中就资本溢价/股本溢价是否应缴纳个人所得税产生了以下几种观点，如表12-2所示。

表12-2 资本溢价/股本溢价转增资本个人所得税纳税观点汇总

	有限公司	非公众股份公司①	公众股份公司②
观点1③	资本溢价转增，无须纳税	股本溢价转增，无须纳税	股本溢价转增，无须纳税
观点2④	资本溢价转增，需要纳税	股本溢价转增，无须纳税	股本溢价转增，无须纳税
观点3⑤	资本溢价转增，需要纳税	2016年之前股本溢价转增，无须纳税；2016年之后股本溢价转增，需要纳税	股本溢价转增，无须纳税
观点4	2016年之前，资本溢价/股本溢价转增，无须纳税；2016年1月1日开始，资本溢价/股本溢价转增，均需要纳税	股本溢价转增，无须纳税	股本溢价转增，无须纳税

① 非公众股份公司，是指未在新三板挂牌也未在证券交易所上市的股份公司。
② 公众股份公司是指上市公司和新三板挂牌公司。
③ 该种观点认为，国税发〔1997〕198号和国税函〔1998〕289号至今依然为有效的政策，上述文件中规定的股份制公司，既包括股份公司也包括有限公司。因此，对这两类公司股本溢价或资本溢价形成的资本公积均不应征收个人所得税。
④ 该种观点认为，国税发〔1997〕198号、国税函〔1998〕289号和国税发〔2010〕54号均规定股票溢价转增资本不征税，只有股份公司才会有股票溢价，因此资本溢价转增资本需要缴纳个人所得税。
⑤ 该种观点认为，国家税务总局公告2015年第80号文件明确规定非上市及非新三板公司的其他企业以未分配利润、盈余公积、资本公积转增资本，需要缴纳个人所得税，该文件中资本公积包含资本溢价（股本溢价）和其他资本公积。

那三只松鼠采取了哪种观点呢？我们来看看其披露的公告：

经核查，发行人（即三只松鼠）于2014年3月资本公积转增注册资本至5 000万元、2015年12月整体变更设立股份公司并增资至3亿元均系以相关投资人向松鼠有限增资溢价所形成的资本公积转增注册资本，且发生在2016年1月1日之前，根据前述文件的有关规定⊖，章燎源无须就此缴纳个人所得税。

发行人于2017年3月进行资本公积转增股本，股本由3.06亿元增加至3.6亿元。根据《财政部 国家税务总局关于将国家自主创新示范区有关税收试点政策推广到全国范围实施的通知》（财税〔2015〕116号）以及国

⊖ 即表12-2中相关政策文件。

家税务总局《国家税务总局关于股权奖励和转增股本个人所得税征管问题的公告》（国家税务总局公告2015年第80号）的有关规定，发行人实际控制人章燎源负有纳税义务。经核查，截至本补充法律意见书出具之日，章燎源尚未缴纳此次资本公积转增所涉及的个人所得税。

章燎源已做出承诺如下："本人目前正在与税务主管部门沟通延期缴纳三只松鼠股份有限公司资本公积转增股本相关的个人所得税。若有关税务主管部门依法要求本人缴纳三只松鼠股份有限公司资本公积转增股本或安徽三只松鼠电子商务有限公司资本公积转增注册资本相关的个人所得税，本人将及时、无条件、全额承担应缴纳的税款及因此产生的所有相关费用。如发行人因未及时履行相关的个人所得税代扣代缴义务而遭致税务机关处罚，本人将及时、无条件、全额承担因此产生的所有相关费用。"

综上所述，本所律师认为，发行人历次增资、股权转让、整体改制、盈余公积金及未分配利润转增股本过程中，发行人实际控制人章燎源未就2017年3月的资本公积金转增股本缴纳个人所得税，鉴于章燎源已就该等事项出具相关承诺，发行人不存在因此承担相关税款或费用的风险，因此该等事项不构成本次发行上市的法律障碍。㊀

由此可见，三只松鼠采取了第4种观点，将上市前的转增按照2016年之前发生和2016年之后发生进行了区分。第1次转增资本发生在2014年，因此该阶段资本溢价转增资本，章燎源无须缴纳个人所得税；第2次转增股本发生在2017年，因此该阶段股本溢价转增资本，章燎源应按照"利息、股息、红利所得"项目，适用20%税率缴纳个人所得税。笔者比较赞同三只松鼠的处理方式，但需要提示的是，企业应该在转增前与主管税务机关积极进行沟通，了解其执行口径，以便提前做好税负测算及资本金规划。

㊀ 见《北京市中伦律师事务所关于公司首次公开发行人民币普通股股票（A股）并在创业板上市的补充法律意见书（一）》第56～57页。

12.2.3　居民企业股东

三只松鼠几次转增过程中,其公司股东自友投资和燎原投资是否需要缴纳企业所得税呢?我们来看国税函〔2010〕79号文件的规定:

被投资企业将股权(票)溢价所形成的资本公积转为股本的,不作为投资方企业的股息、红利收入,投资方企业也不得增加该项长期投资的计税基础。㊀

由此可见,与有争议的个税不同,资本溢价转增中的企业所得税规定非常明确:三只松鼠在资本溢价转增资本环节,公司股东自友投资和燎原投资均无须缴纳企业所得税,但未来自友投资和燎原投资转让其持有的三只松鼠股份时,也不能扣除转增部分相对应的成本。我们可以概括为"转增环节不征,转股环节不扣"。

12.2.4　合伙企业股东

三只松鼠几次转增过程中,其合伙企业股东自友松鼠和松果投资中心是否需要纳税呢?合伙企业是税收透明体,其本身的经营所得和其他所得,由合伙人分别缴纳所得税。因此,自友松鼠和松果投资中心均无须纳税,但两家合伙企业的合伙人则需要根据其类型,分别进行税务处理。

自友松鼠是一家有限合伙企业,普通合伙人(GP)为自友投资公司,有限合伙人(LP)为5名自然人和1家有限合伙企业,如图12-6所示。

松果投资中心同样是一家有限合伙企业,该合伙企业为员工持股平台,其GP为章燎源,LP为松果一号至松果五号共5家合伙企业(以下简称"松果N号")。松果N号的合伙人均为自然人(见图12-7)。

㊀ 见《国家税务总局关于贯彻落实企业所得税法若干税收问题的通知》(国税函〔2010〕79号)第四条第二款。

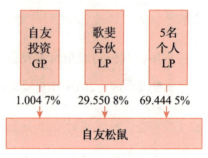

图12-6 自友松鼠股权架构图

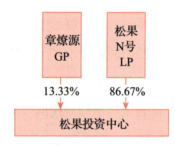

图12-7 松果投资中心股权架构图

1. 公司合伙人

由于合伙企业属于税收透明体,所以三只松鼠资本溢价转增资本,视同公司合伙人直接取得转增资本,无须缴纳企业所得税。

2. 个人合伙人

由于合伙企业属于税收透明体,在转增资本过程中,个人合伙人的税务处理同公司个人股东保持一致即可。在三只松鼠案例中,个人合伙人同公司个人股东一样,也按照发生时间对转增进行了区分:

(1)发生在2016年之前的转增,个人合伙人无须缴纳个人所得税;

(2)发生在2016年之后的转增,个人合伙人按照"利息、股息、红利所得"项目,适用20%税率征收个人所得税。

3. 合伙企业合伙人

如果合伙企业的合伙人依然是合伙企业，则该合伙企业需要将涉税事项继续往上导，直到穿透至最终的公司合伙人和个人合伙人，然后分别依据上述公司合伙人和个人合伙人的税务规则进行涉税处理。

12.3 其他资本公积转增

12.3.1 案例20：无欢影视

2019年8月，无欢影视⊖召开股东会决议，将公司注册资本增加至5 000万元，其中以"资本公积——其他资本公积"科目转增500万元。用于转增的其他资本公积来源，是2018年无欢影视因接受母公司划转资产而增加的"资本公积——其他资本公积"。

无欢影视转增前，公司的股权结构如图12-8所示。

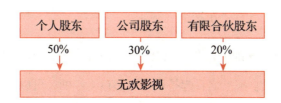

图12-8　无欢影视股权架构图

12.3.2 居民个人股东

根据税法的规定，"资本公积——其他资本公积"转增资本，居民个人股东需要缴纳个人所得税，税率为20%。⊜但国家考虑到转增资本时，个人股东并没有取得资金流入，缺乏纳税必要资金，允许以下4类公司转增时，个人股东可以申请递延纳税的优惠待遇。

⊖ 无欢影视全称为上海无欢影视有限公司。
⊜ 见本章表12-1。

1. 中小高新技术企业

如果是中小高新技术企业以其他资本公积向个人股东转增股本，个人股东可以自行制订分期缴税计划，在不超过 5 个公历年度内（含）分期缴纳，并将有关资料报主管税务机关备案。㊀

2. 新三板挂牌公司

如果是新三板公司以其他资本公积向个人股东转增股本，个人股东持股期限超过 1 年的，可以享受免税待遇。㊁

3. 北交所上市公司

如果是北交所上市公司以其他资本公积向个人股东转增股本，个人股东持股期限超过 1 年的，可以享受免税待遇。㊂

4. 除北交所外的上市公司

如果是北交所外的上市公司以其他资本公积向个人股东转增股本，个人股东持有的限售股自解禁之日起持股期限超过 1 年的，可以享受免税待遇。㊃

㊀ 见《财政部 国家税务总局关于将国家自主创新示范区有关税收试点政策推广到全国范围实施的通知》（财税〔2015〕116 号）和《国家税务总局关于股权奖励和转增股本个人所得税征管问题的公告》（国家税务总局公告 2015 年第 80 号）。

㊁ 见《财政部 国家税务总局关于将国家自主创新示范区有关税收试点政策推广到全国范围实施的通知》（财税〔2015〕116 号）"三、6."、《国家税务总局关于股权奖励和转增股本个人所得税征管问题的公告》（国家税务总局公告 2015 年第 80 号）第二条第（二）项、《财政部 税务总局 证监会关于继续实施全国中小企业股份转让系统挂牌公司股息红利差别化个人所得税政策的公告》（财政部公告 2019 年第 78 号）。

㊂ 见《财政部 税务总局关于北京证券交易所税收政策适用问题的公告》（财政部 税务总局公告 2021 年第 33 号）。

㊃ 具体见《财政部 国家税务总局 证监会关于实施上市公司股息红利差别化个人所得税政策有关问题的通知》（财税〔2012〕85 号）和《财政部 国家税务总局 证监会关于上市公司股息红利差别化个人所得税政策有关问题的通知》（财税〔2015〕101 号）。

在本案例中，无欢影视既不是中小高新技术企业，又不是上市公司，也没有在新三板挂牌，因此，其无法申请到税收优惠，个人股东需要在转增时点缴纳 20% 的个税。

12.3.3 居民企业股东

至今为止，财政部和国家税务总局并未出台过政策文件，来明确非股权（票）溢价形成的其他资本公积转增资本时，公司股东是否需要缴纳企业所得税。因此只能针对每个案例的具体情况，应用税收原理进行分析。在分析时，我们可以根据其他资本公积形成前是否缴纳了企业所得税，将其区分为税后其他资本公积和未税其他资本公积⊖，然后遵循以下思路进行税务处理。

1. 税后其他资本公积

如果转增的其他资本公积，已经在被投资公司缴纳过企业所得税，则视同"留存收益转增"处理，即转增时居民企业股东不需要缴纳企业所得税，未来转股时允许扣除，即"转增环节免税，转股环节扣除"。

2. 未税其他资本公积

如果转增的其他资本公积，属于股东权益性投入而形成的，并未在被投资公司缴纳过企业所得税，则视同"资本溢价转增"处理，转增时居民企业股东无须缴纳企业所得税，未来转股时不允许扣除，即"转增环节不交，转股环节不扣"。

在本案例中，无欢影视的其他资本公积未缴纳企业所得税，即未税其他资本公积，可以按"转增环节不交，转股环节不扣"进行税务处理。

⊖ 未税其他资本公积是指形成资本公积之前没有缴纳企业所得税。

最后需要提示的是，上述分析仅基于税收原理，实务中是否可行，尚需要企业与主管税务机关进行沟通确认。

12.3.4 合伙企业股东

合伙企业股东无须纳税，但合伙企业的合伙人需要区分是个人合伙人，还是公司合伙人，并进行相应的税务处理，具体可以参考留存收益和资本溢价部分相关内容。

12.4 本章实战思考

转增资本的涉税处理极其复杂，但只要掌握底层逻辑，就可以从纷繁复杂的规定中找出规律，从而化繁为简。比如留存收益转增，视同先分红再投资，可以按分红进行税务处理；再比如，资本公积转增资本，遵循一个最基本的原则，就是"转增环节不交，转股环节不扣；转增环节纳税，转股环节扣除"。下面将三类股东不同科目转增资本的税务处理进行总结，如表 12-3 所示。

表 12-3 转增资本税务处理总结

	居民个人股东	居民公司股东	合伙企业股东
资本公积——资本溢价	有争议（有 4 种观点）	否（转增环节不交，转股环节不扣）	根据合伙人类型，适用个人股东或公司股东的税务处理
资本公积——其他资本公积	征（有税收优惠）	不明确（原则：转增环节不交，转股环节不扣；转增环节交，转股环节扣）	根据合伙人类型，适用个人股东或公司股东的税务处理。但由于并非直接持股，是否能享受税收优惠有争议
盈余公积 未分配利润	征（有税收优惠）	交（转增环节免税，转股环节扣除）	

注：本表格是根据本书付印前税政整理而成，考虑到该表格依据的税收政策可能发生变化，而导致内容失效，你可以扫一扫本书封面二维码，加入读者群，以了解最新的政策规定。

| PART 3 |

第三部分

公司收缩

企业运营难免会经历云卷云舒、潮涨潮落。这一部分着重讲解公司在战略性收缩过程中常见的股权动作，包括资产出售、股东退出、公司注销、资产剥离、合并分立的涉税处理。

CHAPTER 13

第 13 章

资产出售和资产收购

有诗云"横看成岭侧成峰",资产交易也是如此,从卖家看是资产出售,从买家看是资产收购,所以,资产收购和资产出售如同一枚硬币的两面。本章我们将通过聪聪地产案例讲解资产收购和资产出售的税务处理。通过万科并购案例讲解如何反税负转嫁。

13.1 案例 21:聪聪地产

13.1.1 第一阶段:购买土地使用权

武汉有家公司叫聪聪地产[一]。最近聪聪地产有意向收购 2 块住宅用地使用权,这 2 块地的产权证在笨笨置业[二]名下。笨笨置业是笨笨集团[三]的全资子公司。聪聪地产和笨笨置业很快谈拢了土地使用权转让价格 9 亿元。价

[一] 聪聪地产是一家主营房地产开发业务的有限公司。本案例是在真实案例基础上改编而成,公司名称均为化名。
[二] 笨笨置业是一家主营房地产开发业务的有限公司。
[三] 笨笨集团是一家有限公司。

格谈拢了，如何交易呢？最简单的当然是聪聪地产和笨笨置业签订资产收购协议，聪聪地产向笨笨置业支付9亿元资产收购款，笨笨置业将土地使用权过户给聪聪地产（见图13-1）。

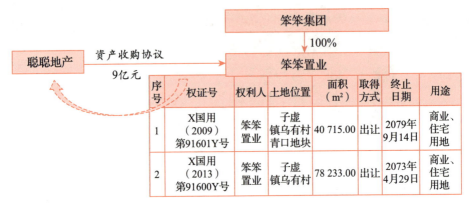

图13-1 聪聪地产和笨笨置业的资产交易示意图

但是，这个貌似简单的方案在落地时，遇到两个障碍：

第一，法律障碍。

笨笨置业的土地开发投入0.2亿元，未完成开发投资总额的25%，不可以进行转让。㊀

第二，税负障碍。

假设此时法律上国家允许笨笨置业转让土地使用权，且其转让的是2016年5月1日后取得的土地使用权（历史成本是2亿元）。我们来做税负测算。㊁

1. 出售方笨笨置业

出售方笨笨置业需要对转让土地使用权的行为缴纳增值税、增值税附

㊀ 见《城市房地产管理法》第三十九条。详细解读见本书第9章紫荆花园案例。
㊁ 土地成本按2.2（=2+0.2）亿元计算。由于土地取得施工许可证在2016年5月1日之后，增值税按新项目，适用税率为9%。

加、土地增值税、印花税、企业所得税，具体税负如表 13-1 所示。

表 13-1　笨笨置业转让土地税负表

序号	税种	纳税金额（元）	计算公式
1	增值税	56 146 788.99	增值税＝不含税收入 ×9%＝含税收入 ÷（1+9%）×9%
2	附加税	6 737 614.68	附加税＝增值税 ×12%
3	土地增值税	227 062 380.73	土地增值税＝（不含税收入－扣除项目）×50%－扣除项目 ×15%
4	印花税	412 844.04	印花税＝不含税总收入 ×5‰＝含税总收入 ÷（1+9%）×5‰
5	企业所得税	95 885 092.89	企业所得税＝（收入－成本①－上述各项税合计②）×25%
	税费合计	386 244 721.33	

①包含取得土地的成本及取得土地时缴纳的契税和印花税、开发成本。
②包含交易环节的增值税及附加、土地增值税、印花税。

由此可见，笨笨置业转让土地使用权需要缴纳税款合计约 3.9 亿元。

2. 购买方聪聪地产

购买方聪聪地产需要对受让土地使用权的行为缴纳契税和印花税，具体税负如表 13-2 所示。

表 13-2　聪聪地产受让土地税负表

序号	税种	纳税金额（元）	计算公式
1	契税	24 770 642.20	契税＝不含税总收入 ×3%＝含税总收入 ÷（1+9%）×3%
2	印花税	412 844.04	印花税＝不含税总收入 ×5‰＝含税总收入 ÷（1+9%）×5‰
	税费合计	25 183 486.24	

聪聪地产税负合计约 0.25 亿元㊀。

笨笨置业转让土地使用权取得收益 6.8 亿元，却要缴纳约 3.9 亿元的税款。笨笨置业表示无法接受，宁可不转让了。

㊀ 聪聪地产取得的增值税进项税额 56 146 788.99 元可抵。

聪聪地产很快想到了一个"节税方案"。笨笨置业除了拥有 2 块土地的使用权，并没有其他的资产和业务，那笨笨置业转让土地使用权，能不能换一种思维方式，改变为股东笨笨集团将持有的笨笨置业的 100% 股权出售呢？也就是说，聪聪地产和笨笨集团签署股权收购协议，聪聪地产向笨笨集团支付 9 亿元，笨笨集团将持有的笨笨置业的 100% 股权过户给聪聪地产。通过这个方案，笨笨置业成为聪聪地产的全资子公司，聪聪地产也就变相拥有了这 2 块土地的使用权（见图 13-2）。

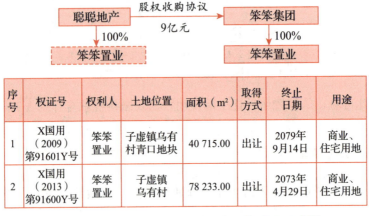

序号	权证号	权利人	土地位置	面积（m²）	取得方式	终止日期	用途
1	X国用（2009）第91601Y号	笨笨置业	子虚镇乌有村青口地块	40 715.00	出让	2079年9月14日	商业、住宅用地
2	X国用（2013）第91600Y号	笨笨置业	子虚镇乌有村	78 233.00	出让	2073年4月29日	商业、住宅用地

图 13-2　聪聪地产和笨笨集团的股权交易示意图

这种方法，我们称为"化卖资产为卖股权"。为什么要化卖资产为卖股权呢？因为股权转让只涉及 2 个税种：企业所得税和印花税。本案例中，卖资产改头换面为卖股权后，无须缴纳增值税及附加税、土地增值税、契税，节税金额约 2.52 亿元⊖。

于是，聪聪地产和笨笨集团签署了股权收购协议，聪聪地产如约支付笨笨集团 9 亿元的股权转让款，笨笨集团也如约将持有的笨笨置业 100% 的股权过户给了聪聪地产。笨笨置业成为聪聪地产的全资子公司后，更名

⊖ 土地增值税 2.27 亿元 + 契税 0.25 亿元 =2.52 亿元。该节税金额未包含增值税及附加，因为采取直接买卖模式，卖家交增值税销项税额，买家可以抵扣进项税额。

为聪聪置业。这个"化卖资产为卖股权"的方案可谓是一箭双雕,既节省了 2.52 亿元的税款,又扫清了裸地不能过户的路障。

13.1.2　第二阶段:清算

转眼间过去了三年。这三年里,聪聪置业在土地上盖了房子,房子又被全部出售,聪聪置业迎来了土地增值税清算。在土地增值税清算环节,聪聪置业和税务机关发生了争执。争议焦点是,聪聪置业计算土地增值税时,允许扣除的土地成本到底是多少?

聪聪置业认为是 9 亿元,毕竟当初聪聪地产为了得到这块土地,付出了 9 亿元的代价。但税务机关不同意,只允许扣除土地成本 2.2 亿元。

很显然,税务机关说的没有错。聪聪地产购买土地使用权确实付出了 9 亿元的对价,但由于当初为了替卖家笨笨置业节税,在交易环节采用了"化卖资产为卖股权"的方案。聪聪地产将 9 亿元以股权转让款的方式,支付给了笨笨集团,购买了笨笨置业 100% 的股权。笨笨置业仅仅进行了股东变更登记和公司更名而已,财务账上的土地成本一直没有发生改变,从始至终都是 2.2 亿元。

如果允许聪聪置业扣除的土地成本是 2.2 亿元,那就意味着额外有 6.8 亿元的土地增值,需要缴纳土地增值税。此时,聪聪地产突然明白了什么叫聪明反被聪明误。原来"化卖资产为卖股权",帮助笨笨置业节省了 2.27 亿元的土地增值税,但那笔 2.27 亿元的土地增值税并没有消失,而是埋伏在了聪聪置业清算环节,等着聪聪置业来交!更让聪聪地产郁闷的是,土地增值税实行超率累进税率[○],这意味着土地增值越大,适用的税率越高。

○ 根据《土地增值税暂行条例》第七条的规定,土地增值税实行四级超率累进税率:增值额未超过扣除项目金额 50% 的部分,税率为 30%;增值额超过扣除项目金额 50%、未超过扣除项目金额 100% 的部分,税率为 40%;增值额超过扣除项目金额 100%、未超过扣除项目金额 200% 的部分,税率为 50%;增值额超过扣除项目金额 200% 的部分,税率为 60%。

假设笨笨置业的土地在持有期间增值了 4 亿元,其转让时缴纳土地增值税,将适用 50% 档的税率。但如果笨笨置业在交易环节没有缴纳土地增值税,在聪聪置业持有期间,土地又增值了 5 亿元,待聪聪置业土地增值税清算时,需要对增值总额 9 亿元纳税,适用 60% 档的税率。这等于上家没交的土地增值税,转移到下家后,税负变得更重了。聪聪地产此时才顿悟,其实所谓的"化卖资产为卖股权"并不是纳税筹划,而是"税负转嫁"!

在税的世界里有一种现象叫"税负转嫁",即上家未交的税款并没有消失,而是递延给了下家,在下家未来交易时再纳税。税负转嫁节省的是税款的货币时间价值,但对于超率累进税率的土地增值税而言,税负转嫁后,会导致下家税负变得更重。

13.2 案例 22:万科并购

正是因为有了税负转嫁,商业世界里有一项很重要的能力,叫"反税负转嫁"。比如,房地产行业龙头企业"万科地产"在以买股权方式购买土地使用权时,均要求资产评估事务所在评估报告中考虑土地增值税的影响,项目评估值会扣除原股东应当承担的土地增值税。例如,在长沙万科收购京投银泰持有的湖南置地股权的公告中,我们看到如下评估报告内容:

我们从成本重置角度对该项目进行测算,首先采用市场比较法对建设项目的土地价值进行评估,然后考虑已经发生的其他成本费用,扣除原股东应当承担的土地增值税,得到开发项目的评估值。⊖

万科地产在与京投银泰谈判时,有非常清晰的"反税负转嫁"思维。虽然这块土地的市场价值为 5 亿元,但是万科地产不能支付 5 亿元。因为

⊖ 见《京投银泰股份有限公司拟转让所持有的京投银泰(湖南)置地投资有限公司 80% 股权项目资产评估报告书》(天兴评报字(2012)第 843 号)。

京投银泰正常出售这块土地的使用权，应缴纳土地增值税，如今化卖资产为卖股权，虽然京投银泰可以不再缴纳，但是未来万科地产依然需要缴纳该土地增值税。所以，签约协议里的"股权转让款"，需要扣除京投银泰应当承担的土地增值税。

13.3　本章实战思考

本章我们学习了一个非常重要的概念：税负转嫁。理解了税负转嫁后，需要我们在税负测算时建立"全链条税负理念"（见图13-3）。

图13-3　税负测算的全链条理念

全链条税负理念意味着：

第一，测算交易过程中的税负，一定要建立全链条税负测算模型；

第二，只有计算出全链条总税负，才知道税是"消失了"，还是"迟到了"；

第三，递延纳税会获得税款的"货币时间价值"，但是可能会转移纳税主体。

我在给股权设计师做培训的时候，常常告诉他们，税收领域有个常见的误区，以为少给国家交税就是节税，其实大部分情况下，节税并不是和国家争利，而是交易对手之间的博弈。能够神不知鬼不觉地做到税负转嫁，拥有强大的反税负转嫁能力，防止被竞争对手神不知鬼不觉地转嫁税负，是一家企业的核心竞争力，更是一名专业人士的价值所在！

本章留给你一道思考题。百合医疗是一家专注国内高端医用耗材的医疗公司，创始人为黄凯，他旗下还有一家公司——翎博新材。2019年，百合医疗在做冲刺 IPO 的准备工作。此时其股权架构图如图 13-4 所示。

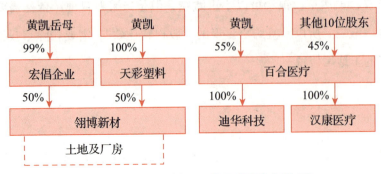

图 13-4 翎博新材和百合医疗股权架构图

为了避免关联交易，黄凯决定将翎博新材的土地及厂房注入百合医疗。该土地及厂房的账面值合计为 1 648.82 万元，评估值合计为 2 517.26 万元。如何兼顾税务设计交易路径呢？其中又需要注意哪些事项呢？

你可以扫一扫封面的二维码，我也会定期把我的思考以及挑选出的最棒的 10 个读者思考，分享给你。

CHAPTER 14
第 14 章

股东退出之个人股东退出

这个世界，有的人星夜赴考场，有的人辞官归故里。一家公司的股东，也总是会有人退，有人进。从这一章开始，我们将讲解股东退出的税务处理。我们将股东分成两类：居民个人股东和居民企业股东㊀，本章我们通过两个案例讲解个人股东退出。

14.1　案例23：酒仙网络㊁

14.1.1　案例背景

酒仙网络创立于2014年8月。2019年，酒仙网络进行了股份制改造，由有限公司变更为股份公司。2021年，公司申请A股创业板IPO获受理。

2018年，酒仙网络已在备战IPO，但股东於龙华萌生了退意，将自己持有的股权全部出售套现。2018年7月，於龙华与刘晟东签署《股权转让

㊀ 非居民个人股东和非居民企业股东将在本书第29章进行讲解。
㊁ 酒仙网络全称为酒仙网络科技股份有限公司。

协议》，将其持有的酒仙网络 0.216 3% 股权（对应 67.273 7 万元注册资本）以 1 000 万元的价格转让给刘晟东（见图 14-1）。

图 14-1　於龙华股权转让示意图

14.1.2　税务处理

於龙华将持有的非上市公司股权出售，该如何纳税呢？

我们曾讲解过，股权转让行为不属于增值税、土地增值税和契税这三个税种的征税范围，只涉及两个税种：所得税和印花税。印花税比较简单，交易双方签订的股权转让协议都需要按所载金额的万分之五贴花。

下面我们着重讲解个人所得税。股权转让的个人所得税有六个主要的税收要素：计税依据、适用税率、纳税主体、纳税地点、纳税方式、纳税时间，我们逐一来解析。

要素 1：计税依据[一]

根据税法规定，个人转让股权的应纳税所得额 = 收入 − 股权原值 − 合理费用[二]。

股权转让收入

假设刘晟东向於龙华承诺，於龙华转让酒仙网络股权后，除了向其支

[一] 计税依据又叫税基，是指用以计算征税对象应纳税款的直接数量依据。
[二] 见《国家税务总局关于发布〈股权转让所得个人所得税管理办法（试行）〉的公告》（国家税务总局公告 2014 年第 67 号）第四条。

付 1 000 万元现金，还会将自己名下一套别墅（价值 3 000 万元）赠予於龙华，待酒仙网络上市后办理别墅的过户手续。那么於龙华的股权转让收入应如何确定呢？

根据税法规定[一]，股权转让收入是指转让方因股权转让而获得的现金、实物、有价证券和其他形式的经济利益。转让方取得与股权转让相关的各种款项，包括违约金、补偿金以及其他名目的款项、资产、权益等，均应当并入股权转让收入，并且在满足约定条件后取得的后续收入，也应当作为股权转让收入。

由此可见，於龙华的股权转让收入应为 4 000 万元，其中现金收入 1 000 万元，实物收入 3 000 万元。

股权原值

於龙华持有的酒仙网络 0.216 3% 股权对应的注册资本为 67.273 7 万元。假设该注册资本由两部分组成：一部分以现金出资方式取得，实际支付出资款 57.273 7 万元，未支付相关税费；一部分以转增方式取得，以资本公积 10 万元转增股本 10 万元，未支付相关税费。那么，於龙华股权转让的股权原值是多少呢？

（1）以现金出资方式取得。

根据税法规定[二]，以现金出资方式取得的股权，按照实际支付的价款与取得股权直接相关的合理税费[三]之和确认股权原值。由此可见，於龙华以现金出资方式取得的那部分股权，股权原值为 57.273 7 万元。

[一] 见《国家税务总局关于发布〈股权转让所得个人所得税管理办法（试行）〉的公告》（国家税务总局公告 2014 年第 67 号）第七条、第八条、第九条。

[二] 见《国家税务总局关于发布〈股权转让所得个人所得税管理办法（试行）〉的公告》（国家税务总局公告 2014 年第 67 号）第十五条第（一）项。

[三] 根据《国家税务总局关于发布〈股权转让所得个人所得税管理办法（试行）〉的公告》（国家税务总局公告 2014 年第 67 号）第十五条的规定，股权原值中的"合理税费"是指与取得股权直接相关的合理税费。

（2）以转增资本方式取得。

根据税法规定[1]，被投资企业以资本公积、盈余公积、未分配利润转增股本，个人股东已依法缴纳个人所得税的，以转增额和相关税费之和确认其新转增股本的股权原值。由于在酒仙网络以资本公积转增股本环节，於龙华未缴纳个人所得税，因此於龙华以转增方式取得的那部分股权，股权原值为 0。

综上所述，於龙华转让股权的原值是 57.273 7 万元。

合理费用

根据税法规定，合理费用是指股权转让时按照规定支付的有关税费[2]。在本案例中，合理税费主要是指於龙华在股权转让过程中向国家缴纳的印花税，即 4 000 万元 ×0.05%=2 万元。

确定了股权转让收入、股权原值和合理税费后，可以计算出於龙华的应纳税所得额为：股权转让收入 4 000 万元 − 股权原值 57.273 7 万元 − 合理税费 2 万元 =3 940.726 3 万元。

要素 2：适用税率

股权转让所得适用"财产转让所得"税目[3]，税率是 20%。本案例中，於龙华需要缴纳的个人所得税 = 应纳税所得额 3 940.726 3 万元 × 税率 20% ≈ 788.15 万元。

---

[1] 见《国家税务总局关于发布〈股权转让所得个人所得税管理办法（试行）〉的公告》（国家税务总局公告 2014 年第 67 号）第十五条第（四）项。

[2] 见《国家税务总局关于发布〈股权转让所得个人所得税管理办法（试行）〉的公告》（国家税务总局公告 2014 年第 67 号）第四条第二款。

[3] 见《中华人民共和国个人所得税法实施条例》（以下简称《个人所得税法实施案例》）第六条第（八）项，财产转让所得，是指个人转让有价证券、股权、合伙企业中的财产份额、不动产、机器设备、车船以及其他财产取得的所得。

要素3：纳税主体

问题1：代扣代缴吗

於龙华作为转让方取得财产转让所得，是个人所得税的纳税义务人。刘晟东在支付於龙华股权转让款的时候，有代扣代缴於龙华788.15万元个税的义务吗？

正确答案：刘晟东需要履行代扣代缴义务[一]。这和很多人常规的认知不太一样，因为大家好像惯性地认为，只有公司才是代扣代缴义务人。其实这是认知误区，只要是股权转让的受让方，不论是公司还是个人，支付个人股权转让款时，都需要履行代扣代缴个税的义务。

问题2：税务机关处罚谁

如果受让方刘晟东没有履行代扣代缴义务，转让方於龙华也没有主动申报纳税，待税务机关发现时，於龙华早已移民国外，无法追缴其偷逃的个税，税务机关有权力要求刘晟东补税吗？

正确答案：税务机关没有权力要求刘晟东补税，但有权力对刘晟东最高处以应扣未扣税款三倍的罚款[二]。

要素4：纳税地点

刘晟东代扣代缴788.15万元个人所得税后，应该到哪个税务局缴纳税款呢（见图14-2）？

A：於龙华住所地税务局；B：刘晟东住所地税务局；C：酒仙网络主

[一]《个人所得税法》第九条规定，个人所得税以所得人为纳税人，以支付所得的单位或者个人为扣缴义务人。

[二]《税收征收管理法》第六十九条规定，扣缴义务人应扣未扣、应收而不收税款的，由税务机关向纳税人追缴税款，对扣缴义务人处应扣未扣、应收未收税款百分之五十以上三倍以下的罚款。

管税务局。

正确答案是 C，即刘晟东需要把代扣代缴的税款缴到酒仙网络的主管税务机关入库○。

之所以立法上有这种规定，是基于税收征管的考虑。我国税收征管有个很重要的手段是"以票控税"。这里的"票"就是指发票。为什么发票能帮助税务机关控税呢？因为发票的开具范围和增值税的征税范围是一致的○。所以，上家不缴纳增值税，就无法开具发票，下家拿不到发票，就无法抵扣增值税进项税○，也无法在企业所得税前扣除○。如此环环相扣，会形成一个征管链条。也就是说，税务机关只要管住了发票，就掌控了税源。但当对股权转让进行征管时，"以票控税"的武器失灵了，因为股权转让不属于增值税的征税范围，这意味着，股权转让过程中不会有发票出现。尤其是对于转让方是个人的情形，如果

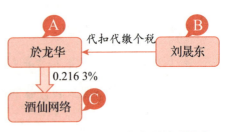

图 14-2　股权转让中个税纳税地点

○ 根据《国家税务总局关于发布〈股权转让所得个人所得税管理办法（试行）〉的公告》（国家税务总局公告 2014 年第 67 号）第十九条，个人股权转让所得个人所得税以被投资企业所在地税务机关为主管税务机关。

○ 根据《中华人民共和国发票管理办法》第十九条，销售商品、提供服务以及从事其他经营活动的单位和个人，对外发生经营业务收取款项，收款方应当向付款方开具发票。《财政部 国家税务总局关于全面推开营业税改征增值税试点的通知》（财税〔2016〕36 号）附件 1《营业税改征增值税试点实施办法》第一条规定，在中华人民共和国境内（以下称境内）销售服务、无形资产或者不动产（以下称应税行为）的单位和个人，为增值税纳税人。

○ 根据《财政部 国家税务总局关于全面推开营业税改征增值税试点的通知》（财税〔2016〕36 号）附件 1《营业税改征增值税试点实施办法》第二十六条，纳税人取得的增值税扣税凭证不符合法律、行政法规或者国家税务总局有关规定的，其进项税额不得从销项税额中抵扣。增值税扣税凭证，是指增值税专用发票、海关进口增值税专用缴款书、农产品收购发票、农产品销售发票和完税凭证。

○ 《国家税务总局关于发布〈企业所得税税前扣除凭证管理办法〉的公告》（国家税务总局公告 2018 年第 28 号）第九条规定，企业在境内发生的支出项目属于增值税应税项目（以下简称"应税项目"）的，对方为已办理税务登记的增值税纳税人，其支出以发票（包括按照规定由税务机关代开的发票）作为税前扣除凭证。

不纳税，征管成本很高。于是税务机关对个人的股权转让行为采用了独特的征管手段——"先税务，后工商"，即个人股东转让股权，要想在工商局办理股东变更登记，需要先到税务机关开具完税凭证㊀。

了解了上述征管背景，我们就不难理解，为什么在酒仙网络的案例中，税法规定个税交到酒仙网络主管税务局入库，因为股东变更登记是在酒仙网络所在地的工商局办理的，因此，酒仙网络的主管税务机关最方便监管税源。

要素5：纳税方式

小米创始人雷军曾向媒体吐槽，天使投资赔多赚少，税负还那么重。㊁其实，雷军吐槽的税负重，并不是多少的概念，而是不公平。为何不公平？这就需要了解股权转让所得个税的纳税方式了。根据税法规定，股权转让所得的个人所得税是按次计算的㊂。这意味着，如果雷军投资了两个项目：一个赚1亿元，一个亏2亿元，总体上雷军并没有赚钱，并且还亏得一塌糊涂，但在计算雷军个人所得税的时候，因为按次计算，仍然需要对盈利项目缴纳2 000万元的个税。

要素6：纳税时间

股权转让个税什么时候交？什么时候应该代扣代缴？根据税法规定，有6个时间节点：㊃

㊀《个人所得税法》第十五条第二款规定，个人转让股权办理变更登记的，市场主体登记机关应当查验与该股权交易相关的个人所得税的完税凭证。

㊁《雷军吐槽：天使投资赔多赚少，税负还那么重》，https://www.sohu.com/a/86361845_131976。

㊂《个人所得税法》第十二条第二款规定，纳税人取得利息、股息、红利所得，财产租赁所得，财产转让所得和偶然所得，按月或者按次计算个人所得税，有扣缴义务人的，由扣缴义务人按月或者按次代扣代缴税款。《个人所得税法实施条例》第十七条规定，财产转让所得，按照一次转让财产的收入额减除财产原值和合理费用后的余额计算纳税。

㊃ 见《国家税务总局关于发布〈股权转让所得个人所得税管理办法（试行）〉的公告》（国家税务总局公告2014年第67号）第二十条。

（1）受让方已支付或部分支付股权转让价款的；

（2）股权转让协议已签订生效的；

（3）受让方已经实际履行股东职责或者享受股东权益的；

（4）国家有关部门判决、登记或公告生效的；

（5）四类特殊行为[一]已完成的；

（6）税务机关认定的其他有证据表明股权已发生转移的情形。

需要注意的是，这6个时间节点并非同时满足，而是应遵守孰早原则。

我们通过酒仙网络案例，掌握了股权转让的基本税政。但实务中股权转让的个税远比上面的案例更复杂，我们继续看下面的风云创投案例。

14.2 案例24：风云创投[二]

14.2.1 案例背景

2019年4月，牛风和他的创业伙伴朱云，与风云投资签订了股权转让协议。牛风和朱云将持有的风云创投100%股权转让给了风云投资（见图14-3）。

图14-3 牛风等人转让风云创投交易图

风云创投全称为"风云创业投资有限公司"，成立于2006年10月，注册资本2.6亿元。风云创投是风云集团旗下核心的投资平台，重要对外投资高达55笔，至今仍是57家公司的股东，十多年来战功显赫。毫不夸张地说，风云创投的估值绝对超过百亿元。

风云投资全称为"风云投资管理有限公司"。截至2020年4月，风云

[一] 四类特殊行为是指：股权被司法或行政机关强制过户；以股权对外投资或进行其他非货币性交易；以股权抵偿债务；其他股权转移行为。

[二] 本案例是根据真实案例改编而成，本案例中名称均为化名。

投资的实际控制人为张三、李四、王五、赵六、周七,5人都是风云集团的创始合伙人(见图14-4)。

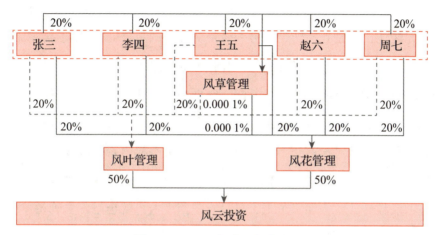

图 14-4　风云投资股权架构图

为什么牛风和朱云要退出风云创投呢?风云集团官宣的原因是,配合风云内部架构优化调整,增强风云创投的股权稳定性和治理适当性。风云创投实际控制关系未发生变化,仍为风云集团内企业。一言蔽之,这就是一次股权架构内部调整,简称"内部重组"。

14.2.2　税务处理

由于是风云集团的内部重组,这次股权转让采用了平价转让方式,即牛风和朱云以股权原值2.6亿元作为股权转让价格。牛风和朱云在股权转让协议中约定的股权转让收入是2.6亿元,股权原值也是2.6亿元,二人并没有从股权转让中获得收益,那么他们还需要缴纳个人所得税吗?答案是:不一定!

在前面我们讲解过,国家对股权转让所得的个人所得税采取了"先税务后工商"的征管手段。但即使"先税务后工商",股权转让的个人所得税依然大量流失，因为实务中出现了大量"阴阳合同"。所谓"阴阳合同"是指，合同当事人就同一事项订立两份内容不相同的合同，一份是对外的"阳合同"，用于工商备案，该合同上写的股权转让价格或是平价转让，或是1元转让，或是0元转让；另一份是对内的"阴合同"，用于真实交易，上面写的是真实的股权转让价格。在这样的背景下，国家税务总局只能在"先税务后工商"外，增加了一种征管手段——"核定收入"。"核定收入"是国家税务总局赋予基层税务机关的一项特权，当个人股东申报的股权转让收入明显偏低且没有正当理由时，税务机关有权力否定股权转让合同的价格，而是用核定的方法，确定股权转让收入[一]。由此可见，如果个人股东申报的股权转让收入明显偏低，且没有正当理由，就会触发主管税务机关的"核定收入"（见表14-1）。

表 14-1　核定股权转让收入判断表

	A 情形	B 情形	C 情形	D 情形
明显偏低	否	否	是	是
正当理由	有	无	有	无
核定征收	否	否	否	是

下面我们重点讲解，什么叫"明显偏低"和"正当理由"。

1. 明显偏低

根据税法规定，符合下列情形之一的，视为股权转让收入明显偏低。[二]

（1）申报的股权转让收入低于股权对应的净资产份额的。

（2）申报的股权转让收入低于初始投资成本的。

[一] 《国家税务总局关于发布〈股权转让所得个人所得税管理办法（试行）〉的公告》（国家税务总局公告2014年第67号）第十一条规定："符合下列情形之一的，主管税务机关可以核定股权转让收入：（一）申报的股权转让收入明显偏低且无正当理由的；……"

[二] 根据《国家税务总局关于发布〈股权转让所得个人所得税管理办法（试行）〉的公告》（国家税务总局公告2014年第67号）第十二条内容整理而成。

（3）申报的股权转让收入低于取得该股权所支付的价款及相关税费的。

（4）申报的股权转让收入低于相同或类似条件下同一企业同一股东转让收入的。

（5）申报的股权转让收入低于相同或类似条件下同一企业其他股东股权转让收入的。

（6）申报的股权转让收入低于相同或类似条件下同类行业的企业股权转让收入的。

（7）不具合理性的无偿让渡股权或股份。

（8）主管税务机关认定的其他情形。

这里需要特别强调的是，申报的股权转让收入"低于股权对应的净资产份额"这种情形。如果被投资企业拥有的土地使用权、房屋、房地产企业未销售房产、知识产权、探矿权、采矿权、股权等资产（以下简称"硬核资产"）占企业总资产比例超过20%的，税务机关可能会要求转让方提供资产评估报告[⊖]，并以评估价格来确定股权对应的净资产公允价值份额。

在本案例中，牛凤和朱云二人向税务机关进行纳税申报时，税务机关会要求其提供风云创投的资产负债表。通过资产负债表，税务局会查看公司"硬核资产"占公司总资产的比例是否超过20%。如果比例超过20%，税务机关可能会要求朱云二人提供资产评估报告，然后以评估价为依据计算风云创投股权对应的净资产公允价值份额。如果股权转让合同价格2.6亿元远低于上述净资产公允价值份额，则属于股权转让收入明显偏低。

2. 正当理由

股权转让收入明显偏低，并不代表税务机关一定会核定收入，因为启

⊖ 该资产评估报告应由具有评估资质的中介机构出具。见国家税务总局公告2014年第67号文件第十四条。

动"核定收入"还需要满足第 2 个指标"没有正当理由"。什么是正当理由呢？根据税法的规定[一]，正当理由有 4 类，分别是股权激励、政策调整、近亲属间、自由裁量。

第 1 类正当理由：股权激励

满足下面 4 个条件的内部员工转股，即使转股价格明显偏低，税务机关也不会核定收入，因为有正当理由。

条件 1：相关法律、政府文件或企业章程规定；

条件 2：有证据证明转让价格合理且真实；

条件 3：仅限于由本企业员工持有的股权；

条件 4：仅限于不能对外转让股权的内部转让。

第 2 类正当理由：政策调整

如果转让方能出具有效文件，证明被投资企业因国家政策调整，生产经营受到重大影响，导致低价转让股权，税务机关也不会核定收入，因为有正当理由。

第 3 类正当理由：近亲属间

继承或将股权转让给"近亲属"，将被视为拥有正当理由。近亲属包括配偶、父母、子女、祖父母、外祖父母、孙子女、外孙子女、兄弟姐妹，以及对转让人承担直接抚养或者赡养义务的抚养人或者赡养人。

第 4 类正当理由：自由裁量

自由裁量是指股权转让双方能够提供有效证据证明其正当性的其他合理情形。该类理由属于税务机关的自由裁量权[二]，也就是说，当转让方被认

[一] 见《国家税务总局关于发布〈股权转让所得个人所得税管理办法（试行）〉的公告》（国家税务总局公告 2014 年第 67 号）第十三条。

[二] 自由裁量权，是指税务机关在法律事实要件确定的情况下，在法律授权范围内，依据立法目的和公正、合理原则，自行判断行为条件、自行选择行为方式和自由做出行政决定的权力。

为股权转让价格明显偏低，但拥有正当理由时，可以向税务机关提交有效证据，最终由税务机关判定其合理性。

在本案例中，牛凤和朱云转让风云创投 100% 的股权，如前文所讲，对外公开的理由是，配合风云内部架构优化调整，增强风云创投的股权稳定性和治理适当性。风云创投实际控制关系未发生变化，仍为风云集团内企业。但上述理由是否属于正当理由，尚需要两个核心环节：第一，牛朱二人需要向税务机关提供有效证据；第二，证明合理性的证据被税务机关所认可。

如果税务机关认定是正当理由，则牛朱二人的平价转让股权的行为没有产生应纳税所得额，无须缴纳个人所得税。如果税务机关不认可牛朱二人提供的证据，或者认为牛朱二人提供的证据并不能证明其合理性，则税务机关将会依次按照以下方法，核定牛朱二人的股权转让收入[一]。

净资产核定法

股权转让收入按照每股净资产或股权对应的净资产份额核定。如果被投资企业的"硬核资产"占企业总资产比例超过 20% 的，税务机关可参照资产评估报告核定股权转让收入。

类比法

参照相同或类似条件下同一企业同一股东或其他股东股权转让收入核定，或者参照相同或类似条件下同类行业企业股权转让收入核定。

其他合理方法

主管税务机关采用以上方法核定股权转让收入存在困难的，可以采取其他合理方法核定。

[一] 见《国家税务总局关于发布〈股权转让所得个人所得税管理办法（试行）〉的公告》（国家税务总局公告 2014 年第 67 号）第十四条。

14.3　本章实战思考

在为企业提供股权咨询服务的过程中，我发现企业家普遍有个误区，认为"无所得不纳税"。但税法的逻辑并非如此，因为税收政策的制定除了要考虑税制的公平，也需要考虑税收征管的效率，即兼顾征税成本和纳税成本。这几年，国家税务总局在大力推行"数字管税"，但目前"数字管税"尚无法完全取代"以票控税"，成为税收征管的核心手段。在从"以票控税"走向"数字管税"的时代进程中，对个人转让股权的税收征管，只能采取"核定收入+工商设卡"的征管措施。因此，在此提示广大的创业者，应建立正确的纳税思维，走出"无所得不纳税"的误区，在布局一家公司的时候，要用以终为始的原则去推演各种场景下的税负。

本章留给你一道思考题。如果你是风云创投案例中的牛风，你会向税务机关提供哪些证据证明"正当理由"呢？

你可以扫一扫本书封面的二维码，我会定期把我的思考以及我挑选的最棒的10个读者思考，分享给你。

CHAPTER 15
第 15 章

股东退出之公司股东退出

在第 14 章，我们讲解了居民个人股东退出，本章我们将通过几个案例讲解居民企业股东退出㊀。

15.1 案例 25：联想控股

15.1.1 案例背景

从 2007 年开始，联想控股㊁开始进军医药健康产业。2007 年 6 月，联想控股斥资 8.7 亿元，从石家庄市国资委手中收购了石药集团㊂100% 的股权。但 2008 年 10 月，联想控股将所持有的石药集团的全部股权转让给弘毅投资，转让价格为 6.315 亿元，较当初购买价缩水 2.385 亿元（见图 15-1）。

㊀ 外籍个人股东退出和外国公司股东退出，我们将在第 29 章进行学习。
㊁ 联想控股的全称为联想控股股份有限公司。
㊂ 石药集团的全称为石药控股集团有限公司。

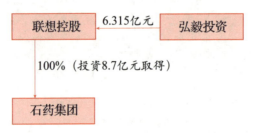

图 15-1　联想控股将石药集团股权转让给弘毅投资

短短 16 个月，联想控股的资本运作就亏损了将近 2.4 亿元，这不免引起了媒体的质疑。于是联想控股派出了副总裁赵令欢，针对出售石药集团股权一事，接受了新浪科技的采访。赵令欢对新浪科技记者说，联想控股出售石药集团根本不亏本，因为收购方是弘毅投资，而弘毅投资是联想控股旗下全资境外子公司，即联想控股转让石药集团股权，属于左手倒右手的内部重组[一]。

联想控股的解释貌似合情合理，但还是禁不起仔细推敲。因为按照正常的逻辑，如果是集团内部左手倒右手的重组，交易价格往往会选择平价转让或者无偿划转。而联想控股却选择亏损 2.4 亿元做股权转让，这背后有什么样的秘密呢？答案是联想控股在做税务安排。为了讲透联想控股的税务规划，我们先通过一个小案例，讲解公司股东股权转让的税收原理。当吃透了税收原理之后，谜底自然就揭晓了。

15.1.2　税收原理[二]

李氏公司有个全资子公司，叫豆豆科技有限公司（以下简称"豆豆科技"）。豆豆科技的注册资本是 1 亿元，全部由李氏公司以现金方式实缴。豆豆科技目前净资产 3 亿元，其中实收资本 1 亿元，资本公积为 0，盈余

[一] 《独家专访赵令欢：联想控股内部转让石药不亏本》，https://tech.sina.com.cn/it/2008-11-04/04532553628.shtml。

[二] 本小节中案例是在真实案例基础上改编而成，为了方便理解，案例中的数据进行了简化处理。

公积为 0，未分配利润 2 亿元。现在李氏公司准备把豆豆科技 100% 的股权全部出售，张氏公司愿意接盘。经双方协商，交易价格按豆豆科技账面净资产定价，最终确定为 3 亿元。

李氏公司把豆豆科技的股权转让给张氏公司，取得 3 亿元的股权转让收入，结转 1 亿元的投资成本，将产生 2 亿元的股权转让所得[⊖]，李氏公司需要缴纳 5 000 万元（=2 亿元 ×25%）的企业所得税（见图 15-2）。

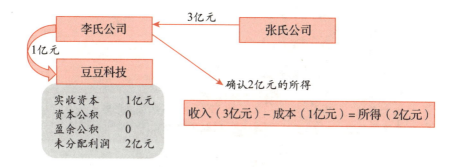

图 15-2　李氏公司转让所持有的豆豆科技股权

但李氏公司的财务总监魏总提出了质疑。魏总认为，李氏公司取得的股权转让收入 3 亿元，其中有 1 亿元是李氏公司投入的资本金，另外 2 亿元是豆豆科技的留存收益（见图 15-3）。

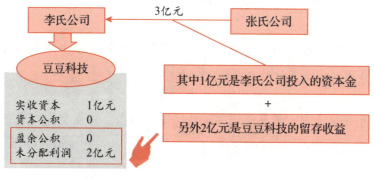

图 15-3　李氏公司取得股权转让款的组成

⊖ 假设李氏公司当年没有发生其他应纳税所得额，也没有可以弥补的亏损。

留存收益包括盈余公积和未分配利润两个科目，都是税后利润形成的。这就意味着股权转让款中的 2 亿元，在豆豆科技已经交过 1 次税率为 25% 的企业所得税（见图 15-4）。

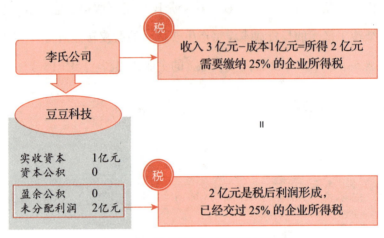

图 15-4　李氏公司重复纳税示意图

于是，魏总提出一个观点，在计算应纳税所得额的时候，计算公式应该是：股权转让所得 = 收入 3 亿元 - 投资成本 1 亿元 - 豆豆科技的留存收益 2 亿元。因为 2 亿元的留存收益，已经在豆豆科技交过企业所得税了，所以不应重复征税。国家税务总局认同这种观点吗？我们来看下国税函〔2010〕79 号文件（以下简称 "79 号文"）的规定：

企业在计算股权转让所得时，不得扣除被投资企业未分配利润等股东留存收益中按该项股权所可能分配的金额。⊖

由此可见，国家税务总局并不认同这种观点，并发文件明确股权转让所得的计算公式中不得扣除留存收益。79 号文出台后，曾引发过大讨论，

⊖ 见《国家税务总局关于贯彻落实企业所得税法若干税收问题的通知》（国税函〔2010〕79 号）第三条。

甚至很多专业人士提出，该文件的规定会导致重复征税。

那么国家真的重复征税了吗？当然没有。因为得出重复征税结论的人只看到了案例的上半场。在上半场里，李氏公司确实很委屈。虽然豆豆科技对 2 亿元已经缴纳过 25% 的企业所得税，但是李氏公司转让股权还要交 1 次 25% 的企业所得税。但这个案例还有下半场。让我们继续看案例的下半场发生了什么。

张氏公司付给李氏公司 3 亿元，收购豆豆科技的股权，所以张氏公司投资成本为 3 亿元。张氏公司收购豆豆科技的股权后，连续做了两个动作。

第 1 个动作：张氏公司做出股东会决议，将豆豆科技账上的 2 亿元未分配利润全部分红。然后，张氏公司申请股息红利 2 亿元的免税待遇⊖（见图 15-5）。

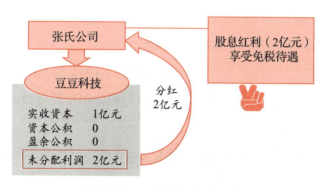

图 15-5　豆豆公司决议分红

第 2 个动作：分红之后，张氏公司又立刻决定，把持有的豆豆科技 100% 的股权全部出售给赵氏公司，交易价格依然以豆豆科技的净资产定价。豆豆科技的净资产原本是 3 亿元，由于已经用未分配利润 2 亿元完成分红，如今净资产只有 1 亿元。因此，张氏公司出售豆豆科技股权的交易

⊖ 《国家税务总局关于贯彻落实企业所得税法若干税收问题的通知》（国税函〔2010〕79号）第四条第一款规定，企业权益性投资取得股息、红利等收入，应以被投资企业股东会或股东大会做出利润分配或转股决定的日期，确定收入的实现。

价格为1亿元（见图15-6）。

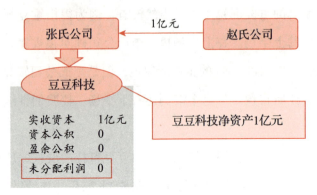

图15-6　张氏公司出售豆豆科技的股权

张氏公司买股权时花了3亿元，卖股权只卖了1亿元。于是，张氏公司出现了投资损失2亿元。这2亿元能不能在张氏公司税前扣除呢？答案是允许税前扣除⊖。

我们把张氏公司的两个动作连贯起来看一下：

第1个动作，张氏公司从豆豆科技取得股息红利2亿元，享受免税待遇；

第2个动作，张氏公司转让豆豆科技股权，产生投资损失2亿元，可以税前扣除。

现在，让我们把案例的上半场和下半场连在一起看一下。

1. 李氏公司

豆豆科技留存收益2亿元，已经交过25%的企业所得税。李氏公司转让股权所得2亿元，还要交25%的企业所得税。李氏公司觉得被重复征税，深感委屈。

⊖《国家税务总局关于企业股权投资损失所得税处理问题的公告》（国家税务总局公告2010年第6号）第一条规定，企业对外进行权益性（以下简称股权）投资所发生的损失，在经确认的损失发生年度，作为企业损失在计算企业应纳税所得额时一次性扣除。

2. 张氏公司

张氏公司受让豆豆科技股权后分红，取得股息红利 2 亿元，享受免税待遇。然后转让豆豆科技股权，可以税前扣除 2 亿元的投资损失。张氏公司享受了免税和抵税双重待遇，笑逐颜开。

当我们纵观交易链条全貌，我们会看到，李氏公司确实吃亏了，但占便宜的并不是国家，而是张氏公司（见图 15-7）。

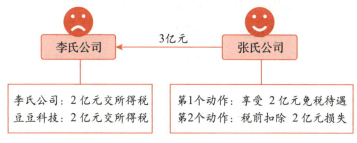

图 15-7　全交易链条视角的股权转让

国家在制定税收政策的时候，是全链条视角，它要保证的是，把交易链条拉长，站在全交易链条上，既不能出现重复征税的环节，也不能出现税收漏征的环节，至于交易双方，谁来负担税款，谁来享受优惠，这是纳税人之间的商业博弈。

本案例中，李氏公司之所以吃亏，究其根源，并不是国家立法不公平，而是李氏公司自己出了问题。豆豆科技的未分配利润 2 亿元，本来是属于李氏公司的，李氏公司取得该股息红利是可以享受免税待遇的，但李氏公司放弃了这个免税待遇，未做分配，直接把股权转让给了张氏公司。这么做的直接后果，就是本应属于李氏公司的免税待遇被张氏公司享受了。

在节税理论里有个方法，叫"先分红再卖股权"。在讲解完豆豆科技案例后，我们会发现，先分红再卖股权，只是确保股权转让方充分享受国家给予的免税待遇。

15.1.3　揭晓谜底

理解了公司股东股权转让的税收原理，再回到联想控股案例。我们猜想一下，联想控股在转让石药集团 100% 股权之前做了什么呢？那就是先分红再卖股权。我们看看联想控股自己怎么说。

在新浪科技对联想控股副总裁赵令欢的采访中，赵令欢毫不忌讳地回答："我们在挂牌前做过一次特殊分红，所以净资产就降低了，挂牌价也缩水了。"㊀这里的挂牌就是转让，挂牌价就是股权转让价格。也就是说，联想控股首先做了个股东会决议，由石药集团向其分红。然后，联想控股再把石药集团的股权，按照净资产的价格转让给弘毅投资，因为石药集团已经做过分红，所以净资产比去年反而还少了。

联想控股的税收安排能带来哪些好处呢？第一，联想控股取得的 2.4 亿元分红，可以享受免税待遇；第二，联想控股在转股过程中，产生的 2.4 亿元投资损失，可以在税前扣除。

15.2　案例 26：鱼美饮食

15.2.1　案例背景

鱼美饮食㊁有两大主业：餐饮服务和食品加工，都与"吃鱼"有关。从 2009 年开始，鱼美饮食逐步聚焦主业，陆续剥离与"吃鱼"无关的非主业资产。2011 年，鱼美饮食将主营物业管理的全资子公司"精彩生活"㊂出售，回笼资金用来发展主业经营，拓展新的餐饮经营网点和发展食品工业。

㊀《独家专访赵令欢：联想控股内部转让石药不亏本》，https://tech.sina.com.cn/it/2008-11-04/04532553628.shtml。

㊁ 鱼美饮食全称为鱼美餐饮集团有限公司。本案例是在真实案例基础上改编而成，公司名称为化名，案例数据也进行了简化处理。

㊂ 精彩生活全称为西安精彩生活物业管理有限公司。

收购精彩生活的公司，叫伟岸建设[一]，双方协商的交易价格为 9 000 万元。鱼美饮食取得精彩生活 100% 股权的投资成本为 3 000 万元。精彩生活的净资产情况如表 15-1 所示。

表 15-1　精彩生活净资产统计表　　　（单位：万元）

科目	金额
实收资本	3 000
资本公积	0
盈余公积	1 000
未分配利润	5 000
合计	9 000

请问：鱼美饮食出售股权应如何计算企业所得税？

根据 79 号文的规定，鱼美饮食的股权转让所得＝股权转让收入 9 000 万元－投资成本 3 000 万元＝6 000 万元，鱼美饮食适用 25% 的所得税税率，需要为股权转让行为缴纳 1 500 万元的企业所得税。鱼美饮食是否可以通过筹划合法降低税负呢？下面我们来看三种规划思路。

15.2.2　三种规划思路

居民企业股东转让股权，有三种规划思路，分别是分红法、转增法、撤资法。

1. 分红法

分红法分为两步走：第 1 步，先分红；第 2 步，卖股权。

第 1 步：分红

精彩生活向股东鱼美饮食分红 5 000 万元。鱼美饮食通过分红的方式，回笼 5 000 万元的资金，这 5 000 万元股息红利所得享受免税待遇。

[一] 伟岸建设全称为陕西伟岸建设有限公司。

第 2 步：卖股权

精彩生活原来的未分配利润是 5 000 万元。分红后，未分配利润变为 0，整体估值也随之下降了 5 000 万元，由 9 000 万元缩水成 4 000 万元。鱼美饮食与伟岸建设签订股权转让协议，把分红后的精彩生活以 4 000 万元的价格出售给伟岸建设。鱼美饮食通过转让股权的方式，又回笼 4 000 万元的资金。这 4 000 万元的股权转让收入，需要正常缴纳企业所得税。

分红法的原理，就是把原来的股权转让收入拆分成两部分：一部分（5 000 万元）转化成股息红利所得，从而享受免税待遇；另外一部分（4 000 万元），继续作为股权转让收入，正常纳税。通过这种方法，股权转让收入由原来的 9 000 万元，降低为 4 000 万元，节省了 1 250 万元的企业所得税。

分红法虽然好，但在操作落地过程中会遇到一些难题，比如精彩生活会计账上有 5 000 万元的未分配利润，并不等于精彩生活就有 5 000 万元的货币资金，可以向鱼美饮食做利润分配。如果精彩生活账面上没有资金可以分红，怎么办？不妨采取以下 5 个步骤解决资金问题。

第 1 步：精彩生活股东鱼美饮食做出股东会决议，进行分红；

第 2 步：决定分红后，精彩生活会计处理为对股东鱼美饮食应付股利 5 000 万元；

第 3 步：伟岸建设向精彩生活投资 5 000 万元㊀；

第 4 步：精彩生活向鱼美饮食支付应付股利 5 000 万元；

第 5 步：鱼美饮食以 4 000 万元的价格将股权转让给伟岸建设。

知识点延伸：盈余公积可以分红吗？

问：精彩生活的盈余公积 1 000 万元是否可以先分红，然后由鱼美饮食以 3 000 万元的价格将精彩生活的股权出售呢？

答：根据公司法的规定，盈余公积只能有三种用途：一是弥补公司亏

㊀ 也可以由伟岸建设向精彩生活提供借款 5 000 万元。

损；二是扩大生产经营；三是转为增加公司注册资本[一]。因此，盈余公积不能用于分红。

2. 转增法

通过分红法，鱼美饮食节省了 1 250 万元的企业所得税，但依然要缴纳 250 万元的企业所得税。是否还可以进一步降低鱼美饮食的税负呢？我们来看转增法。转增法同样分为两个步骤：第 1 步，转增资本；第 2 步，转让股权。

第 1 步：转增资本

精彩生活股东做出决定，将盈余公积转为增加公司的注册资本。

根据公司法的规定，盈余公积转为资本时，所留存的该项公积金不得少于转增前公司注册资本的 25%[二]。转增前，精彩生活的注册资本是 3 000 万元，这就意味着，精彩生活只能转增 250 万元为注册资本[三]。

精彩生活把盈余公积转为增加注册资本，鱼美饮食应该如何进行税务处理？

我们可以应用曾经学过的分解理论来进行分析。商业世界里的转增，在税法世界相当于先分红再投资。因此精彩生活转增资本，鱼美饮食的税务处理为：先取得分红 250 万元，享受免税待遇；再把 250 万元资金，投资到精彩生活，增加精彩生活的注册资本。通过精彩生活转增资本，让鱼美饮食的投资税收成本由 3 000 万元增至 3 250 万元。

如果说分红法是通过将股权转让收入的一部分转化成免税的股息红利，

[一] 《公司法》第二百一十四条：公司的公积金用于弥补公司的亏损、扩大公司生产经营或者转为增加公司注册资本。公积金弥补公司亏损，应当先使用任意公积金和法定公积金；仍不能弥补的，可以按照规定使用资本公积金。

[二] 《公司法》第二百一十四条第三款：法定公积金转为增加注册资本时，所留存的该项公积金不得少于转增前公司注册资本的百分之二十五。

[三] 1 000 万元盈余公积 − 3 000 万元注册资本 × 25%=250 万元。

从而达到降低税负的效果，那么转增法则是通过增加投资的税收成本，来实现降低税负的目的。

第 2 步：转让股权

鱼美饮食转让股权，交易价格依然是 4 000 万元，但由于第 1 步的转增，投资成本变成 3 250 万元，转让股权所得为 750 万元，还是需要缴纳企业所得税 187.5 万元。即使是分红法叠加转增法，鱼美饮食也还是要缴纳企业所得税。那是否还有方法，继续降低税负呢？我们来看第 3 种思路——撤资法。

3. 撤资法

我们先来看撤资法的税政依据：

投资企业从被投资企业撤回或减少投资，其取得的资产中，相当于初始出资的部分，应确认为投资收回；相当于被投资企业累计未分配利润和累计盈余公积按减少实收资本比例计算的部分，应确认为股息所得；其余部分确认为投资资产转让所得。[一]

这个政策是把股东撤资时取得的收入划分为三类：第一类是初始出资，作为投资收回，无须缴纳企业所得税；第二类是累计留存收益，作为股息红利享受免税待遇；第三类是其他部分，作为股权转让所得，正常缴纳企业所得税。换种方式来理解，当股东撤资时，股东所得的计算公式为：收入[二] – 投资成本 – 留存收益[三]。

[一] 见《国家税务总局关于企业所得税若干问题的公告》（国家税务总局公告 2011 年第 34 号）第五条。
[二] 收入为股东撤资时，从公司回收的资产。
[三] 此处留存收益 =（未分配利润 + 盈余公积）× 实收资本减少额 / 原实收资本。

我们通过一个美丽岛案例对撤资法进行讲解。[一]美丽岛公司有两个股东：一个是个人股东"沙沙"，持股比例是90%；另一个是公司股东"浪浪公司"，持股比例是10%。沙沙向美丽岛公司投资9亿元；浪浪公司向美丽岛公司投资1亿元。美丽岛公司目前的净资产是30亿元，其中实收资本是10亿元，资本公积为0，盈余公积为0，未分配利润是20亿元（见图15-8）。

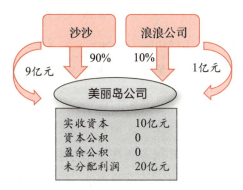

图15-8　美丽岛公司的股权架构

浪浪公司最近想退出，于是找到了买家牛牛公司，双方协商后达成如下约定：牛牛公司收购浪浪公司持有的美丽岛公司10%的股权，交易价格为3亿元。但直接转股的话，浪浪公司需要缴纳5 000万元的企业所得税[二]。浪浪公司觉得税负太重，就想让美丽岛公司先分红或先转增，然后自己再转让股权。但是，大股东沙沙坚决不同意。因为沙沙是个人股东，无论是"分红法"还是"转增法"都需要缴纳个人所得税。于是，分红法和转增法就这样流产了。

当分红法和转增法的路径都被堵死后，浪浪公司另辟蹊径，选择了撤资法。原来股东退出的方式并非只有"转让股权"这一种路径，还可以采用"股

[一]　美丽岛案例是在真实案例基础上改编而成，为了方便理解，案例中数据进行了简化处理。
[二]　计算公式为：（3亿元 −1亿元）× 25%＝5 000万元。

东撤资"[1]的路径。所谓撤资法,就是让浪浪公司把"卖股权"拆分成两步:

第1步,浪浪公司从美丽岛公司撤资,美丽岛公司做减资。浪浪公司以这种方式,从美丽岛公司收回3亿元的撤资款;

第2步,买家牛牛公司对美丽岛公司增资,向美丽岛公司注入资金3亿元。

我们来计算在撤资法的路径下,浪浪公司的税负。撤资时,浪浪公司的所得＝收入－成本－留存收益,其中,收入是从美丽岛公司收回的3亿元,投资成本是1亿元,允许扣除的留存收益是2亿元[2]。如此计算,撤资法让浪浪公司的所得为0,无须缴纳企业所得税。浪浪公司撤资之后,再让买家牛牛公司用3亿元对美丽岛公司增资。

撤资法的原理,就是把原来一个简单的卖股权行为,拆分成老股东先撤资,新股东再投资的两个步骤。之所以要变股权转让为股东撤资,是因为股权转让和股东撤资这两种行为的结果都是拿到3亿元,但应纳税所得额的计算公式不一样,从而导致税负不同。

撤资法有优点,就是可以降低税负,但也有缺点,就是操作烦琐。如果是股权转让,只需要标的公司到工商局,做一次股东变更登记即可。但撤资法,由于要经历减资和增资两道程序,需要标的公司到工商局做两次变更登记,尤其是减资,还需要履行公告程序[3]。至于企业到底要不要使用撤资法,就需要进行个案分析,权衡节税效果和时间耗费,再进行取舍了。

---

[1] 股东撤资是指经过股东会决议等法定程序,公司进行减资,股东在减资的过程中,收回注册资本及归属其投资收益的行为。

[2] 允许扣除的留存收益＝浪浪公司全部留存收益20亿元 × 实收资本减少比例1/10=2亿元。

[3] 《公司法》第二百二十四条:"公司减少注册资本,应当编制资产负债表及财产清单。公司应当自股东会作出减少注册资本决议之日起十日内通知债权人,并于三十日内在报纸上或者国家企业信用信息公示系统公告。债权人自接到通知之日起三十日内,未接到通知的自公告之日起四十五日内,有权要求公司清偿债务或者提供相应的担保。"

15.3　本章实战思考

我有个学员，是某名企的财务总监，他告诉我："利威老师，我找到一个节税高招，就是'先分红再卖股权'。"但"先分红再卖股权"真的是节税高招吗？显然不是。本章中豆豆科技案例已经告诉我们，先分红再卖股权，并不能降低整体税负，而仅仅是保证卖家可以享受国家给予的免税待遇。在本书第 13 章，我们了解过"全链条"的税收思维，也就是把交易链条拉长，才能看清交易双方中是由谁来负担税款。本章我们把全链条的含义做个拓展，不仅仅要看清在全链条中谁来负担税款，也要看清谁来享受优惠。只有建立这种思维，才能真正做好企业之间的商业博弈。

本章留给你一道思考题。王老板持有飞鹰科技公司 100% 的股权，投资成本 1 亿元。飞鹰科技有 2 亿元的未分配利润。王老板拟将飞鹰科技 67% 的股权转让给菜鸟科技，王老板是否需要让飞鹰科技先分红，然后再转让飞鹰科技的股权呢？

你可以扫一扫封面的二维码，我会定期把我的思考以及我挑选的最棒的 10 个读者思考，分享给你。

CHAPTER 16
第 16 章

股东退出之企业注销

据统计，全国每年新生 15 万家民营企业，同时每年又死亡 10 万多家民营企业。由此可见，在商业世界里，吐故纳新是常态。本章我们将通过两个案例来讲解企业注销的税务处理，其中，通过麦冬饮料案例，讲解公司注销时的涉税知识点；通过周大生案例，讲解合伙企业注销时的涉税知识点。

16.1 公司注销

16.1.1 案例 27：麦冬饮料[一]

麦冬饮料[二]是深圳老字号饮料生产企业。2016 年，麦冬饮料为了拓展东北市场，与东先生合资成立了"麦冬营销[三]"，其中麦冬饮料持股 80%，东先生持股 20%。2020 年，因麦冬饮料与东先生经营理念不和，双方协商，

[一] 本案例是在真实案例基础上改编而成，案例中数据进行了简化处理。公司名称均为化名。
[二] 麦冬饮料是一家注册在深圳的有限公司。
[三] 麦冬营销是一家注册在沈阳的有限公司。

拟注销麦冬营销。麦冬营销的基本情况如表 16-1 所示。

表 16-1 麦冬营销的基本信息表

中文名称	麦冬饮料市场营销有限公司
成立时间	2016 年 8 月 13 日
注销时间	2020 年 12 月 7 日
注册资本	人民币 500 万元（均实缴）
公司股东	麦冬饮料持股 80%；东先生持股 20%
法定代表人	东先生

麦冬营销在注销时的财务状况⊖如图 16-1 所示。

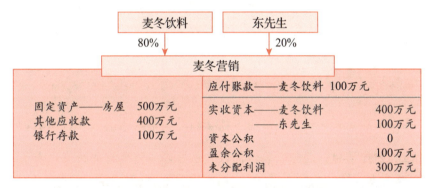

图 16-1 麦冬营销注销时的资产负债表情况

16.1.2 公司注销流程

通常情况下，企业注销需要经历决议解散、清算分配和注销登记三道主要程序（见图 16-2）。这些程序的核心是税务和法律环节。

第 1 步：宣布公司解散

公司解散可能是源于股东会决议，也可能是其他原因⊜。麦冬营销的注

⊖ 为了理解方便，在不影响案例原貌的情况下，对麦冬营销的财务数据进行了改编。
⊜ 《公司法》第二百二十九条规定："公司因下列原因解散：（一）公司章程规定的营业期限届满或者公司章程规定的其他解散事由出现；（二）股东会会议决议解散；（三）因公司合并或者分立需要解散；（四）依法被吊销营业执照、责令关闭或者被撤销；（五）人民法院依照本法第二百三十一条的规定予以解散。公司出现前款规定的解散事由，应当在十日内将解散事由通过国家企业信用信息公示系统予以公示。"

销则是因为股东会决议解散。宣布公司解散意味着，公司将停止与清算无关的经营活动，进入清算期。[一]

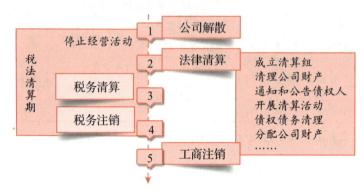

图 16-2　企业注销的核心流程

第 2 步：启动法律清算程序

法律上的清算流程包括：成立清算组，清理公司财产，分别编制资产负债表和财产清单；通知、公告债权人；处理与清算有关的公司未了结的业务；清理债权、债务；处理公司清偿债务后的剩余财产；等等。

第 3 步：办理税务清税申报

简易注销[二]

符合市场监管部门简易注销条件的企业，如符合下列情形之一，可免予到税务机关办理清税证明，直接向工商局申请简易注销：

[一]《公司法》第二百三十二条规定，公司因本法第二百二十九条第一款第一项、第二项、第四项、第五项规定而解散的，应当清算。董事为公司清算义务人，应当在解散事由出现之日起十五日内组成清算组进行清算。

[二] 见《国家税务总局关于进一步优化办理企业税务注销程序的通知》(税总发〔2018〕149 号) 第二条、《工商总局 税务总局关于加强信息共享和联合监管的通知》(工商企注字〔2018〕11 号)、《国家税务总局关于深化"放管服"改革 更大力度推进优化税务注销办理程序工作的通知》(税总发〔2019〕64 号) 第一条和《市场监管总局 国家税务总局关于进一步完善简易注销登记便捷中小微企业市场退出的通知》(国市监注发〔2021〕45 号)。

（1）未办理过涉税事宜的；

（2）办理过涉税事宜但未领用发票、无欠税（滞纳金）及罚款的；

（3）没有欠税和没有其他未办结事项的纳税人，查询时已办结缴销发票、结清应纳税款等清税手续的。

普通注销

除上述简易注销外，企业向工商局申请普通注销的，应先到税务机关办理清税申报，取得清税证明后，办理税务注销登记。税务清算具体包括：就清算期清算所得申报缴纳企业所得税；未办理土地增值税清算手续的，应在申报办理税务注销前进行土地增值税清算；结清各税种的应纳税款、多退（免）税款、滞纳金和罚款；缴销发票和其他税务证件等。

第4步：办理税务注销登记

办理完毕税务清算，拿到清税证明后，可以向税务机关申请办理税务登记注销。

第5步：办理工商注销登记

申请一般注销的企业，在税务注销登记办理完毕后，可以申请办理工商注销登记。申请简易注销的企业，可直接申请办理工商注销登记。

16.1.3 清算所得税

了解了公司注销的流程，下面重点讲解清算的所得税处理。根据财税〔2009〕60号○文件的规定，企业清算的所得税处理，是指企业在不再持续经营，发生结束自身业务、处置资产、偿还债务以及向所有者分配剩余财

○ 见《财政部 国家税务总局关于企业清算业务企业所得税处理若干问题的通知》（财税〔2009〕60号）。

产等经济行为时，对清算所得、清算所得税、股息分配等事项的处理。

企业清算的所得税处理包括两个层面，分别是公司清算所得的税务处理和股东取得清算分配的税务处理。

第一个层面：拟注销公司的清算所得税[一]

清算期间

在本案例中，麦冬营销应将"整个清算期"作为一个独立的纳税年度计算清算所得。整个清算期是指实际生产经营终止之日起至办理完毕清算事务之日止的期间。

清算所得

麦冬营销清算所得的计算公式如下：

清算所得＝资产处置损益＋负债清偿损益－清算费用－清算税金及附加＋其他所得或支出

（1）资产处置损益。

"资产处置损益"是拟注销公司在清算期的全部资产按可变现价值或交易价格，扣除其计税基础后确认的资产处置所得或损失金额。麦冬营销的资产处置损益为200万元，具体计算如表16-2所示。

表16-2 资产处置损益明细表 （单位：万元）

项目	账面价值（1）	计税基础（2）	可变现价值或交易价格（3）	资产处置损益（4）＝（3）－（2）
货币资金	100	100	100	0
其他应收款	400	400	400	0
固定资产——房屋	500	500	700	200
合计	1 000	1 000	1 200	200

[一] 见《财政部 国家税务总局关于企业清算业务企业所得税处理若干问题的通知》（财税〔2009〕60号）第四条。

（2）负债清偿损益。

"负债清偿损益"是清算期的全部负债按计税基础减除其清偿金额后确认的负债清偿所得或损失金额。麦冬营销的负债清偿损益为0，具体计算如表16-3所示。

表16-3 负债清偿损益明细表 （单位：万元）

项目	账面价值（1）	计税基础（2）	清偿金额（3）	负债清偿损益（4）=（3）-（2）
应付账款	100	100	100	0
合计	100	100	100	0

（3）清算费用。

"清算费用"是指企业在清算过程中发生的与清算业务有关的费用支出，包括清算组组成人员的报酬，清算财产的管理、变卖及分配所需的评估费、咨询费等费用，清算过程中支付的诉讼费用、仲裁费用及公告费用，以及为维护债权人和股东的合法权益支付的其他费用。麦冬营销共发生清算费用30万元。

（4）清算税金及附加。

"清算税金及附加"是指企业在清算过程中发生的除企业所得税和允许抵扣的增值税以外的各项税金及其附加。麦冬营销共发生清算税金及附加36万元。

（5）其他所得或支出。

"其他所得或支出"是指企业在清算过程中取得的其他所得或发生的其他支出。假设麦冬营销未取得其他所得，未发生其他支出。

综上，麦冬营销的清算所得为134（=200-30-36）万元。

计算应纳所得税额

企业在清算期的应纳所得税额=（清算所得 - 免税收入 - 不征税收入 -

其他免税所得－弥补以前年度亏损）×25%。假设麦冬营销不存在免税收入、不征税收入、其他免税所得和以前年度亏损，则麦冬营销的应纳所得税额为33.5万元。

第二个层面：股东的清算所得税

除了拟注销公司需要进行清算所得的税务处理，拟注销公司的股东也需要进行清算所得的税务处理。在本案例中，麦冬饮料和东先生应按如下步骤进行清算所得的税务处理。

计算剩余资产[一]

麦冬营销可以向股东分配的剩余资产的计算公式为：

剩余资产＝资产可变现价值或交易价格－清算费用－职工工资－社会保险费用－法定补偿金－清算税金及附加－清算所得税额－以前年度欠税额－企业债务

假设麦冬营销不存在职工工资、社会保险费用、法定补偿金、以前年度欠税额，则麦冬营销的剩余资产为1 000.5（=1 200-30-36-33.5-100）万元。

计算股东应纳税所得[二]

（1）公司股东。

根据财税〔2009〕60号文件[三]的规定，被清算企业的股东分得的剩余资产的金额，其中相当于被清算企业累计未分配利润和累计盈余公积中按

[一] 见《财政部 国家税务总局关于企业清算业务企业所得税处理若干问题的通知》（财税〔2009〕60号）第五条第一款。
[二] 见《财政部 国家税务总局关于企业清算业务企业所得税处理若干问题的通知》（财税〔2009〕60号）第五条第二款。
[三] 见《财政部 国家税务总局关于企业清算业务企业所得税处理若干问题的通知》（财税〔2009〕60号）第五条。

该股东所占股份比例计算的部分，应确认为股息所得；剩余资产减除股息所得后的余额，超过或低于股东投资成本的部分，应确认为股东的投资转让所得或损失。

在本案例中，麦冬饮料分配到的剩余资产为 800.4（=1 000.5×80%）万元，麦冬饮料的投资成本是 400 万元。因此，麦冬饮料确认为股息所得的金额为 400.4 [=（300+200-30-36-33.5+100）×80%] 万元，该部分可以申请免税待遇；麦冬饮料确认投资转让所得的金额为 0（=800.4-400.4-400）万元，不需要缴纳企业所得税。

（2）个人股东。

根据国家税务总局 2011 年第 41 号公告[一]的规定，被清算企业的个人股东，按照"财产转让所得"项目适用的规定计算缴纳个人所得税，应纳税所得额 = 个人取得的全部分配资产 - 原实际出资额（投入额）- 相关税费。

在本案例中，东先生分配到的剩余资产为 200.1（=1 000.5×20%）万元，其中东先生的实际出资额为 100 万元，东先生取得股权时未发生相关税费。东先生应缴纳的个人所得税为 20.02 [=（200.1-100）×20%] 万元。

16.2 合伙企业注销

16.2.1 案例 28：周大生

周大生[二]（002867）是国内最具规模的珠宝品牌运营商之一，创始人为周宗文。2017 年 4 月，周大生在深交所中小板上市。图 16-3 为周大生申报 IPO 时的股权架构图。

我们重点看周大生的一个小股东——泰有投资。泰有投资的全称为深

[一] 见《国家税务总局关于个人终止投资经营收回款项征收个人所得税问题的公告》（国家税务总局公告 2011 年第 41 号）。

[二] 周大生全称为周大生珠宝股份有限公司。

圳市泰有投资合伙企业（有限合伙），以下我们简称"泰有合伙"。

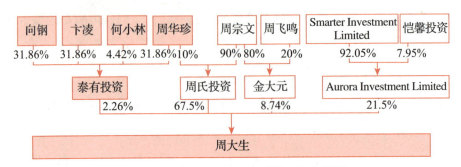

图 16-3 周大生申报上市时的股权架构图

2014 年 11 月，周大生的股东金大元[一]和 AIL[二]与泰有合伙签订《股份转让协议》，金大元和 AIL 将所持周大生的 2.26% 的股份以 4 512.676 8 万元的价格转让给泰有合伙。截至 2017 年 4 月，该合伙企业的基本信息如表 16-4 所示。

表 16-4 泰有合伙的基本信息

中文名称	深圳市泰有投资合伙企业（有限合伙）
成立时间	2012 年 1 月 16 日
出资额	4 512.676 8 万元
合伙人	周华珍 31.86%；卞凌 31.86%；向钢 31.86%；何小林 4.42%
经营场所	深圳市罗湖区文锦北路田贝花园裙楼商场贰层 291 号
经营范围①	股权投资（法律、行政法规、国务院规定在登记前须经批准的项目除外，法律、行政法规限制的项目须取得许可后方可经营）

①泰有合伙未进行私募股权基金的备案，不属于创投企业。

泰有合伙的合伙人周华珍为创始人周宗文的妻子，卞凌、向钢和何小林均为周大生的核心高管。泰有合伙在周大生上市时承诺："本合伙企业自周大生股票上市之日起三十六个月内，不转让或者委托他人管理本次发行前本合伙企业直接或间接持有的周大生股份，也不由周大生回购该部分股份。"

[一] 金大元全称为深圳市金大元投资有限公司。

[二] 全称为 Aurora Investment Limited。

16.2.2 合伙企业注销流程

2020年4月,泰有合伙迎来了限售期解禁,但并没有急于减持套现,而是于2021年6月向工商局申请了注销登记。根据公告㊀,泰有合伙将持有的周大生股票以非交易过户的方式,转移至合伙人周华珍、向钢、卞凌、何小林名下,具体如表16-5所示。

表16-5 平潭泰有合伙过户信息表

序号	过出方	过入方	过户数量(股)	占周大生总股本比例(%)
1	平潭泰有合伙	周华珍	3 250 948.00	0.444 8
2		向钢	3 250 948.00	0.444 8
3		卞凌	3 250 948.00	0.444 8
4		何小林	450 394.00	0.061 6
合计			10 203 238.00	1.396 0

16.2.3 税务处理

泰有合伙被注销解散,其持有的周大生股份过户至4个合伙人名下,应如何进行税务处理呢?

1. 泰有合伙

根据税法的规定,合伙企业以每一个合伙人为纳税义务人。因此,泰有合伙并非纳税主体㊁。

2. 4个合伙人

泰有合伙注销时,其4个合伙人应按以下步骤计算缴纳个人所得税:

㊀ 根据《周大生珠宝股份有限公司关于公司股东完成非交易过户的公告》内容整理。
㊁ 见本书第4章内容。

计算清算所得

根据财税〔2000〕91号文件[一]的规定，清算所得的计算公式为：

清算所得＝企业清算时的全部资产/财产的公允价值－清算费用－损失－负债－以前年度留存的利润－实缴资本

假设周大生未发生清算费用，不存在损失、负债以及以前年度留存的利润，则清算所得＝平潭泰有合伙持有周大生的股数（10 203 238股）×过户当日周大生股票的每股收盘价（29.49元/股）－平潭泰有合伙的实缴出资额（45 126 768元）＝25 576.67万元。该清算所得，将视为4个合伙人的年度生产经营所得。

计算个人所得税

各合伙人的应纳税所得额＝清算所得×合伙协议约定的分配比例[二]。根据上述公式，平潭泰有合伙的4个合伙人应交个人所得税如表16-6所示。

表16-6　4个合伙人个税计算表　（单位：万元）

合伙人	清算所得	分配比例	应纳税所得额	应交个税[①]
周华珍	25 576.67	31.86%	8 148.73	2 845.50
向钢	25 576.67	31.86%	8 148.73	2 845.50
卞凌	25 576.67	31.86%	8 148.73	2 845.50
何小林	25 576.67	4.42%	1 130.48	389.13
合计	25 576.67	100.00%	25 576.67	8 925.63

① 应交个税＝应纳税所得额×适用税率35%－速算扣除数6.55万元。

[一]《财政部 国家税务总局关于印发〈关于个人独资企业和合伙企业投资者征收个人所得税的规定〉的通知》(财税〔2000〕91号）第十六条。

[二]《财政部 国家税务总局关于合伙企业合伙人所得税问题的通知》（财税〔2008〕159号）第四条："合伙企业的合伙人按下列原则确定应纳税所得额：（一）合伙企业的合伙人以合伙企业的生产经营所得和其他所得，按照合伙协议约定的分配比例确定应纳税所得额。（二）合伙协议未约定或者约定不明确的，以全部生产经营所得和其他所得，按照合伙人协商决定的分配比例确定应纳税所得额。（三）协商不成的，以全部生产经营所得和其他所得，按照合伙人实缴出资比例确定应纳税所得额。（四）无法确定出资比例的，以全部生产经营所得和其他所得，按照合伙人数量平均计算每个合伙人的应纳税所得额。……"

16.3 本章实战思考

经历过创业的人都能理解，企业生生死死是常态。所以，常有企业家向我咨询："利威老师，我现在知道怎么进入公司成为股东，如果有一天我不想做了，如何退出呢？"

在本书第 15 章，我们学习了股东退出有两种方式：股权转让和股东撤资。本章补充了股东退出的新方式：企业注销。如果只有部分股东退出，可以选择股权转让或者股东撤资，如果所有的股东都退出，那么企业就只能注销了。下面我们将三种退出方式的涉税处理做个总结，如表 16-7 所示。

表 16-7 股东退出税务处理汇总表

退出方式	个人股东		公司股东	
	所得计算公式	税政依据	所得计算公式	税政依据
转让方式	收入－成本	国家税务总局 2014 年第 67 号公告	收入－成本	财税〔2010〕79 号
撤资方式	收入－成本	国家税务总局 2011 年第 41 号公告	收入－成本－留存收益	国家税务总局公告 2011 年第 34 号
注销方式	收入－成本	国家税务总局 2011 年第 41 号公告	收入－成本－留存收益	财税〔2009〕60 号

注：本表中个人和公司均为居民个人和居民企业，非居民个人和非居民企业的税负情形，将在本书第 29 章进行讲解。

CHAPTER 17
第 17 章

企业重组之合并分立

企业合并是指两个或多个企业将资产合为一体，组成一个新企业的行为过程。公司分立则是指在原有公司基础上"一分为二"或"一分为多"，将一家公司分成两个以上独立公司的行为过程。合并和分立好似硬币的两面，成为企业重组的常用手段。本章我们将分别讨论合并和分立的涉税知识点。

17.1 公司合并

17.1.1 案例 29：火火集团[一]

火火集团是一家位于河南郑州的国有公司，拥有完整的煤电铝材产业链。2020 年，火火集团全资子公司火火素碳[二]濒临破产，严重拖累其业绩。如何加强对子公司的管理，被列入了火火集团的日程。火火集团开始在股

[一] 本案例是在真实案例的基础上改编而成。
[二] 火火素碳是一家位于河南许昌的有限责任公司。

权架构上进行一系列的"瘦身强体"运动。基于压缩管理层级、简化管理环节、降低管理成本的考虑，火火集团计划取消火火素碳独立的法人资格，将火火素碳由子公司变为分公司（见图17-1）。

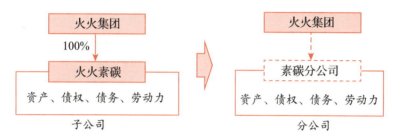

图 17-1 火火素碳由子公司变为分公司

17.1.2 子公司变分公司

从法律上，子公司变分公司有两种路径：一种叫普通注销路径；另一种叫吸收合并路径[一]。两种路径殊途同归，都能达到子公司变分公司的目的。

火火集团应该选择哪一种呢？我们把两种路径做个对比（见表17-1）。

表 17-1 火火集团子公司变分公司路径对比

	普通注销路径	吸收合并路径
工商注销	是	是
法律清算	是	否
债权债务	清理（偿还/收回）	可不清理（担保转移）
经营停止	是	否

在两种路径下，火火素碳都需要在工商局办理注销登记。如果选择普通注销路径，火火素碳解散前，需要履行法律清算程序[二]，而选择吸收合并

一 吸收合并，指一个公司吸收其他公司后存续，被吸收公司解散。

二 根据《公司法》第二百三十四条的规定，清算包括以下事项：①清理公司财产，分别编制资产负债表和财产清单；②通知、公告债权人；③处理与清算有关的公司未了结的业务；④清缴所欠税款以及清算过程中产生的税款；⑤清理债权、债务；⑥处理公司清偿债务后的剩余财产。

路径无须法律清算㊀。那法律清算会带来哪些重要影响呢？

影响1：债权债务是否需要清理

在普通注销路径中，火火素碳的债权债务需要清理，这意味着火火素碳需要通知所有未到期债务的债权人，向债权人进行提前清偿债务或协商债务转移，需要与所有未到期债权的债务人沟通提前清偿债务或转移债权事宜。但在吸收合并路径中，因为火火素碳的债权债务由合并方火火集团自动承继㊁，所以，只要火火素碳履行了通知债权人和登报公告的义务，就可以在提供担保后无须提前清偿债务㊂。

影响2：经营活动是否能够继续

在普通注销路径下，火火素碳在进入法律清算期后，虽然公司存续，但不得开展任何与清算无关的经营活动㊃。但在吸收合并路径下，火火素碳的经营活动无须停止，签订的合同可以在变更签约主体名称后，继续有效㊄。

17.1.3 合并的税务处理

在第16章我们曾讨论过企业注销的流程，合并的流程和普通注销流

㊀ 见《公司法》第二百二十九条和第二百三十二条。
㊁ 《公司法》第二百二十一条规定："公司合并时，合并各方的债权、债务，应当由合并后存续的公司或者新设的公司承继。"
㊂ 《公司法》第二百二十条规定："公司合并，应当由合并各方签订合并协议，并编制资产负债表及财产清单。公司应当自作出合并决议之日起十日内通知债权人，并于三十日内在报纸上或者国家企业信用信息公示系统公告。债权人自接到通知之日起三十日内，未接到通知的自公告之日起四十五日内，可以要求公司清偿债务或者提供相应的担保。"
㊃ 《公司法》第二百三十六条第三款规定："清算期间，公司存续，但不得开展与清算无关的经营活动。公司财产在未依照前款规定清偿前，不得分配给股东。"
㊄ 《民法典》第六十七条第一款规定："法人合并的，其权利和义务由合并后的法人享有和承担。"

程很相似,仅有两个核心差异:①吸收合并时,无须履行法律清算程序;②税务清算的内容有所不同(见图17-2)。

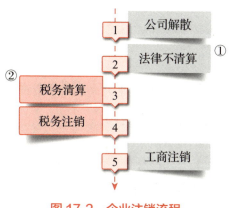

图 17-2　企业注销流程

我们着重分析合并和注销在税务清算上有哪些差异。无论是普通注销,还是吸收合并,被注销、被合并的公司都需要办理税务清算,但在吸收合并过程中,被合并公司的资产转移,国家给予了很多税收优惠待遇(见表17-2)。

表 17-2　普通注销和吸收合并税负对比表

税种	普通注销	吸收合并	政策依据
企业所得税	交	符合条件可申请递延纳税	财税〔2009〕59号
个人所得税	交	有争议(各地口径不同)①	国家税务总局公告2011年第41号、2014年第67号
增值税	交	整体转移不交 + 进项迁移	财税〔2016〕36号
土地增值税	交	非房地产开发企业暂免	财税〔2018〕57号(现有效文件为财政部 税务总局公告2023年第51号)
契税	交	免税优惠	财税〔2018〕17号(现有效文件为财政部 税务总局公告2023年第49号)
印花税	交	改制免于贴花	财税〔2003〕183号

① 关于合并的个人所得税,可以参考本章第17.2节中的个人所得税内容。

如果火火素碳选择了普通注销路径,在税务清算期内,其所有的资产转移,都需要正常纳税,国家并未给予税收优惠;如果选择了吸收合并,除了个人所得税缺乏税收优惠,其他税种均有税收优惠。下面将详细分析火火集团吸收合并火火素碳的税务处理。

1. 火火素碳

在合并实施过程中,被合并企业火火素碳将资产(包括厂房、设备等)转移至火火集团,火火素碳需要纳税吗?

企业所得税

企业所得税的"法人税制"告诉我们,只要资产的所有权发生了转移,就需要视同销售,无论资产受让方是谁,也无论是通过何种方式发生的转移。合并中,火火素碳应如何视同销售呢?我们可以用分解原理,把企业合并分解成两个步骤:第1步,火火集团从子公司火火素碳撤资,火火素碳将全部资产以公允价格分配给股东火火集团;第2步,火火素碳将资产全部分配后,进行税务清算。因此,火火素碳应按转移资产的公允价格确认资产转让所得,并且按清算进行所得税处理[1]。

但国家也考虑到,在合并过程中,合并各方可能缺乏纳税必要的资金,因此当本次合并满足以下条件时,可以申请特殊性税务处理,享受税收优惠:

条件1:具有合理的商业目的,且不以避税为主要目的;

条件2:企业股东在该企业合并发生时取得的股权支付金额不低于其交易支付总额的85%,以及同一控制下且不需要支付对价的企业合并;

条件3:企业重组后的连续12个月内不改变重组资产原来的实质性经营活动;

---

[1] 见《财政部 国家税务总局关于企业重组业务企业所得税处理若干问题的通知》(财税〔2009〕59号)第四条第(四)项。

条件 4：企业合并中取得股权支付的被合并企业股东，在合并后连续 12 个月内，不得转让所取得的股权。[一]

在本案例中，母公司火火集团吸收合并全资子公司火火素碳，属于同一控制下且不需要支付对价的企业合并，而且本次合并也满足其他条件，因此火火素碳申请了企业所得税特殊性税务处理。火火素碳在适用特殊性税务处理后，将无须对合并过程中导致的资产转移确认资产转让所得，也无须按清算进行所得税处理。

增值税

根据税法规定[二]，在资产重组过程中，通过合并方式，将资产以及与其相关联的债权、负债和劳动力一并转让给其他单位和个人，其中涉及的不动产、土地使用权转让行为，不征收增值税[三]。火火素碳在合并过程中，将债权、债务和劳动力一并转让，满足了四个要素一并转让，不征收增值税。

土地增值税

根据税法规定[四]，按照法律规定或者合同约定，两个或两个以上非房地产开发企业合并为一个企业，且原企业投资主体存续的，对原企业将房地产转移、变更到合并后企业的行为，暂不征收土地增值税。火火素碳与火火集团在合并前后，均不属于房地产开发企业，而且投资主体均为火火集团，原投资主体存续。所以，合并过程中，火火素碳可以申请土地增值税优惠待遇。

[一] 见《关于企业重组业务企业所得税处理若干问题的通知》（财税〔2009〕59 号）第五条、第六条第（四）项。

[二] 见《财政部 国家税务总局关于全面推开营业税改征增值税试点的通知》（财税〔2016〕36 号）附件 2《营业税改征增值税试点有关事项的规定》"一、（二）5."。

[三] 关于本部分内容的讲解，可参考 18.2.1 中增值税部分内容。

[四] 见《财政部 税务总局关于继续实施企业改制重组有关土地增值税政策的公告》（财政部 税务总局公告 2023 年第 51 号）第二条和第五条。

印花税

根据税法规定,企业因改制签订的产权转移书据可以申请免税待遇[一]。在火火素碳合并过程中,因房屋、土地过户签署的产权转移书据,是否可以适用上述"改制"的免税待遇?由于税法并没有明确规定,实务中需要企业在合并前与主管税务机关进行沟通,以明确其执行口径。

2. 火火集团

企业所得税

火火集团在本次合并过程中拥有双重身份,既是合并企业,又是被合并企业的股东。

（1）火火集团作为合并企业。

根据税法规定,同一重组业务的当事各方应采取一致税务处理原则,即统一按一般性或特殊性税务处理[二]。因此一旦火火素碳申请了特殊性税务处理,火火集团也应适用特殊性税务处理,即火火素碳无须视同销售确认资产转让所得,但火火集团取得资产的计税基础也按原计税基础确定,也就是"上家不交,下家不扣"。除此之外,火火素碳合并前的相关所得税事项由火火集团承继。但需要注意的是,火火集团可以弥补的火火素碳亏损的限额 = 火火素碳净资产公允价值 × 截至合并业务发生当年年末国家发行的最长期限的国债利率[三]。

（2）火火集团作为被合并企业股东。

根据税法规定,一旦合并各方申请特殊性税务处理,被合并企业股东

[一] 见《财政部 国家税务总局关于企业改制过程中有关印花税政策的通知》(财税〔2003〕183号) 第三条。
[二] 见《企业重组业务企业所得税管理办法》(国家税务总局公告2010年第4号) 第四条。
[三] 见《财政部 国家税务总局关于企业重组业务企业所得税处理若干问题的通知》(财税〔2009〕59号)"六、(四) 3."。

取得合并企业股权的计税基础，以其原持有的被合并企业股权的计税基础确定㊀。这意味着，火火集团吸收合并火火素碳后，不能增加其持有火火素碳资产的税收成本。

契税

根据税法规定，两个或两个以上的公司，依照法律规定、合同约定，合并为一个公司，且原投资主体存续的，对合并后公司承受原合并各方土地、房屋权属，免征契税㊁。合并后，火火集团承接的房屋土地，由于满足原投资主体存续的条件，可以申请契税免税待遇。

印花税

（1）资金账簿。

根据税法的规定，以合并方式成立的新企业，其新启用的资金账簿记载的资金，凡原已贴花的部分可不再贴花，未贴花的部分和以后新增加的资金按规定贴花㊂。由此可见，合并后的火火集团无须对原火火素碳资金账簿贴花的部分再次贴花。

（2）产权转移书据。

同火火素碳的产权转移书据贴花规则一致。

17.2 公司分立

公司分立是指一个公司通过签订协议，不经过清算程序，分为两个或两个以上的公司的法律行为。下面将通过长龄液压案例来讲解分立各方应

㊀ 见《财政部 国家税务总局关于企业重组业务企业所得税处理若干问题的通知》（财税〔2009〕59号）"六、（四）4."。
㊁ 见《财政部 税务总局关于继续实施企业、事业单位改制重组有关契税政策的公告》（财政部税务总局公告2023年第49号）第三条。
㊂ 见《财政部 国家税务总局关于企业改制过程中有关印花税政策的通知》（财税〔2003〕183号）第一条第（二）项。

如何进行涉税处理。

17.2.1 案例30：长龄液压

长龄液压（605389）成立于2006年，创始人为夏继发和夏泽民父子（以下简称"夏氏父子"），主要从事液压元件及零部件的研发、生产和销售。2021年3月，公司在上交所主板上市。

2015年，夏氏父子开始规划公司上市，并将未来申报上市的主体公司确定为"长龄机械"[一]。长龄机械有两部分资产：一部分资产与液压业务相关；另一部分是厂房和土地，与液压业务完全无关，一直对外出租，未来计划用于自动化装备生产。为了使拟上市公司长龄机械的主业清晰，夏氏父子决定将与液压业务无关的房产、土地等剥离至长龄机械体外。

2015年3月，长龄机械召开股东会，决议长龄机械以派生分立方式，分立为长龄机械与长龄自动化[二]，分立前的债权债务由分立后的两个公司承继，并承担连带责任。分立后，长龄机械的注册资本由700万元减少为500万元，长龄自动化的注册资本为200万元，分立后各公司股东的持股比例与分立前保持一致（见图17-3）。

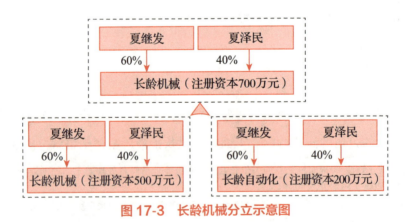

图17-3　长龄机械分立示意图

[一] 长龄机械为长龄液压的原名。

[二] 长龄自动化全称为江阴长龄自动化科技有限公司。

本次分立过程中，长龄机械转入长龄自动化的资产为厂房及附属设施、机器设备等固定资产 839.42 万元、土地使用权 228.57 万元，转入负债为 0，分立前的债权、债务由分立后的长龄机械实际享有和承担。

17.2.2 分立的涉税处理

在分立过程中，涉及的各方包括被分立企业、分立企业及各方股东。

1. 被分立企业——长龄机械

在分立实施过程中，长龄机械将资产（包括厂房、设备等）转移至长龄自动化，长龄机械需要纳税吗？

企业所得税

分立中，长龄机械可以用分解原理，把分立分解成两个步骤：第 1 步，夏氏父子从老公司长龄机械撤资，长龄机械将分立资产以公允价值分配给夏氏父子；第 2 步，夏氏父子用分配的资产，投资设立长龄自动化。因此，长龄机械需要按转移资产的公允价格确认视同销售收入[⊖]，并进行所得税清算处理。

但国家也考虑到在分立过程中，分立各方可能缺乏纳税必要资金，因此当长龄机械满足以下条件时，可以申请特殊性税务处理，享受税收优惠：

条件 1：具有合理的商业目的，且不以避税为主要目的；

条件 2：分立后，夏氏父子均按原持股比例取得分立企业的股权；

条件 3：分立后连续 12 个月内，长龄机械和长龄自动化均不改变原来的实质性经营活动；

⊖ 见《财政部 国家税务总局关于企业重组业务企业所得税处理若干问题的通知》（财税〔2009〕59 号）第四条第（五）项。

条件4：分立后连续12个月内，夏氏父子不得转让其所取得的股权；

条件5：长龄机械股东在分立发生时，取得的股权支付金额不低于其交易支付总额的85%。^{○一}

在本案例中，根据招股说明书披露，长龄机械满足上述条件，申请了企业所得税特殊性税务处理^{○二}。长龄机械在适用特殊性税务处理后，将无须对分立导致的资产转移确认资产转让所得，也无须按清算进行所得税处理。

增值税^{○三}

根据税法规定^{○四}，在资产重组过程中，通过分立方式，将资产以及与其相关联的债权、负债和劳动力一并转让给其他单位和个人，其中涉及的不动产、土地使用权转让行为，不征收增值税^{○五}。长龄机械在分立过程中，并未将债权、债务和劳动力一并转让，因此不满足四个要素一并转让的条件，需要缴纳增值税。虽然长龄机械需要缴纳增值税销项税额，但长龄自动化取得的增值税进项税额可以抵扣，从整体而言增值税税负并没有增加。

土地增值税

根据税法规定^{○六}，按照法律规定或者合同约定，非房地产开发企业分设为两个或两个以上与原企业投资主体相同的企业，对原企业将房地产转移、

○一 见《财政部 国家税务总局关于企业重组业务企业所得税处理若干问题的通知》（财税〔2009〕59号）第五条、第六条第（五）项。

○二 见《江苏长龄液压股份有限公司首次公开发行股票招股说明书》第1-1-53页。

○三 本案例发生时，国家尚未实行营改增，因此长龄机械在分立过程中，应该缴纳的税种为营业税。为了让案例对目前的实务更具有指导意义，笔者假设分立发生在营改增之后，并分析了在目前的税收政策口径下，分立的增值税处理。

○四 《财政部 国家税务总局关于全面推开营业税改征增值税试点的通知》（财税〔2016〕36号）附件2《营业税改征增值税试点有关事项的规定》"一、（二）5."。

○五 关于本部分内容的讲解，可参考第18.2.1节中增值税部分内容。

○六 见《财政部 税务总局关于继续实施企业改制重组有关土地增值税政策的公告》（财政部 税务总局公告2023年第51号）第三条和第五条。

变更到分立后的企业，暂不征收土地增值税。长龄机械在分立前后，均不属于房地产开发企业，而且投资主体均相同，所以，分立过程中，长龄机械可以申请土地增值税优惠待遇。

印花税

根据税法规定，企业因改制签订的产权转移书据可以申请免税待遇。在长龄机械分立过程中，因房屋、土地过户签署的产权转移书据，是否可以适用上述"改制"的免税待遇，由于税法没有明确"改制"的范围，实务中需要企业在分立前与主管税务机关进行沟通，以了解其执行口径。

2. 分立企业——长龄自动化

企业所得税

长龄自动化作为分立企业，接受了分立资产的转入，分立环节无须缴纳企业所得税。但需要注意的是，根据税法规定，同一重组业务的当事各方应采取一致税务处理原则，即统一按一般性或特殊性税务处理。因此一旦长龄机械申请了特殊性税务处理，长龄自动化也应适用特殊性税务处理，即长龄机械无须视同销售确认资产转让所得，但长龄自动化取得资产的计税基础也按原计税基础确定，也就是"上家不交，下家不扣"。

契税

根据税法规定，公司依照法律规定、合同约定分立为两个或两个以上与原公司投资主体相同的公司，对分立后公司承受原公司土地、房屋权属，免征契税[⊖]。长龄机械在分立过程中，新设立的长龄自动化承接房屋土地，且长龄自动化与长龄机械的投资主体相同，可以申请契税免税待遇。

⊖ 见《财政部 国家税务总局关于企业改制重组若干契税政策的通知》（财税〔2008〕175号），该文件目前已被《财政部 税务总局关于继续执行企业 事业单位改制重组有关契税政策的公告》（财政部 税务总局公告2023年第49号）替代。

印花税

（1）资金账簿。

根据税法的规定，以分立方式成立的新企业，其新启用的资金账簿记载的资金，凡原已贴花的部分可不再贴花，未贴花的部分和以后新增加的资金按规定贴花。[一]由此可见，分立后的长龄自动化无须对原长龄机械账簿贴花的部分再次贴花。

（2）产权转移书据。

同长龄机械的产权转移书据贴花规则一致。

3.各方股东——夏氏父子

在长龄机械分立过程中，夏氏父子将持有的一家公司一分为二，分立前后持股比例并未发生任何变化，夏氏父子需要缴纳个人所得税吗？由于至今为止并没有任何全国性税收政策对分立的个人所得税做出过明确规定，所以导致实务中出现了不同观点（见表17-3）。

从法理上，笔者赞同表17-3中的观点4，即用分解理论将分立还原为：长龄机械进行减资，将部分资产向股东分配，个人股东按收回投资进行税务处理；夏氏父子视同取得分配的资产，然后以该资产投资设立新公司——长龄自动化。按该观点，夏氏父子需要按收回投资进行个人所得税处理[二]。假设长龄机械分立出去的资产公允价值为2 000万元，那么夏氏父子需要缴纳的个人所得税为360万元[三]。

[一] 见《关于企业改制过程中有关印花税政策的通知》（财税〔2003〕183号）第一条第（二）项。

[二] 个人股东收回投资的税务处理，见《国家税务总局关于个人终止投资经营收回款项征收个人所得税问题的公告》（国家税务总局公告2011年第41号）的规定，具体可以参考本书第16章的内容。

[三] 计算公式为：夏氏父子的个税=（分配资产公允价值2 000万元－夏氏父子持有长龄机械股权原值700万元×减资比例200/700）×税率20%=360万元。

表 17-3　和分立相关的个人所得税观点汇总表

	具体描述	征税否	征税依据	是否有优惠
观点 1	由于分立中没有发生股权转让行为，因此个人股东没有纳税义务	否	不适用	不适用
观点 2	分立过程中，个人股东需要按股权转让所得缴纳个人所得税	是	国家税务总局公告 2014 年第 67 号	无
观点 3	分立过程中，个人股东需要按非货币资产投资缴纳个人所得税	是	财税〔2015〕41 号①	有，符合条件可五年递延纳税
观点 4	分立后，被分立企业存续的，其个人股东取得的对价视为被分立企业的分配；被分立企业不存续的，其个人股东按收回投资缴纳个人所得税	是	国家税务总局公告 2011 年第 41 号②	无

① 见《财政部 国家税务总局关于个人非货币性资产投资有关个人所得税政策的通知》(财税〔2015〕41 号)。

② 见《国家税务总局关于个人终止投资经营收回款项征收个人所得税问题的公告》(国家税务总局公告 2011 年第 41 号)。

但需要注意的是，不同于企业所得税有特殊性税务处理的优惠待遇，国家并没有出台政策明确分立中的个人所得税处理，更没有给予税收优惠。如果采用上述观点 4，夏氏父子分立前后持股比例未发生变化，也没有取得现金收入，但需要缴纳 360 万元个人所得税，这将会阻碍企业重组。建议企业在实务中与主管税务机关进行沟通，了解其执行口径，以合理测算重组税负成本。

17.3　本章实战思考

合并是指将两家或几家公司合二为一或合多为一；分立是将一家公司一分为二或一分为多。合并和分立如同一枚硬币的正面和背面，在企业重组过程中扮演着不同的角色。不论是合并还是分立，均有一个特点，就是公司注销时，无须进行法律清算。

我在培训学员的过程中，经常会发现大家有个普遍的误区，即公司注销＝法律清算，法律清算＝税务清算。在此针对这些概念，再次做个提示：第一，税务清算并不意味着法律上要清算，比如合并和分立过程中，法律无须清算，但依然需要进行税务清算；第二，税务注销并不意味着工商注销。以企业迁址为例，法律上无须履行清算程序，也无须办理工商注销手续，但税务上需要办理税务清算和税务注销。这些概念不要发生混淆。

本章留给你一道思考题。本章讲解了如何将子公司变成分公司，那如何将分公司变成子公司呢？

你可以扫一扫本书封面的二维码，我会定期把我的思考以及我挑选的最棒的 10 个读者思考，分享给你。

CHAPTER 18
第 18 章

企业重组之资产剥离

有的企业以"胖"为美,努力通过兼并收购做大做强;有的企业以"瘦"为美,定期剥离部分资产以求瘦身。在企业剥离资产的过程中,会有哪些需要注意的涉税事项呢?我们将通过五一重工案例,讲解资产剥离的四种路径以及四种路径下的税务处理。

18.1 案例 31:五一重工

18.1.1 案例背景

五一重工[一]成立于 1993 年,是一家老牌的制造企业,公司资产主要包括两类:A 类资产是用于主业生产经营的,包括机器设备、存货、厂房、办公楼等;B 类资产是用于出租的,包括 1 万平方米的厂房和办公楼。

五一重工最近想做大主业,将副业剥离。恰好 B 类资产厂房和办公楼

[一] 五一重工是一家有限责任公司。本案例是根据真实案例改编而成。

的租约到期,于是五一重工的股东五一集团①决定,把五一重工的B类资产剥离到集团的一家新公司五一商管(见图18-1)。

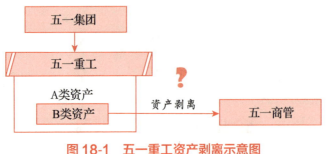

图 18-1　五一重工资产剥离示意图

18.1.2　资产剥离的四种路径

五一重工账上的B类资产转移至五一商管,有四种资产剥离路径:买卖、划转、投资、分立。这四种路径不仅适用于五一重工,任何一家公司想把资产剥离出体外,都可以套用这四种路径。另外,剥离的资产也不限于房产、土地,还可以包括股权、商标、专利、机器设备、存货等任何一项可以依法转让的资产。下面我们对四种剥离路径逐一进行讲解。

路径1:买卖

买卖路径的具体操作为:第一步,五一集团新成立一家全资子公司"五一商管";第二步,五一重工和五一商管签署资产买卖合同,五一重工将B类资产出售给五一商管,五一商管支付给五一重工货币资金(见图18-2)。

路径2:划转

我国法律并没有关于"划转"的明确定义。但因为在税收政策中多次

---

① 五一集团是一家有限公司。五一重工是五一集团的全资子公司。

出现了"划转"的概念,所以本书也采用了"划转"的表述方式。划转可以理解为,受同一实际控制人控制的企业集团,因管理体制改革、组织架构调整和资产重组等原因,将集团内整体或部分资产在不同的控股子公司之间无偿转移。划转的具体操作是:第一步,五一集团投资成立全资子公司五一商管;第二步,五一重工与五一商管签订资产划转合同,五一重工将B类资产划转给五一商管,五一商管不支付对价(见图18-3)。

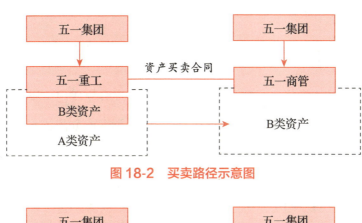

图 18-2　买卖路径示意图

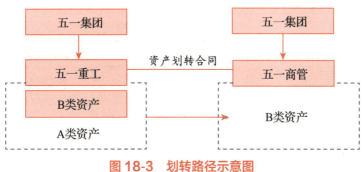

图 18-3　划转路径示意图

路径3:投资

投资的具体操作是:第一步,五一重工投资成立全资子公司五一商管;第二步,五一重工和五一商管签订投资合同,五一重工将B类资产评估作价后,投资到五一商管,增加五一商管的注册资本(见图18-4)。

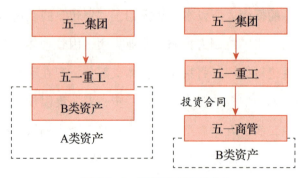

图 18-4 投资路径示意图

路径 4：分立

分立的具体操作为：五一重工到工商局办理分立登记，派生分立出一家公司五一商管。分立过程中，五一重工将 B 类资产分割转移至五一商管（见图 18-5）。

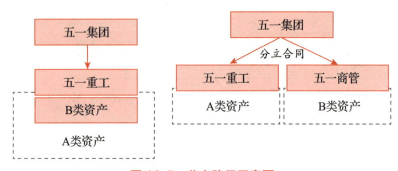

图 18-5 分立路径示意图

在实务中，最容易混淆的就是投资和分立。为了快速区分投资和分立，送你一个小口诀：投资出来的是儿子，分立出来的是兄弟。以五一重工为例，如果采用投资路径，新设立的五一商管，是五一重工的全资子公司；如果采用分立路径，分立出来新的公司五一商管，是五一重工的兄弟公司（见图 18-6）。

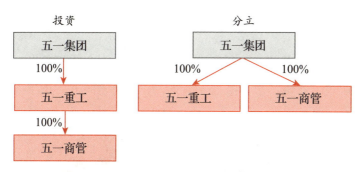

图 18-6　分立路径和投资路径差异示意图

这四种路径可谓是条条大路通罗马，但到达罗马只能走一条路，应该选择哪条路呢？这需要从两个维度进行考量：第一，需要做税负测算，以评估显性成本；第二，需要做时间测算，以评估隐性成本。

18.2　四种模式的税负

资产剥离过程中，涉及五大税种，分别是企业所得税、增值税、土地增值税、契税、印花税。为了进行更系统的比较，我们把四种路径的税负进行了汇总（见表 18-1）。

表 18-1　资产剥离税负对比表

税种	买卖	划转	投资	分立
企业所得税				
增值税				
土地增值税				
契税				
印花税				

表 18-1 的横表头，是四种剥离路径；表的纵表头，是五大税种。填写规则如下：如果剥离过程中没有税收优惠，正常纳税，填写"1"；如果剥离过程中有税收优惠，优惠的内容是递延纳税，填写"1-"；如果税收优惠是免税，填写"0"。

18.2.1　买卖路径税负

五一重工的 B 类资产，资产净值是 4 亿元。五一重工与五一商管签订资产买卖协议，将资产出售给五一商管，五一商管向五一重工支付货币资金（见图 18-7）。

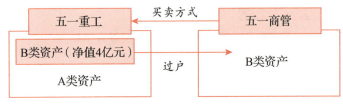

图 18-7　买卖路径交易示意图

五一重工和五一商管，需要承担哪些税负呢？

税种 1：企业所得税

五一重工和五一商管均属于五一集团的全资子公司，也就是说五一重工与五一商管属于兄弟公司。鉴于是兄弟公司之间的交易，双方采取了平价转让的方式，即五一重工以 4 亿元的价格将 B 类资产出售给五一商管。

五一重工的会计小赵认为，资产转让并未产生所得，因此五一重工不会产生企业所得税。会计小赵的理解正确吗？

会计小赵的理解存在偏颇。在第 7 章我们讲解过，企业所得税是法人税制。法人税制意味着，一个公司就是一个独立的纳税主体，换言之，在税法世界里，并不会因为两个公司之间有关联关系，而给予特殊的优待。我们通俗地称之为"亲兄弟明算账原则"。"亲兄弟明算账原则"有哪些具体体现呢？

第一，在税的世界里，不管是母子公司之间的交易，还是兄弟公司之间的交易，只要企业的资产权属发生改变，就需要确认企业所得税的收入。如果交易行为有对价，叫销售收入；如果没有收到对价，叫视同销售收入。

第二，企业与其关联方之间的业务往来，包括母子公司之间或兄弟公司之间的交易，应遵循独立交易原则，即所有公司之间的交易，应当按照公平成交价格和营业常规进行业务往来。如果税务机关发现，关联交易的定价不公允，从而导致减少企业或者其关联方应纳税收入或者所得额的，税务机关可能会启动反避税[一]。从理论层面上，公允价格就是独立交易原则下的市场交易价格；从实操层面上，税务机关认可的交易价格，一般不低于资产账面净值，如果交易的资产是房地产，税务机关还可能要求企业提供评估报告，以评估价作为公允价格。

税种 2：增值税

五一重工将 B 类资产出售给五一商管，如果是整体资产转让，有个特殊的税收政策：

> 在资产重组过程中，通过合并、分立、出售、置换等方式，将全部或者部分实物资产，以及与其相关联的债权、负债、劳动力一并转让的，涉及的不动产、土地使用权转让行为，不征收增值税。[二]

这个政策可以简单概括为，企业重组过程中，满足四类要素一并转让，不动产过户可不征收增值税。四类要素是资产、债权、债务、劳动力。资产、债权、债务的转让，相对容易理解。那什么叫作"劳动力转让"呢？劳动力转让，就是指员工和重组前公司解除劳动合同，和重组后公司重新签订劳动合同。依据这个政策，只要五一重工在资产出售过程中，满足四类要素一并转让，将不属于增值税征税范围。

[一] 见《一般反避税管理办法（试行）》（中华人民共和国国家税务总局令第 32 号）和《企业所得税法》第四十一条。
[二] 根据《财政部 国家税务总局关于全面推开营业税改征增值税试点的通知》（财税〔2016〕36 号）附件 2《营业税改征增值税试点有关事项的规定》"一、（二）5."内容整理。

但五一重工不缴纳增值税,真的是一件好事儿吗?增值税属于链条税①,只有上家缴纳了增值税销项税,下家才可以抵扣进项税。如果五一重工不缴纳增值税,五一商管还能抵扣增值税进项税吗?我们来看两个税收政策。

税收政策1:国家税务总局公告2016年第53号。

该文件规定,一旦上家五一重工选择了不缴纳增值税,将无法开具增值税专用发票②。那下家五一商管没有了增值税专用发票,可以抵扣进项税吗?我们继续看第2个税收政策。

税收政策2:国家税务总局公告2012年第55号。

该文件规定,如果上家办理了税务注销登记,其在办理注销登记前尚未抵扣的进项税额可结转至新纳税人处继续抵扣③。这意味着,如果上家不办理税务注销登记,其转移资产的进项税额是无法迁移到下家的。

假设五一重工的房产是从一家商贸公司购买的,五一重工取得了增值税专用发票,可以抵扣增值税进项税额1亿元。现在五一重工将资产、债权、债务、劳动力一并转让给五一商管。整体资产转让过程中,五一重工不缴纳增值税,销项税是0,五一商管的进项税也是0。

我们发现,增值税的链条随着不征税而断裂掉,五一重工的1亿元进项税额并不能随着正常的交易,转移到五一商管去抵扣。只有在五一重工办理税务注销登记的情况下,税务机关才会同意把五一重工进项税迁移至五一商管。这也就意味着,五一重工的1亿元进项税额只能留在该公司抵扣④,如果五一重工没有足够的销项税额去消化这1亿元的进项税额,会导致

---

① 关于增值税是链条税的内容可以参考本书第7章内容。
② 见《国家税务总局关于营改增试点若干征管问题的公告》(国家税务总局公告2016年第53号)第九条第(十一)项。
③ 见《国家税务总局关于纳税人资产重组增值税留抵税额处理有关问题的公告》(国家税务总局公告2012年第55号)第一条。
④ 根据《财政部 国家税务总局关于全面推开营业税改征增值税试点的通知》(财税〔2016〕36号)附件1:《营业税改征增值税试点实施办法》第二十七条的规定,"不征税"项目的进项税额允许抵扣。

五一重工形成大量留抵税额，占用资金。从交易双方的整体利益角度，不征增值税不但不能带来更大利益，反而损失了留抵进项税额的货币时间价值。

我们来做个小结。资产剥离中的增值税有两种处理方式：一种是正常纳税，即上家交销项，下家抵进项；还有一种是整体资产转让不征增值税，这种情况下，除非上家办理税务注销，否则增值税进项税额无法转移至下家，仅允许在上家继续抵扣。

税种3：土地增值税

假设B类资产中有房地产，该房地产的评估价格是5亿元，但五一重工选择以4亿元的价格将B类资产出售给兄弟公司五一商管。五一重工低价转让房地产的行为，会被税务机关征收土地增值税吗？

根据税法规定，转让房地产的成交价格低于房地产评估价格，又无正当理由的，税务机关有权力按照房地产评估价格计算征收土地增值税⊖。因此，五一重工存在被税务机关核定征收土地增值税的可能性。由此可见，"亲兄弟明算账原则"不仅仅是企业所得税适用的征税原则，也适用于其他税种。

税种4：契税

五一重工向五一商管出售B类资产，房地产过户需要五一商管缴纳契税，当地的税率为3%⊖。如果五一商管申报的成交价格明显偏低且无正当理由的，税务机关有权核定征收⊜。

⊖ 见《土地增值税暂行条例》第九条。
⊖ 《契税法》第三条规定，契税税率为百分之三至百分之五。契税的具体适用税率，由省、自治区、直辖市人民政府在前款规定的税率幅度内提出，报同级人民代表大会常务委员会决定，并报全国人民代表大会常务委员会和国务院备案。省、自治区、直辖市可以依照前款规定的程序对不同主体、不同地区、不同类型的住房的权属转移确定差别税率。
⊜ 《契税法》第四条规定，纳税人申报的成交价格、互换价格差额明显偏低且无正当理由的，由税务机关依照《中华人民共和国税收征收管理法》的规定核定。

税种 5：印花税

五一重工向五一商管出售 B 类资产，要根据资产类型来适用不同的税目和税率。出售的资产如为房地产和股权，适用"产权转移书据"税目，按万分之五税率贴花；出售的是非房地产、非股权类资产，则适用"购销合同"税目，按万分之三税率贴花；如果出售的既有房地产、股权，又有其他动产，买卖协议中将各类资产分开标注价格，则分别适用税率；如果没有分开标注，则全部适用万分之五的税率[①]。

现在将买卖路径各税种的税负进行填写（见表 18-2）。

表 18-2　资产剥离税负对比表

税种	买卖	划转	投资	分立
企业所得税	1			
增值税	1			
土地增值税	1			
契税	1			
印花税	1			

企业所得税：正常纳税，填写"1"；增值税：五一重工选择不整体转让资产，正常纳税，填写"1"；土地增值税：正常纳税，填写"1"；契税：正常纳税，填写"1"；印花税：正常纳税，填写"1"。

18.2.2　划转路径税负

五一重工的 B 类资产，账面净值是 4 亿元。五一重工和五一商管签订资产划转合同，合同中约定，五一重工将 B 类资产划转给五一商管，五一商管无须支付对价（见图 18-8）。

---

① 《中华人民共和国印花税暂行条例施行细则》（以下简称《印花税暂行条例施行细则》）第十七条，同一凭证，因载有两个或者两个以上经济事项而适用不同税目税率，如分别记载金额的，应分别计算应纳税额，相加后按合计税额贴花；如未分别记载金额的，按税率高的计税贴花。

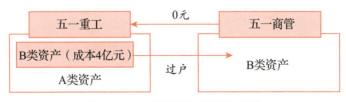

图 18-8　划转路径交易示意图

请问五一重工和五一商管要交税吗？

税种 1：企业所得税

企业将资产用划转的方式剥离，是否需要缴纳企业所得税？"法人税制"原理告诉我们，答案并不取决于企业是否收到对价，而是取决于 B 类资产是否发生了资产权属转移。本案例中，五一重工需要将 B 类资产过户给五一商管，所以，五一重工需要视同销售。具体可以用分解原理：在税法世界里，五一重工将 B 类资产卖了，卖的钱划转给五一商管。

考虑到划转过程中，划出资产的一方缺乏纳税必要资金，所以国家给予了有条件的税收优惠。税收优惠适用的前提条件[一]如表 18-3 所示。在本案例中，五一重工属于第四种情况，因为满足优惠适用条件，所以可申请享受"上家不交，下家不扣"的优惠。

税种 2：增值税

根据税法的规定，五一重工划转资产给五一商管，虽然没有收到对价，但依然要视同销售，缴纳增值税[二]。五一重工缴纳增值税后，可以开具增值

[一] 见《财政部 国家税务总局关于促进企业重组有关企业所得税处理问题的通知》（财税〔2014〕109 号）和《国家税务总局关于资产（股权）划转企业所得税征管问题的公告》（国家税务总局公告 2015 年第 40 号）。

[二] 《财政部 国家税务总局关于全面推开营业税改征增值税试点的通知》（财税〔2016〕36 号）附件 1《营业税改征增值税试点实施办法》第十四条规定："下列情形视同销售服务、无形资产或者不动产：……（二）单位或者个人向其他单位或者个人无偿转让无形资产或者不动产，但用于公益事业或者以社会公众为对象的除外。……"

税专用发票[一]，五一商管取得发票后可以作为进项税额进行抵扣[二]。

表18-3　划转企业所得税优惠表

	适用条件	优惠内容
通用条件	具有合理商业目的、不以减少、免除或者推迟缴纳税款为主要目的；股权或资产划转后连续12个月内不改变被划转股权或资产原来实质性经营活动；划出方企业和划入方企业均未在会计上确认损益的	划出方企业和划入方企业均不确认所得；划入方企业取得被划转股权或资产的计税基础，以被划转股权或资产的原账面净值确定；划入方企业取得的被划转资产，应按其原账面净值计算折旧扣除
第1种	100%直接控制的母子公司之间，母公司向子公司按账面净值划转其持有的股权或资产，母公司获得子公司100%的股权支付	母公司按增加长期股权投资处理，子公司按接受投资（包括资本公积，下同）处理。母公司获得子公司股权的计税基础以划转股权或资产的原计税基础确定
第2种	100%直接控制的母子公司之间，母公司向子公司按账面净值划转其持有的股权或资产，母公司没有获得任何股权或非股权支付	母公司按冲减实收资本（包括资本公积）处理，子公司按接受投资处理
第3种	100%直接控制的母子公司之间，子公司向母公司按账面净值划转其持有的股权或资产，子公司没有获得任何股权或非股权支付	母公司按收回投资处理，或按接受投资处理，子公司按冲减实收资本处理。母公司应按被划转股权或资产的原计税基础，相应调减持有子公司股权的计税基础
第4种	受同一或相同多家母公司100%直接控制的子公司之间，在母公司主导下，一家子公司向另一家子公司按账面净值划转其持有的股权或资产，划出方没有获得任何股权或非股权支付	划出方按冲减所有者权益处理，划入方按接受投资处理

[一]《国家税务总局关于增值税若干征收问题的通知》(国税发〔1994〕122号)第三条规定，一般纳税人将货物无偿赠送给他人，如果受赠者为一般纳税人，可以根据受赠者的要求开具专用发票。

[二]《财政部 国家税务总局关于全国实施增值税转型改革若干问题的通知》(财税〔2008〕170号)第一条规定，自2009年1月1日起，增值税一般纳税人购进（包括接受捐赠、实物投资，下同）或者自制（包括改扩建、安装，下同）固定资产发生的进项税额，可根据《增值税暂行条例》和《增值税暂行条例实施细则》的有关规定，凭增值税专用发票、海关进口增值税专用缴款书和运输费用结算单据从销项税额中抵扣，其进项税额应当记入"应交税金——应交增值税（进项税额）"科目。

五一重工在划转资产给五一商管的过程中,并没有取得对价,也就是不存在销售额,那五一重工应该按什么计税价格,计算缴纳增值税呢?

根据税法的规定㊀,纳税人因为视同销售而无销售额的,可以按照下列顺序确定销售额:①按照纳税人最近时期销售同类服务、无形资产或者不动产的平均价格确定;②按照其他纳税人最近时期销售同类服务、无形资产或者不动产的平均价格确定;③按照组成计税价格㊁确定。

在本案例中,由于五一重工没有最近同期同类的平均销售价格,所以可以用组成计税价格计算销售额:五一重工视同销售的组成计税价格 = 成本 4 亿元 ×(1+ 成本利润率 10%㊂)= 4.4 亿元。

税种 3:土地增值税

根据《土地增值税暂行条例实施细则》㊃规定,只有以出售或者其他方式有偿转让房地产的行为才属于土地增值税的征税范围,并不包括以继承、赠与方式无偿转让房地产的行为。那五一重工划转房地产给五一商管,是否属于"赠与"方式呢?财税字〔1995〕48 号文件㊄规定,只有两种方式的赠与可以不交土地增值税。

赠与情形 1:直系亲属之间㊅

房产所有权人、土地使用权人将房屋产权、土地使用权赠与直系亲属

㊀ 见《财政部 国家税务总局关于全面推开营业税改征增值税试点的通知》(财税〔2016〕36 号)附件 1《营业税改征增值税试点实施办法》第四十四条。

㊁ 根据《财政部 国家税务总局关于全面推开营业税改征增值税试点的通知》(财税〔2016〕36 号)附件 1《营业税改征增值税试点实施办法》第四十四条的规定,组成计税价格的公式为:组成计税价格 = 成本 ×(1+ 成本利润率)。

㊂ 见《国家税务总局关于印发〈增值税若干具体问题的规定〉的通知》(国税发〔1993〕154 号)第二条第(四)项的规定。

㊃ 见《中华人民共和国土地增值税暂行条例实施细则》(财法字〔1995〕6 号)第二条。

㊄ 见《财政部 国家税务总局关于土地增值税一些具体问题规定的通知》(财税字〔1995〕48 号)第四条。

㊅ 该直系亲属包含了承担直接赡养义务的人。

或承担直接赡养义务人的，无须缴纳土地增值税。那五一商管和五一重工，是否属于直系亲属呢？显然是不属于！因为直系亲属只能适用于自然人之间，而不能是法人之间或法人与自然人之间。

赠与情形2：公益性捐赠

房产所有权人、土地使用权人通过中国境内非营利的社会团体、国家机关将房屋产权、土地使用权赠与教育、民政和其他社会福利、公益事业的，无须缴纳土地增值税。也就是说，公益性捐赠必须满足两个条件：第一，通过中国境内非营利的社会团体⊖或者国家机关实施赠予行为；第二，房产和土地用于教育、民政和其他社会福利、公益事业。

由于五一重工划转不属于上述两种"赠与"中的任何一种，因此需要视同销售，缴纳土地增值税。五一重工并没有真正取得销售收入，其收入应按下列方法和顺序确认：①按本企业在同一地区、同一年度销售的同类房地产的平均价格确定；②由主管税务机关参照当地当年、同类房地产的市场价格或评估价值确定⊜。

税种4：契税

根据税法的规定，土地使用者以赠与方式将土地使用权转让给其他单位和个人的行为属于契税的征税范围⊜，但同一投资主体内部所属企业之间土地、房屋权属的划转可以享受免征契税的待遇，包括母公司与其全资子

⊖ 社会团体是指中国青少年发展基金会、希望工程基金会、宋庆龄基金会、减灾委员会、中国红十字会、中国残疾人联合会、全国老年基金会、老区促进会以及经民政部门批准成立的其他非营利的公益性组织。

⊜ 见《国家税务总局关于房地产开发企业土地增值税清算管理有关问题的通知》（国税发〔2006〕187号）第三条和《国家税务总局关于印发〈土地增值税清算管理规程〉的通知》（国税发〔2009〕91号）第十九条。

⊜ 见《中华人民共和国契税暂行条例细则》（财法字〔1997〕52号）第六条。

公司之间，同一公司所属全资子公司之间，同一自然人与其设立的个人独资企业、一人有限公司之间土地、房屋权属的划转㊀。

五一重工和五一商管均为同一投资主体内部所属全资子公司，因此彼此之间划转房地产，免征契税。

税种 5：印花税

根据税法的规定，不动产的所有权转移所立的书据需要贴花㊁。该所有权转移方式包括买卖（出售）、继承、赠与、交换、分割等㊂。所以五一重工划转不动产 B 类资产给五一商管，双方需要对所订立的协议贴花，税目为"产权转移书据"，税率为万分之五，计税价格税法没有明确规定，实务中一般按五一重工划转资产的账面价格确定㊃。

对于五一重工划转的非不动产资产，例如机器设备和存货，资产划转合同是否需要贴花？根据税法的规定，只有在中华人民共和国境内书立应税凭证、进行证券交易的单位和个人，才是印花税的纳税义务人㊄。而税法列举的凭证并不包括划转或赠与导致的非产权转移书据，而且印花税也不存在视同销售的概念，所以划转机器设备、存货等非产权转移书据，无须贴花㊅。

现在填写划转路径各税种的税负（见表 18-4）。企业所得税，有递延纳

㊀ 见《财政部 税务总局关于继续实施企业、事业单位改制重组有关契税政策的公告》（财政部税务总局公告 2023 年第 49 号）第六条。

㊁ 根据《印花税法》附件《印花税税目税率表》。

㊂ 根据《印花税法》附件《印花税税目税率表》，转让包括买卖（出售）、继承、赠与、互换、分割。

㊃ 由于税法并没有对划转中的不动产转移如何确定计税价格做出明确规定，实际操作中，各地税务机关的口径可能会有所不同，比如以划转资产的账面价格确定，或者以划转资产的评估价格确定。

㊄ 见《印花税法》（中华人民共和国主席令第八十九号）第一条。

㊅ 实务中也存在个别税务局要求企业按划转资产公允价格贴花，建议企业积极与主管税务机关沟通。

税税收优惠，填写"1-"；增值税，视同销售，填写"1"；土地增值税：视同销售，填写"1"；契税：有免税优惠，填写"0"；印花税：正常纳税，填写"1"。

表 18-4 资产剥离税负对比表

税种	买卖	划转	投资	分立
企业所得税	1	1-		
增值税	1	1		
土地增值税	1	1		
契税	1	0		
印花税	1	1		

18.2.3 投资路径税负

五一重工将 B 类资产（资产净值 4 亿元，评估作价 5 亿元）投资到五一商管，五一商管增加 5 亿元的注册资本（见图 18-9）。

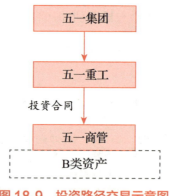

图 18-9 投资路径交易示意图

请问：五一重工和五一商管要交税吗？

我们在第 7 章讲解过非货币资产投资的税负。试试把表 18-5 填写完整，复习检验一下曾经学习过的知识点。

表 18-5 投资路径税务处理总结表

税种	纳税人	纳税规则
企业所得税	五一重工	
增值税	五一重工	
土地增值税	五一重工	
契税	五一商管	
印花税	五一重工和五一商管	

复习完投资路径各税种的纳税规则,我们把资产剥离税负对比表中的"投资"一列填上。企业所得税,有递延纳税税收优惠,填写"1-";增值税,视同销售,填写"1"。土地增值税:暂不征收,填写"1-";契税:有免税优惠,填写"0";印花税:正常纳税,填写"1"。具体如表18-6所示。

表 18-6 资产剥离税负对比表

税种	买卖	划转	投资	分立
企业所得税	1	1-	1-	
增值税	1	1	1	
土地增值税	1	1	1-	
契税	1	0	0	
印花税	1	1	1	

18.2.4 分立路径税负

五一重工的 B 类资产,资产净值 4 亿元。五一重工将 B 类资产,分割至新设立的五一商管,五一商管以 B 类资产原账面净值入账(见图 18-10)。

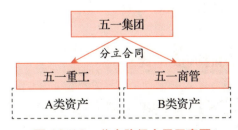

图 18-10 分立路径交易示意图

请问：五一重工和五一商管要交税吗？

我们在第 17 章讲解过分立的税务处理。试试把表 18-7 填写完整，复习检验一下曾经讲解过的知识点。

表 18-7　分立路径税务处理总结表

税种	纳税人	纳税规则
企业所得税	五一重工和五一集团	
增值税	五一重工	
土地增值税	五一重工	
契税	五一商管	
印花税	五一重工和五一商管	

复习完分立路径各税种的纳税规则，我们把资产剥离税负对比表中的"分立"一列填上。企业所得税，有递延纳税税收优惠，填写"1-"；增值税，视同销售，填写"1"；土地增值税：暂不征收，填写"1-"；契税：有免税优惠，填写"0"；印花税：正常纳税，填写"1"。具体如表 18-8 所示。

表 18-8　资产剥离税负对比表

税种	买卖	划转	投资	分立
企业所得税	1	1-	1-	1-
增值税	1	1	1	1
土地增值税	1	1	1-	1-
契税	1	0	0	0
印花税	1	1	1	1

由于印花税金额小，决策时，我们可以忽略不计。我们会发现，投资和分立路径是不错的选择。

18.3　四种路径的时间成本比较

俗话说，夜长梦多，日久生变。所以，一个税务规划方案能否落地，一定要结合时间成本做综合考量。下面，从法律流程角度来评估一下四种路径所消耗的时间成本。我们选取几个关键的节点，分别是股东会决议、登报公告、评估报告、工商局、债权人、国土局、房产局、税务机关，来做流程时间成本评估（见表18-9）。

表18-9 资产剥离时间成本评估表

	买卖	划转	投资	分立
股东会	看公司章程①	看公司章程	看公司章程	需要②
登报公告	不需要	不需要	不需要	需要③
评估报告	一般不需要④	一般需要⑤	需要	一般不需要
工商局	不需要	不需要	需要	需要
国土/房产局	需要	需要	需要	需要
债权人	一般不需要⑥	一般不需要⑦	不需要	需要
税务局	正常纳税	需要申请2次优惠⑧	需要申请2次优惠⑨	需要申请2次优惠⑩
流程耗时	★	★★	★★★	★★★★

① 如果公司章程对重大的资产处置，要求股东会决议，则需要走流程，反之，则不需要。划转和投资同理。
② 《公司法》第六十六条第三款规定："股东会作出修改公司章程、增加或者减少注册资本的决议，以及公司合并、分立、解散或者变更公司形式的决议，应当经代表三分之二以上表决权的股东通过。"
③ 《公司法》第二百二十二条第二款规定："公司分立，应当编制资产负债表及财产清单。公司应当自作出分立决议之日起十日内通知债权人，并于三十日内在报纸上或者国家企业信用信息公示系统公告。"
④ 一般情况下，企业之间买卖资产并不需要评估报告，经双方协商交易价格即可，但如果税务机关认为交易价格明显偏低且没有合理理由，可能会出于反避税的需要，要求企业提供评估报告。
⑤ 如果划转不满足不征土地增值税的条件，则需要提供评估报告作为计税价格的依据。
⑥⑦ 如借款协议中对借款人的资产处置做出约定，或者借款人以公司资产作为担保，应通知债权人。
⑧ 第1次申请税收优惠，在房屋土地过户前，企业需要到税务机关开具税务证明。开具税务证明涉及三个税种：土地增值税，正常纳税；契税，可申请免税待遇；增值税，正常纳税。第2次申请税收优惠，在五一重工企业所得税汇算清缴时，填写特殊性税务处理相关报告表。
⑨ 第1次申请税收优惠，在房屋土地过户前，企业需要到税务机关开具税务证明。开具税务证明涉及三个税种：土地增值税，申请不交；契税，可申请免税待遇；增值税，正常纳税。第2次申请税收优惠，在五一重工企业所得税汇算清缴时，填写特殊性税务处理相关报告表。
⑩ 第1次申请税收优惠，在房屋土地过户前，企业需要到税务机关开具税务证明。开具税务证明涉及三个税种：土地增值税，申请不交；契税，可申请免税待遇；增值税，正常纳税。第2次申请税收优惠，在五一重工企业所得税汇算清缴时，填写特殊性税务处理相关报告表。

资产剥离时间成本评估表填写完毕后，我们做一个对比。如果说，星号越多代表流程越复杂，消耗的时间成本越高，按照时间成本由高至低排序，依次是分立、投资、划转、买卖。最后，五一重工综合考量税负成本和时间成本后，选择了投资路径。

18.4　本章实战思考

曾有一位企业家学员，听我讲解完五一重工案例，如获至宝，回公司后就开始指挥高管，声称以后资产剥离全部用"投资路径"。五一重工案例通过税负成本和时间成本的综合比较，得出投资是最优的路径，但并不代表投资路径对每家企业而言都是最优的。由于在实务中每家企业的情况千差万别，所以只有针对个案"量体裁衣"进行个性化分析，才能得出恰当的结论。

| PART 4 |

第四部分

公司上市

赛车过程中，最危险的地方就是赛道中拐弯的地方。经营企业同理，一旦公司进入拟上市阶段，将意味着步入实业运营和资本运营双轮驱动的阶段。在这个阶段，企业家驾驭得好，企业就可以开启产融互动的新征程；驾驭得不好，企业就可能被资本绑架，被踢出局。面对上市，企业家有非常多的课题，而明确自己在上市过程中需要承担的税负，避开上市过程中的税收陷阱，以及结合税负对个人财富提前规划也是其中的重要课题。本部分，笔者精心挑选了上市过程中最常见的股东动作，包括上市基础税政、拟上市公司股权架构、股权代持、股份改制、股权激励的涉税处理，以便拟上市公司更好地结合税务规划设计自己的资本之路。

CHAPTER 19
第 19 章

公司上市之基础税政

如果说一只美丽的蝴蝶,是从蛹蜕化而来的,那么一家优秀的公司也可能会经历 3 个阶段:有限公司阶段、拟上市公司阶段、上市公司阶段。这 3 个阶段无论是股权治理、资本运作,还是财务管控、组织架构,都会有所不同。本章将从股东的角度,系统梳理不同阶段的股权基础税政。

19.1 案例 32:梦想公司[一]

高帅、付豪、白妞是梦想公司在不同阶段的股东代表。高帅,是梦想公司在未上市阶段的小股东;付豪是带领梦想公司从未上市走向上市的大股东;白妞,是梦想公司上市后从二级市场购买其股票的小股民(见图 19-1)。

上市的"市"是指证券交易所。我国目前有上交所、深交所和北交所三大证券交易所。企业一旦上市,股东拥有的"股权",将变成流动性极强的"股票"。因为上市后的股票拥有仅次于现金的流动性,所以,税法将上

[一] 本案例是根据真实案例改编而成。

市后的股票认定为"金融商品"。

图 19-1　不同类型股东的示意图

19.2　未上市和已上市公司股东

我们首先从转股和分红两个维度，对比未上市有限公司股东高帅和已上市股份公司股东白妞的税负。

19.2.1　转股

拥有未上市公司股权的高帅，和拥有已上市公司股票的白妞，将股权、股票转让时，税务处理差异如表 19-1 所示。

第一，高帅的股权登记在工商局，白妞的股票登记在中登公司。

第二，高帅转让其持有的梦想公司的股权，纳税地点为梦想公司主管税务机关所在地；白妞卖股票，纳税地点在办理资金开户的证券公司所在地，因为大部分证券公司在全国各地都有营业厅，因此白妞可以自主选择纳税地点。但实务中，白妞并不用花时间去选择，因为从 1997 年开始，为了支持资本市场，国家就开始对个人转让上市公司股票所得免征个税⊖，也

⊖　见《财政部 国家税务总局关于个人转让股票所得继续暂免征收个人所得税的通知》（财税字〔1998〕61号）。

就是白妞在二级市场炒股赚钱并不需要缴纳个人所得税。

表 19-1 个人卖股税负差异表

		高帅	白妞
转让标的		未上市公司股权	上市公司非限售股股票
登记机关		工商局	中登公司①
个人所得税	纳税地点	被投资公司所在地②	开户的证券机构所在地③
	税收优惠	没有免税待遇	买卖股票所得免个税
	代扣代缴	受让方代扣代缴	不适用
增值税	征税范围	否	是④
	税收优惠	不涉及	免税待遇⑤

① 中登公司全称为中国证券登记结算有限公司。
② 见本书第 14 章内容。
③ 见《财政部 国家税务总局 证监会关于个人转让上市公司限售股所得征收个人所得税有关问题的通知》(财税〔2009〕167 号)第四条。
④ 见《财政部 国家税务总局关于全面推开营业税改征增值税试点的通知》(财税〔2016〕36 号)附件 1《营业税改征增值税试点实施办法》附《销售服务、无形资产、不动产注释》"一、(五) 4."。
⑤ 见《财政部 国家税务总局关于全面推开营业税改征增值税试点的通知》(财税〔2016〕36 号)附件 3《营业税改征增值税试点过渡政策的规定》"一、(二十二) 5."。

第三，高帅买卖股权并不属于增值税的征税范围，但白妞买卖上市公司的股票就不同了，因为股份一旦上市，就拥有了极强的流动性，变为金融商品，白妞买卖金融商品属于增值税的征税范围。但实务中，白妞并不用担心增值税，因为国家为了支持资本市场，对个人转让股票所得给予免增值税的待遇。

19.2.2 分红

高帅和白妞从企业取得分红时，税务处理差异如表 19-2 所示。

高帅和白妞取得分红的个税，均在被投资企业所在地纳税。高帅取得股息红利没有个人所得税税收优惠，但国家为了鼓励和引导股民长期持股进行价值投资，对个人从公开发行和转让市场取得的上市公司股票，持股期限超过 1 年的，股息红利所得暂免征收个人所得税。白妞如果持有梦想公司股票达到 1 年以上，从该公司取得的分红可以享受免税待遇。高帅和白妞的个税均由被投资企业代扣代缴。高帅和白妞从企业取得的股息红利，不是金融商品，所以不属于增值税征税范围。

表 19-2　个人分红税负差异表

		高帅	白妞
被投资公司		未上市公司	上市公司
登记机关		工商局	中登公司
个人所得税	纳税地点	被投资公司所在地	上市公司所在地
	税收优惠	没有免税待遇	持股超 1 年免个税[一]
	代扣代缴	梦想公司代扣代缴	上市公司代扣代缴
增值税	征税范围	否	否
	税收优惠	不涉及	不涉及

19.3　跨越上市的股东

付豪是梦想公司的创始人，带领公司用 9 年的时间成功上市。如果说，未上市的有限公司是蝌蚪，上市公司是青蛙，付豪持股的公司则经历了从蝌蚪变成青蛙的过程。随着梦想公司的成功上市，付豪持有梦想公司的股权，发生了质的变化，由"上市前的股权"变成"上市后的限售股"。那什么是限售股呢？

19.3.1　限售股的前世今生

在税法里，有两个政策文件对限售股的定义给予了明确，分别是财税

[一] 见《财政部 国家税务总局 证监会关于上市公司股息红利差别化个人所得税政策有关问题的通知》(财税〔2015〕101 号)。

〔2009〕167号㊀和财税〔2010〕70号㊁。下面将详细介绍两个政策的出台背景和具体内容。

政策1：财税〔2009〕167号文件出台背景——陈发树避税案

紫金矿业（601899）于2008年在A股主板上市。该公司在上市前有两个小股东：新华都百货和新华都实业㊂。2007年2月，紫金矿业尚未申报IPO，新华都实业和新华都百货按照股票面值0.1元/股作价，将持有紫金矿业的3.5亿股股票转让给陈发树，转让价格合计3 500万元。明知紫金矿业上市必然产生大幅溢价收益，这两家公司为何如此慷慨，把紫金矿业的股份以这么低的价格转让给陈发树呢？这是因为新华都百货和新华都实业的实际控制人都是陈发树，也就是说，这是一个左手倒右手的"股权大挪移"（见图19-2）。

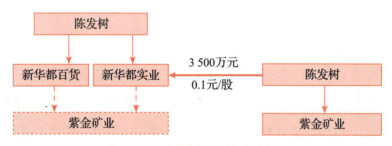

图19-2 陈发树股份转让路径图

为什么陈发树要抢在紫金矿业上市前，将"持股公司间接架构"变为"自然人直接架构"呢？我们来对比下股权架构调整前后转股的税负（见

㊀《财政部 国家税务总局 证监会关于个人转让上市公司限售股所得征收个人所得税有关问题的通知》（财税〔2009〕167号）。

㊁《财政部 国家税务总局 证监会关于个人转让上市公司限售股所得征收个人所得税有关问题的补充通知》（财税〔2010〕70号）。

㊂ 新华都百货的全称为福建新华都百货有限责任公司；新华都实业的全称为新华都实业集团股份有限公司。

图 19-3）。

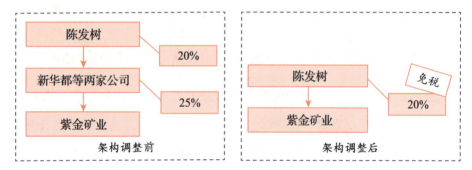

图 19-3　陈发树架构调整前后税负对比图

如果紫金矿业以调整前的股权架构上市，公司上市后，新华都等两家公司出售紫金矿业的股票，取得的所得需要缴纳 25% 的企业所得税，新华都等两家公司分红给陈发树，陈发树需要缴纳 20% 的个税，整体税负将高达 40%[一]；如果紫金矿业以调整后的股权架构上市，陈发树作为上市公司的股东，转让股票所得，免征个人所得税[二]。

我们为陈发树计算架构调整为其带来的税收利益。2008 年 4 月，紫金矿业在 A 股上市。2009 年 4 月，陈发树持有的紫金矿业股票解禁。随后，陈发树开始减持套现，从 2009 年 4 月至 7 月，仅 3 个月，其套现金额就高达 27 亿元，由于成本只有 3 500 多万元，转让股票所得将近 27 亿元。因为国家给予个人转让上市公司股票所得以免税待遇，所以，陈发树连一分钱的个税都无须缴纳。但如果陈发树在紫金矿业上市前，没有调整股权架构，陈发树和新华都等两家公司需要对近 27 亿元所得缴纳 10.8 亿元的所得税[三]。

[一] 详细讲解见本书第 2 章。
[二] 见《财政部 国家税务总局关于个人转让股票所得继续暂免征收个人所得税的通知》（财税字〔1998〕61 号），从 1997 年 1 月 1 日起，对个人转让上市公司股票取得的所得继续暂免征收个人所得税。
[三] 计算公式为：27 亿元 ×25%+27 亿元 ×（1−25%）×20%=10.8 亿元。

国家给予转让上市公司股票以免征个税的优惠，本意是为了促进股市稳定健康发展，但类似陈发树的原始股东，竟利用国家给予的税收优惠，规避资本利得的全部个税，显然不利于税制公平。2009年12月31日，财政部和国家税务总局联手证监会，共同出台了财税〔2009〕167号文件[○]。该文件规定，自2010年1月1日起，对个人转让限售股取得的所得，按照财产转让所得，适用20%的比例税率征收个人所得税。该文件中的限售股不仅包括股改限售股[○]，也包含新股限售股。其中新股限售股是指首次公开发行股票并上市的公司形成的限售股，以及上市首日至解禁日期间由上述股份孳生的送、转股。自此，"陈发树模式"的税收漏洞被堵死。

政策2：财税〔2010〕70号文件出台背景——ETF基金避税案

财税〔2009〕167号文件出台后，限售股告别了无税时代，被纳入个税的征收范围，但市场上开始流行限售股避税工具"ETF基金"。

ETF基金（exchange traded fund），是一种在交易所上市交易的、基金份额可变的开放式基金。ETF基金避税方案的具体操作为：第一步，股东在限售股解禁后，用限售股去换取ETF基金份额。由于财税〔2009〕167号文件仅规定了转让限售股所得需要缴纳个税，而用限售股换取ETF基金份额，并不在征收范围内。第二步，股东再将ETF基金份额出售。由于ETF不是限售股，所以也不在个税的征税范围内。ETF避税交易结构如图19-4所示。

○ 《财政部 国家税务总局 证监会关于个人转让上市公司限售股所得征收个人所得税有关问题的通知》（财税〔2009〕167号）。

○ 股改限售股是指上市公司股权分置改革完成后股票复牌日之前股东所持原非流通股股份，以及股票复牌日至解禁日期间由上述股份孳生的送、转股。

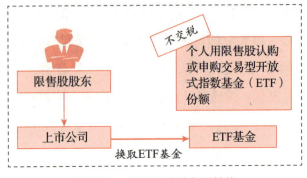

图 19-4　ETF 避税交易结构

为了堵塞税收漏洞，财政部、国家税务总局再度联手证监会，出台了财税〔2010〕70 号文件。该文件将以下各种形式的限售股全部纳入征税范围：

（1）财税〔2009〕167 号文件规定的限售股；

（2）个人从机构或其他个人受让的未解禁限售股；

（3）个人因依法继承或家庭财产依法分割取得的限售股；

（4）个人持有的从代办股份转让系统转到主板市场（或中小板、创业板市场）的限售股；

（5）上市公司吸收合并中，个人持有的原被合并方公司限售股所转换的合并方公司股份；

（6）上市公司分立中，个人持有的被分立方公司限售股所转换的分立后公司股份；

（7）其他限售股。

另外，该文件还穷尽了限售股转让的各种情形：

（1）个人通过证券交易所集中交易系统或大宗交易系统转让限售股；

（2）个人用限售股认购或申购交易型开放式指数基金（ETF）份额；

（3）个人用限售股接受要约收购；

（4）个人行使现金选择权将限售股转让给提供现金选择权的第三方；

（5）个人协议转让限售股；

（6）个人持有的限售股被司法扣划；

（7）个人因依法继承或家庭财产分割让渡限售股所有权；

（8）个人用限售股偿还上市公司股权分置改革中由大股东代其向流通股股东支付的对价；

（9）其他具有转让实质的情形。

自此，个人转让上市公司限售股的税收漏洞全部被堵死。

限售股又该如何纳税呢？下面将区分转股和分红两种场景并进行讨论。

19.3.2　限售股转让

了解了限售股政策出台的背景后，我们看看付豪将持有的梦想公司的限售股转让的税务处理。

假设梦想公司成立于2003年，公司在2012年上市。付豪在公司上市时，持有1亿股梦想公司的股票，该1亿股股票在2015年解禁。2016年付豪将1亿股股票全部减持套现。可以用以下两个步骤计算付豪的个人所得税。

第一步：判断是否纳税

因为付豪转让的1亿股股票属于首次公开发行股票并上市的公司形成的限售股，即"新股限售股"，所以需要缴纳个人所得税。

第二步：确定应纳税额

应纳税额 =［限售股转让收入 －（限售股原值 + 合理税费）］× 20%

注：根据《财政部 国家税务总局 证监会关于个人转让上市公司限售股所得征收个人所得税有关问题的通知》(财税〔2009〕167号)第三条的规定，限售股转让收入，是指转让限售股股票实际取得的收入。限售股原值，是指限售股买入时的买入价及按照规定缴纳的有关费用。合理税费，是指转让限售股过程中发生的印花税、佣金、过户费等与交易相关的税费。

这里重点讲解限售股原值⊖。自2012年3月1日起，上市公司在向中登公司申请办理股份初始登记时，需要报送限售股成本原值资料和鉴证报告⊖。中登公司将根据实际转让收入和植入证券结算系统的标的限售股成本原值，以实际转让收入减去成本原值和合理税费后的余额，适用20%税率，直接计算需扣缴的个人所得税额。如果上市公司在申请办理股份初始登记时，确实无法提供有关成本原值资料和鉴证报告，中登公司在完成股份初始登记后，将以实际转让收入的15%核定限售股成本原值和合理税费（见图19-5）。

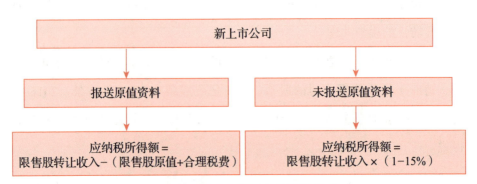

图19-5 转让限售股所得计算公式

下面我们将转让限售股的税政进行汇总，如表19-3所示。

⊖ 见《财政部 国家税务总局关于证券机构技术和制度准备完成后个人转让上市公司限售股有关个人所得税问题的通知》(财税〔2011〕108号)。

⊖ 包含会计师事务所或税务师事务所对该资料出具的鉴证报告。

表 19-3　转让限售股税负总结

事项		税务规则
转让标的		上市公司限售股
登记机关		中登公司
个人所得税	征税范围	是，税率 20%①
	纳税地点	个人开户的证券机构所在地②
	税收优惠	无
	代扣代缴	个人开户的证券机构③
增值税	征税范围	是④
	税收优惠	享受免税待遇⑤

① 见《财政部 国家税务总局 证监会关于个人转让上市公司限售股所得征收个人所得税有关问题的通知》（财税〔2009〕167 号）和《财政部 国家税务总局 证监会关于个人转让上市公司限售股所得征收个人所得税有关问题的补充通知》（财税〔2010〕70 号）。

②③ 见《关于个人转让上市公司限售股所得征收个人所得税有关问题的通知》（财税〔2009〕167 号）第四条。

④ 见《财政部 国家税务总局关于全面推开营业税改征增值税试点的通知》（财税〔2016〕36 号）附件 1《营业税改征增值税试点实施办法》。

⑤ 见《财政部 国家税务总局关于全面推开营业税改征增值税试点的通知》（财税〔2016〕36 号）附件 3《营业税改征增值税试点过渡政策的规定》"一、（二十二）5."。

19.3.3　限售股分红

梦想公司在上市前，付豪从梦想公司取得的股息红利，需要缴纳 20% 的个人所得税。梦想公司上市后，付豪从上市公司取得的股息红利，是否还需要纳税呢（见表 19-4）？

表 19-4　限售股分红税负总结

事项		税务规则
被投资公司		上市公司
登记机关		中登公司
个人所得税	征税范围	是
	纳税地点	上市公司所在地

(续)

事项		税务规则
个人所得税	税收优惠[①]	解禁前取得的股息红利，税率10%；解禁后取得的股息红利，持股时间[②]超1年，免税；解禁后取得的股息红利，持股时间超1个月不满1年，税率10%；解禁后取得股息红利，持股时间不满1个月，税率20%
	代扣代缴	上市公司代扣代缴[③]
增值税	征税范围	否
	税收优惠	不适用

[①] 见《财政部 国家税务总局 证监会关于实施上市公司股息红利差别化个人所得税政策有关问题的通知》（财税〔2012〕85号）和《财政部 国家税务总局 证监会关于上市公司股息红利差别化个人所得税政策有关问题的通知》（财税〔2015〕101号）。

[②] 持股时间自解禁日起计算。

[③] 见《财政部 国家税务总局 证监会关于实施上市公司股息红利差别化个人所得税政策有关问题的通知》（财税〔2012〕85号）第二条。

19.4 三类股东税负总结

下面区分个人股东和公司股东，对未上市公司股权、上市公司限售股、上市公司非限售股，在分红和转股场景下的税务处理进行归纳总结。

19.4.1 个人股东

场景1：转股

高帅（拥有未上市公司股权）、付豪（拥有上市公司限售股）、白妞（拥有上市公司非限售股），三类股东转股的税负并不相同，具体如表19-5所示。

表19-5 三类股东转股税负总结

	高帅	付豪	白妞
个人所得税	交	限售股交	免
增值税	不涉及	免	免

场景 2：分红

高帅（拥有未上市公司股权）、付豪（拥有上市公司限售股）、白妞（拥有上市公司非限售股），三类股东分红的税负并不相同，具体如表 19-6 所示。

表 19-6　三类股东分红税负总结

	高帅	付豪	白妞
个人所得税	交	有优惠	有优惠
增值税	不涉及	不涉及	不涉及

19.4.2　公司股东

场景 1：转股

公司股东不论是转让有限公司的股权，还是转让上市公司的股票，企业所得税纳税规则是相同的。差异在于增值税，因为上市公司股票是金融商品，所以，公司股东转让上市公司股票属于增值税的征税范围。具体如表 19-7 所示。

表 19-7　公司股东转股税负总结

	有限公司股权	上市公司限售股	上市公司非限售股
企业所得税	交	交	交
增值税	不涉及	交[①]	交[②]

[①][②] 见《财政部 国家税务总局关于全面推开营业税改征增值税试点的通知》（财税〔2016〕36 号）附件 1《营业税改征增值税试点实施办法》。

场景 2：分红

公司股东无论是从上市公司取得股息红利，还是从未上市公司取得股息红利，都不属于增值税的征税范围。公司股东从有限公司取得的股息红利可享受企业所得税免税待遇，但是从上市公司取得的股息红利，要想申请免税待遇，则需要连续持有居民企业公开发行并上市流通的股票满12个月。具体如表19-8所示。

表19-8 公司股东分红税负总结

	有限公司股权	上市公司限售股	上市公司非限售股
企业所得税	免①	持有12个月免②	持有12个月免③
增值税	不涉及	不涉及	不涉及

①见《企业所得税法》第二十六条。
②③见《企业所得税法实施条例》第八十三条。

19.5 本章实战思考

如果说未上市的公司是蝌蚪，已经上市的公司是青蛙，我们可以将上市比喻为从蝌蚪变为青蛙的过程，这个过程不是量的改变，而是质的变化。从事股权设计20年，我陪伴了十余家公司从拟上市走向了上市，这个过程中，我既感受到了上市带给企业家的喜悦，同样感受到企业家迈上新台阶、站在新起点的压力。在上市过程中，税虽然不是企业家应优先考虑的事项，但如同蝌蚪变青蛙，公司上市后的纳税规则会发生非常大的改变，如果完全忽略税负，极易低估上市成本，进而可能导致上市过程中出现决策失误。

本章留给你一道思考题。吕先生苦心经营企业二十载，终于迎来了公司即将在A股上市。吕先生目前对公司的持股比例为70%，其中个人直接持股20%，通过持股公司间接持股40%，通过有限合伙企业间接持股10%。假设公司上市后的股本为1亿元，吕先生的持股成本为1元/股。公司上市后，吕先生拟减持套现20%的股份，并规划用套现的资金设立家族信托。吕先生减持有三种基本选择，即减持个人直接持股股份、减持持股公司间接持股股份、减持合伙企业间接持股股份。你是否可以给吕先生一些税务建议？

你可以扫一扫本书封面的二维码，我会定期把我的思考以及我挑选的最棒的10个读者思考，分享给你。

| CHAPTER 20 |
第 20 章

拟上市公司之顶层架构

公司一旦上市，对股东而言，无论是分红还是转股，税务规则都会发生很大变化，因此拟上市公司非常有必要遵循以终为始的原则，提前对股权架构进行规划。从本章开始，我们将用两章内容讨论拟上市公司的股权架构重组，本章主要讲解顶层架构重组的涉税知识点，下一章主要讲解底层架构重组的涉税知识点。

20.1 直接架构变间接架构

20.1.1 案例 33：阮氏兄弟改架构

在本书第 4 章，我们曾讲解过公牛集团混合型股权架构，在公牛集团申报 IPO 时，阮氏兄弟通过良机公司间接持有公牛集团 60% 的股权。但在 2014 年之前，阮氏兄弟并非间接持股，而是采用个人持股直接架构，直至 2014 年，才将个人持股直接架构调整为持股公司间接架构（见图 20-1）。

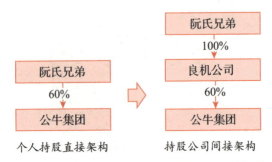

图 20-1　个人持股直接架构调整为持股公司间接架构示意图

如何将个人持股直接架构调整为持股公司间接架构呢？下面介绍 3 种方案：股权转让方案、股权投资方案、增资扩股方案。

20.1.2　股权转让方案

该方案的具体操作为：第一步，阮氏兄弟注册成立新公司——良机公司；第二步，阮氏兄弟与良机公司签订股权转让协议，阮氏兄弟将持有的公牛集团 60% 的股权转让给良机公司（见图 20-2）。

公牛集团的注册资本是 8 167 万元，净资产是 7.35 亿元，折合每注册资本的净资产价格约 9 元（净资产 7.35 亿元 / 注册资本 8 167 万元）。阮氏兄弟持有公牛集团 60% 的股权，投资成本是 4 900 万元。如果阮氏兄弟以 4 900 万元的价格，即每注册资本 1 元的价格，将公牛集团 60% 的股权转让给良机公司，阮氏兄弟平价转让股权并没有所得，需要缴纳个人所得税吗？

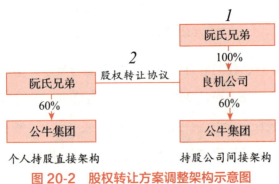

图 20-2　股权转让方案调整架构示意图

我们在第 14 章曾讲解过，个人转让股权，如果股权转让收入明显偏低且无正当理由，税务机关有权核定股权转让收入。

1. 价格是否明显偏低

阮氏兄弟的股权转让价格是 1 元 / 注册资本，远远低于该股权对应的公牛集团净资产价值 9 元 / 注册资本，属于股权转让收入明显偏低。

2. 是否有正当理由

正当理由包括 4 类：股权激励、近亲属间、政策原因、自由裁量。由于阮氏兄弟的股权转让不属于前 3 类中任何一类，只能由阮氏兄弟向主管税务机关提供支持"正当理由"的证据，由税务机关来判断其合理性。

实务中是否有税务机关认可内部架构重组为正当理由，从而不核定征收个人所得税的案例呢？我们来看鼎际得石化[1]案例。根据鼎际得石化在招股说明书中披露的内容[2]，鼎际得石化成立于 2004 年，创始人为张再明。2018 年，张再明将个人直接持股的鼎际得石化 58% 的股权，调整为持股公司间接持股。具体操作为：张再明首先注册成立新公司——鼎际得实业[3]；然后，张再明与鼎际得实业签订股权转让协议，将持有的鼎际得石化 58% 的股权以 1 元 / 注册资本的价格，转让给鼎际得实业（见图 20-3）。当时，鼎际得石化的净资产为 3.4 元 / 注册资本。

为了明确上述股权转让是否需要缴纳个人所得税，鼎际得石化向主管税务机关营口市老边区地方税务局提交了《关于自然人股东股权转到其设立的一人有限公司是否缴纳个人所得税请示》，税务局给予了如下回复：

---

[1] 鼎际得石化全称为辽宁鼎际得石化股份有限公司。
[2] 根据辽宁鼎际得石化股份有限公司招股说明书第五节内容整理。
[3] 鼎际得实业全称为营口鼎际得实业发展有限公司。

鉴于公司目前的实际情况,暂未查到此行为征收个人所得税的相关税收政策依据,可暂按国家税务总局公告2014年第67号关于《股权转让所得个人所得税管理办法》第十三条第(四)款,股权转让双方能够提供有效证据证明其合理的其他合理情形,视为正当理由,不征收个人所得税。

由此可见,实务中并不乏与税务机关沟通成功并被认可为正当理由的案例。不过,由于每个案例的背景并不相同,因此,鼎际得石化案例的结论并不能简单套用。笔者建议企业在股权架构调整前,与主管税务机关进行沟通,了解其对"正当理由"的认定口径,以便提前做好税负测算。

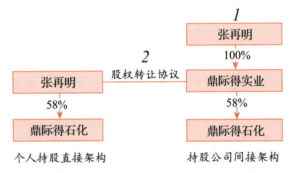

图 20-3　鼎际得石化调整架构示意图

20.1.3　股权投资方案

投资方案的具体操作分为3步:第1步,阮氏兄弟投资成立良机公司;第2步,阮氏兄弟将持有的公牛集团60%的股权,评估作价6亿元[⊖];第3步,阮氏兄弟以价值6亿元的公牛集团股权,向良机公司投资,增加良机公司的注册资本(见图20-4)。

因为投资方案比较复杂,我们再详细进行讲解。《公司法》第二十七

⊖ 公牛集团股权的评估价大于净资产价格,因为公牛集团房屋和土地有隐含增值,该隐含增值在净资产中并未体现,但在评估报告中被体现。

条⊖规定，股东可以用货币出资，也可以用非货币财产作价出资。在本案例中，出资人是阮氏兄弟，出资的资产是阮氏兄弟持有的公牛集团 60% 的股权。

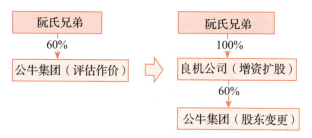

图 20-4　股权投资方案调整架构示意图

确定了出资人和出资的资产，我们再对照第 7 章非货币资产出资的 4 个步骤进行分析。第 1 步：评估。阮氏兄弟委托评估事务所对公牛集团 60% 股权的价值进行评估，出具评估报告。第 2 步：签约。阮氏兄弟和良机公司签订增资扩股协议。第 3 步：过户。阮氏兄弟将持有的公牛集团 60% 的股权过户给良机公司，该环节需要公牛集团到工商局办理股东变更登记，把 60% 部分股权的股东由阮氏兄弟变更为良机公司。第 4 步：工商。良机公司到工商局办理增资登记。

股权投资方案是否涉税呢？可以用曾经学过的"分解原理"来进行涉税分析。首先，阮氏兄弟把持有的公牛集团的股权视同销售给良机公司，确认视同销售收入 6 亿元，良机公司取得价值 6 亿元的公牛集团股权；然后，阮氏兄弟用 6 亿元资金对良机公司增资。结论：阮氏兄弟需要缴纳约 1.1 亿元的个税⊜。考虑到这种情况下阮氏兄弟缺乏纳税必要资金，所以国家

⊖　《公司法》第四十八条规定：股东可以用货币出资，也可以用实物、知识产权、土地使用权、股权、债权等可以用货币估价并可以依法转让的非货币财产作价出资；但是，法律、行政法规规定不得作为出资的财产除外。对作为出资的非货币财产应当评估作价，核实财产，不得高估或者低估作价。法律、行政法规对评估作价有规定的，从其规定。

⊜　（6 亿元 − 0.49 亿元）× 20% ≈ 1.1 亿元，见《财政部 国家税务总局关于个人非货币性资产投资有关个人所得税政策的通知》（财税〔2015〕41 号）。

给予了税收优惠[1]，阮氏兄弟可以在报主管税务机关备案后，在 5 年内缴纳 1.1 亿元个税。

20.1.4 增资扩股方案

增资扩股方案的具体操作为：第 1 步，阮氏兄弟用 12 250.5 万元投资成立良机公司，良机公司的注册资本为 12 250.5 万元；第 2 步，良机公司将 12 250.5 万元资金向公牛集团投资，投资价格为 1 元/注册资本。良机公司投资后，公牛集团的注册资本由 8 167 万元增加到 20 417.5 万元，良机公司的持股比例为 60%（=12 250.5 万元÷20 417.5 万元）（见图 20-5）。

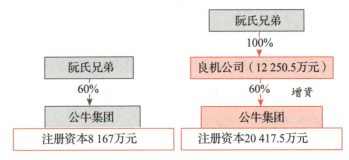

图 20-5　增资扩股方案调整架构示意图

通过上述两个步骤，股权架构由直接架构调整为间接架构。

需要注意的是，公牛集团增资前，每注册资本的净资产价格是 9 元。良机公司按每注册资本 1 元的价格增资，很明显，良机公司增资的价格并不公允。也就是说，阮氏兄弟通过不公允价格增资，来实现股权架构调整的目的。那么按不公允价格增资，股东是否有纳税义务呢？我们从以下两

---

[1] 见《财政部 国家税务总局关于个人非货币性资产投资有关个人所得税政策的通知》（财税〔2015〕41 号）和《国家税务总局关于个人非货币性资产投资有关个人所得税征管问题的公告》（国家税务总局公告 2015 年第 20 号）。

个层面来分析。

第一，是否属于征税范围？

根据税法的规定，个人取得的 9 项所得[一]需要缴纳个人所得税，阮氏兄弟的投资行为并不属于 9 项所得中的任何一项。因此，上述增资扩股不属于个人所得税征税范围。

第二，是否属于纳税调整范围？

如果上述增资行为不属于个人所得税征税范围，那是否属于税务机关纳税调整的范围呢？

根据税法的规定，个人实施不具有合理商业目的的安排而获取不当税收利益，税务机关有权按照合理方法进行纳税调整[二]。由此可见，当出现以下情形，税务机关有权进行纳税调整：第一，以不公允价格增资缺乏合理的商业目的；第二，以不公允价格增资导致股东获得了不当的税收利益。

我们来看本案例是否满足这两个特征：第一，以不公允价格增资的目的是调整股权架构，即将公牛集团的股权架构由个人直接持股为主，调整为持股公司间接持股为主。之所以调整股权架构，并非单纯基于税收考量，还有很多商业维度的考虑，比如股权传承、股权激励、资本运作等。第二，增资扩股是将资金注入公司，而且调整股权架构后，公牛集团将利润分配给良机公司，良机公司再分配给阮氏兄弟，二人还是需要缴纳个人所得税。因此，增资行为并没有导致国家税款的流失。

需要提示的是，由于纳税调整是国家赋予税务机关的权力，是否具有合理商业目的以及是否获得不当税收利益，由税务机关根据企业提供的证据来认定，实务中并不乏以不公允价格增资被税务机关征税的案例。

[一] 《个人所得税法》第二条规定，下列各项个人所得，应当缴纳个人所得税：①工资、薪金所得；②劳务报酬所得；③稿酬所得；④特许权使用费所得；⑤经营所得；⑥利息、股息、红利所得；⑦财产租赁所得；⑧财产转让所得；⑨偶然所得。

[二] 见《个人所得税法》第八条。

因此，建议企业在以不公允价格增资前，积极与主管税务机关沟通，确认其征管口径，以便提前做好税负测算。

20.1.5　阮氏兄弟的选择

阮氏兄弟最终选择了哪一种方案呢？公牛集团的招股说明书披露如下：

2014年10月11日，阮立平、阮学平分别与宁波公牛投资有限公司（以下简称"公牛投资"）签署股权转让协议，各将其持有的公牛有限2 450.1万元出资额以每一元出资额约9.09元的价格转让给公牛投资，股权转让款均为222 690 984.46元；股权转让完成后，公牛投资合计持有公牛有限4 900.2万元出资额。公牛有限股东会审议通过了上述股权转让。本次股权转让涉及的个人所得税均已缴纳。⊖

由此可见，阮氏兄弟既没有选择平价转让股权，也没有选择股权投资，更没有选择以不公允价格增资，而是最终以9.09元/出资额的价格，进行了股权转让，并为此缴纳了7 800万元的个人所得税。那么，为什么阮氏兄弟没有选择上述3种方案呢？我们猜测可能出于以下原因。

1. 未选择平价转股方案的原因

如果阮氏兄弟选择平价转让股权，需要公牛集团主管税务机关判定平价转股是否属于正当理由。税务机关如果不认可，将会核定征收阮氏兄弟的个人所得税。阮氏兄弟可能在架构调整前咨询过主管税务机关的意见，但税务机关并不同意放弃核定收入。

2. 未选择股权投资方案的原因

阮氏兄弟的股权架构调整发生在2014年，而那一年国家尚未出台对非

⊖ 见《公牛集团股份有限公司首次公开发行股票招股说明书》第63页。

货币资产投资的税收优惠政策。

3. 未选择增资扩股方案的原因

如前所述，不公允价格增资存在被纳税调整的风险，因此风险厌恶型的阮氏兄弟放弃以不公允价格增资的方案，选择以 7 800 万元的个税为代价完成股权架构的调整。

20.2 本章实战思考

大部分的创业者在设立公司之初，会忽略股权架构的设计，因为创业大多是生死之旅，活下来为第一要务，所以商业模式和组织团队这类问题往往会被优先考虑。当企业做大之后，尤其是发生了公司分红、股权融资、引入战略投资人、股份制改造、转增资本、股权合作、股权激励等股权动作时，企业家才会意识到股权架构的重要性，但正如公牛集团案例中所呈现出来的，此时的股权架构往往很难随意调整，要付出巨大的税收代价。因此，用以终为始的理念去设计股权架构，是所有企业家必修的一堂课。

CHAPTER 21
第 21 章

拟上市公司之底层架构

在第 20 章，我们分析了拟上市公司的顶层架构重组。本章将通过两个案例讨论拟上市公司的底层架构重组，具体包括股东翻墙重组和子公司变孙公司重组。

21.1 股东翻墙重组

21.1.1 案例 34：蓝天公司[一]

蓝天公司的创始人姓郝，人称"好老板"。蓝天公司旗下有 4 个业务板块，分布在 4 家全资子公司。这 4 家子公司分别是大地公司、树林公司、山峰公司、河流公司。好老板规划公司未来上市，上市的主体已确定为蓝天公司。蓝天公司的子公司大地公司的总经理叫王大壮（见图 21-1）。

[一] 蓝天公司是一家注册在上海的有限公司，本案例是在真实案例基础上改编而成，企业名称均为化名。

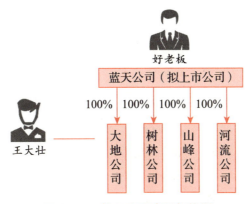

图 21-1 蓝天公司底层架构图

2015 年，好老板以大地公司为激励单元，授予了王大壮股权。具体方案为：王大壮向大地公司投资 50 万元，持有大地公司 10% 的股权；王大壮增资后，蓝天公司对大地公司的持股比例被稀释为 90%（见图 21-2）。

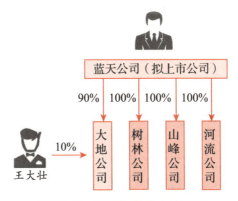

图 21-2 王大壮增资大地公司

蓝天公司上市渐行渐近，王大壮找到好老板，希望可以将持有的大地公司股权置换为拟上市公司蓝天公司的股权，好老板表示同意。在实务中，股东原来在子公司层面持股，需要换到母公司层面持股的情形，非常普遍，我们通常称为"股东翻墙"。图 21-3 为股东翻墙前后的股权架构图。

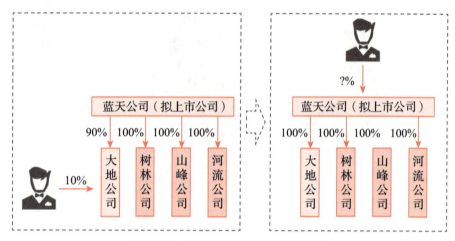

图 21-3 股东翻墙前后股权架构图

翻墙前，王大壮持有大地公司 10% 的股权，蓝天公司持有大地公司 90% 的股权。翻墙后，王大壮持有部分蓝天公司股权，大地公司变成蓝天公司的全资子公司。股东翻墙重组应如何操作呢？

21.1.2 股东翻墙的四个步骤

股东翻墙有四个步骤：第 1 步，对子公司估值；第 2 步，对母公司估值；第 3 步，定翻墙后比例；第 4 步，选择重组路径。下面用这四个步骤分析王大壮如何翻墙。

第 1 步：大地公司估值

经王大壮和好老板协商，大地公司的估值确定为 2 000 万元。

第 2 步：蓝天公司估值

经王大壮和好老板协商，蓝天公司的估值确定为 8 000 万元。

第 3 步：定翻墙后比例

该步骤为确定王大壮在翻墙后持有蓝天公司的股权比例。该持股比例是个分数，分数的分子为 200 万元，计算公式为：大地公司估值 2 000 万元 × 王大壮的持股比例 10%；分数的分母为 8 200 万元，计算公式为：换股前蓝天公司估值 8 000 万元 + 大地公司估值 2 000 万元 × 王大壮持股比例 10%。最终确定，王大壮对蓝天公司的持股比例约为 2.4%⊖，而好老板对蓝天公司的持股比例被稀释为 97.6%（见图 21-4）。

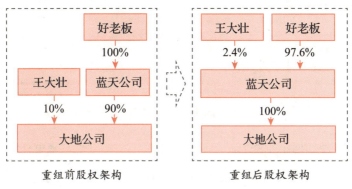

图 21-4　重组前后股权架构图

第 4 步：选择重组路径

将重组前股权架构调整至重组后股权架构有 3 种路径，分别是转让路径、划转路径、投资路径，下面逐一进行分析。

21.1.3　股东翻墙的涉税处理

路径 1：转让

转让路径的具体操作分为 2 个步骤：第 1 步，王大壮将持有的大地公司 10% 的股权，以原始出资额 50 万元的价格，转让给蓝天公司。蓝天公司支付给王大壮 50 万元股权转让款；第 2 步，好老板将持有的蓝天公司

⊖ 计算公式为：2 000 × 10% /（2 000 × 10% + 8 000）= 2.4%。

2.4%的股权以50万元的价格转让给王大壮,王大壮向好老板支付50万元股权转让款(见图21-5)。

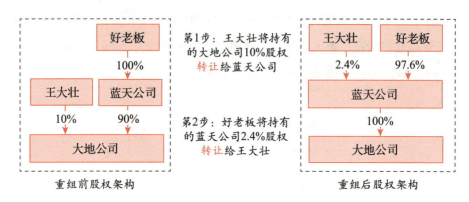

图21-5 转让路径蓝天公司重组前后股权架构图

转让路径如何纳税呢?

第1步:王大壮将持有的大地公司10%的股权,以原始出资额50万元的价格,平价转让给蓝天公司,有可能被税务机关核定股权转让收入,具体见本书第14章。

第2步:假设好老板持有蓝天公司2.4%股权的投资成本是60万元。好老板将持有的蓝天公司2.4%的股权,以50万元的价格转让给王大壮。因为好老板转让股权的价格低于原始出资额,所以税务机关可能核定股权转让收入,具体见本书第14章。

路径2:划转

划转路径的具体操作分为2个步骤:第1步,王大壮将持有的大地公司10%的股权,划转给蓝天公司;第2步,好老板将持有的蓝天公司2.4%的股权,划转给王大壮。在划转时,接受方蓝天公司和王大壮均没有支付对价⊖(见图21-6)。

⊖ 划转的含义可以参考本书第18章给出的解释。

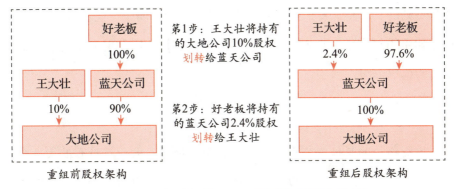

图 21-6　划转路径蓝天公司重组前后股权架构图

划转路径应该如何纳税呢？

第 1 步：王大壮将持有的大地公司 10% 的股权，划转给蓝天公司。

划出方王大壮：由于在划转过程中，没有交易价格，税务机关可能会认定股权转让价格为 0，计税价格明显偏低，从而核定股权转让收入。

划入方蓝天公司：由于在划转过程中，蓝天公司没有支付对价，税务机关可能会将被划入股权认定为"接受捐赠所得"，要求蓝天公司缴纳企业所得税。

第 2 步：好老板将持有的蓝天公司 2.4% 的股权，划转给王大壮。

划出方好老板：有可能被税务机关核定股权转让收入，原理同上。

划入方王大壮：作为个人，接受划入的资产是否需要缴纳个人所得税呢？实务中有 2 种观点：第 1 种观点，接受捐赠（含划转）的资产，不属于个人所得税的征税范围[一]，因此无须缴纳个人所得税；第 2 种观点，接受捐赠（含划转）的资产，属于取得"偶然所得"，应按 20% 的税率缴纳个人所得税。笔者赞同第 1 种观点。根据税法的规定，偶然所得是指个人得奖、中奖、中彩以及其他偶然性质的所得[二]。由此可见，只有具备了"突然的、

[一] 根据《个人所得税法》第二条的规定，仅有九项个人所得，应当缴纳个人所得税，分别是：①工资、薪金所得；②劳务报酬所得；③稿酬所得；④特许权使用费所得；⑤经营所得；⑥利息、股息、红利所得；⑦财产租赁所得；⑧财产转让所得；⑨偶然所得。

[二] 见《个人所得税法实施条例》第六条第（九）项。

意想不到的、不经常发生的"偶然性质的所得,才属于"偶然所得"。在股权架构重组过程中,划入方显然不属于偶然所得,因此笔者认为不宜扩大法定的征税范围。

路径3:投资

投资路径的具体操作有2个步骤:第1步,王大壮将持有的大地公司10%的股权,评估作价200万元;第2步,王大壮以价值200万元的大地公司股权,向蓝天公司投资,增加蓝天公司的注册资本(见图21-7)。

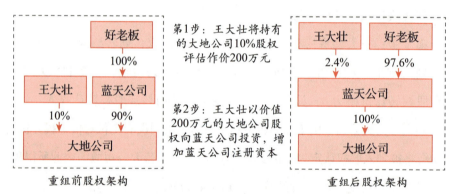

图 21-7 投资路径蓝天公司重组前后股权架构图

王大壮以持有的股权对蓝天公司投资,会不会涉税呢?

首先,王大壮应将大地公司股权视同销售,确认视同销售收入200万元;然后,王大壮用200万元的资金,对蓝天公司增资。结论:王大壮需要缴纳30[=(200-50)×20%]万元的个人所得税⊖。但国家考虑到王大壮在投资环节缺乏纳税必要资金,所以给予税收优惠⊜:王大壮可以在报主管税务机关备案后,在5年内缴纳30万个人所得税。具体可参考本书第8章内容。

⊖ 见《财政部 国家税务总局关于个人非货币性资产投资有关个人所得税政策的通知》(财税〔2015〕41号)。

⊜ 见《财政部 国家税务总局关于个人非货币性资产投资有关个人所得税政策的通知》(财税〔2015〕41号)和《国家税务总局关于个人非货币性资产投资有关个人所得税征管问题的公告》(国家税务总局公告2015年第20号)。

21.1.4 股东翻墙小结

我们对股东翻墙的 3 种重组路径做个小结。

结论 1：划转路径不可取

划转路径因为操作简单，且不占用资金，是实务中使用频率最高的方案。但需要注意的是，划转路径很容易导致不必要的税负。因此，从税收维度考虑，不建议采用。

结论 2：转让路径和投资路径各有优缺点

转让路径和投资路径哪一种更好呢？我们需要综合时间成本和税收成本来权衡与考量。转让路径的优点是流程简单，只需要进行 2 次股东变更工商登记即可。但转让路径也有缺点，即国家没有给予税收优惠。也就是说，如果转股价格远远低于大地公司净资产对应的份额，股权转让的过程中，可能被税务机关核定股权转让收入，从而产生个人所得税税负。投资路径的缺点是流程烦琐，不仅需要 2 次股东变更工商登记，而且需要评估报告以及 1 次增资登记。但投资路径也有优点，国家给予了 5 年递延纳税的税收优惠。至于实务中到底如何选择，就要对每个案例量体裁衣，具体分析。

21.2 子公司变孙公司重组

21.2.1 案例 35：煌上煌

煌上煌[⊖]（002695）是酱卤肉行业第一家上市公司，其创始人是徐桂芬。2012 年，煌上煌在深交所成功挂牌上市。图 21-8 是 2009 年煌上煌上市之前的股权架构图。

⊖ 煌上煌全称为江西煌上煌集团食品股份有限公司。

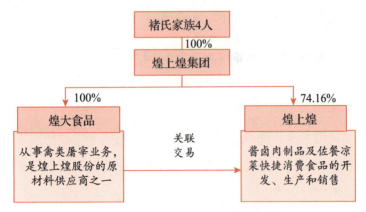

图 21-8　煌上煌上市前的股权架构图

褚氏家族 4 人分别为徐桂芬、徐桂芬的爱人褚建庚，以及他们的儿子褚浚和褚剑。褚氏家族持有煌上煌集团⊖100% 的股权。煌上煌集团有 2 家子公司：煌大食品⊜和煌上煌。煌大食品从事禽类屠宰业务，是煌上煌原材料的供应商。煌上煌的主营业务是鸭脖的开发、生产和销售。也就是说，煌大食品和煌上煌是上下游关系。2010 年，褚氏家族将煌上煌确定为申报 IPO 上市的主体公司。为了完善上市公司的产业链，减少煌上煌与体外公司煌大食品的关联交易，煌上煌集团决定，将其持有的煌大食品 100% 的股权注入煌上煌。在注入后，煌大食品由原来煌上煌集团的子公司变成了煌上煌集团的孙公司，即"子公司变孙公司"（见图 21-9）。

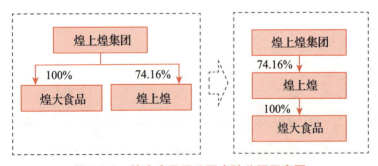

图 21-9　煌大食品子公司变孙公司示意图

⊖　煌上煌集团全称为煌上煌集团有限公司。

⊜　煌大食品全称为江西煌大食品有限公司。

21.2.2 三种架构调整路径

煌大食品由煌上煌集团的"子公司"变成煌上煌集团的"孙公司",有3种路径:转让路径、划转路径、投资路径。

路径1:转让

转让路径的具体操作为,煌上煌集团和煌上煌签订股权转让协议。煌上煌集团将持有的煌大食品100%股权,转让给煌上煌。煌上煌以资金作为对价,向煌上煌集团支付股权转让款(见图21-10)。

图21-10 转让路径煌上煌重组前后股权架构图

假设煌上煌集团对煌大食品的投资成本是1 000万元,煌上煌集团将煌大食品以1 000万元的价格转让给煌上煌。煌大食品账面净资产约2 400万元,评估价值约3 000万元(见表21-1)。

在本书第18章,我们讲解过"亲兄弟明算账"的征税原则。虽然从法律上,煌上煌集团和煌上煌可以基于母子公司的关系,协商平价转让股权;但从税法上,税务机关有权力认定该交易价格不公允,且没有合理商业目的,从而对股权转让价格进行纳税调整,以评估价值3 000万元作为股权转让收入。如果煌上煌集团被税务机关进行纳税调整,则需要确认2 000万元的股权转让所得,但与此同时,煌上煌持有煌大食品的税收成本也将同步调整为3 000万元。

表 21-1　煌大食品股权价值评估报告

（CPV 福建联合中和狮评字〔2010〕第 105 号）　　（单位：万元）

序号	项目	账面价值 A	评估价值 B	增减值 C=B−A	增值率（%） D=C/A
一	流动资产	917.45	928.31	10.87	1.18
二	非流动资产	6 209.42	6 834.36	624.93	10.06
1	固定资产	5 228.08	5 534.19	306.10	5.85
2	在建工程	9.71	9.71	0.00	0.00
3	无形资产	744.38	1 065.93	321.55	43.20
4	长期待摊费用	64.79	64.79	0.00	0.00
5	递延所得税资产	162.46	159.74	−2.72	−1.67
三	资产总额	7 126.87	7 762.67	635.80	8.92
四	流动负债	4 725.51	4 725.51	0.00	0.00
五	负债合计	4 725.51	4 725.51	0.00	0.00
六	净资产（所有者权益）	2 401.36	3 037.16	635.80	26.48

路径 2：划转

划转路径的具体操作为，煌上煌集团与煌上煌签署股权划转协议，协议约定煌上煌集团将持有的煌大食品 100% 的股权，以账面净值划转给煌上煌，煌上煌无须支付现金对价。划转后，煌大食品不会改变其实质性经营活动（见图 21-11）。

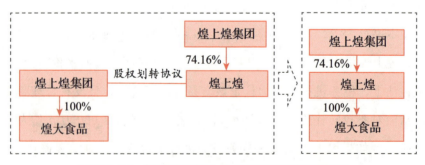

图 21-11　划转路径煌上煌重组前后股权架构图

首先，划出方煌上煌集团需要视同销售，确认视同股权转让收入。考虑到在划转过程中，划出方缺乏纳税必要资金，所以国家给予了有条件的税收优惠㊀。但因为煌上煌集团和煌上煌并非100%直接控制的母子公司，因此无法申请享受税收优惠。

路径3：投资

投资路径的具体操作为，煌上煌集团将持有的煌大食品的100%股权，评估作价为3 000万元，投资到煌上煌，增加煌上煌的注册资本（见图21-12）。

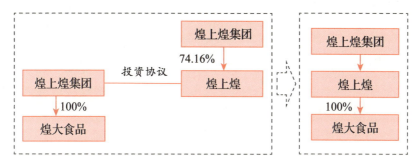

图21-12　投资路径煌上煌重组前后股权架构图

煌上煌集团持有的煌大食品股权的所有权发生了转移，所以，煌上煌集团就需要视同销售，确认股权转让所得。但国家为了支持企业重组，给予了3类税收优惠：特殊重组优惠、特定划转优惠、五年分期优惠㊁。煌上煌集团可以根据自身的情况，选择其中一种，向税务机关申请备案。

最终煌上煌集团选择了投资方案，并申请了特殊重组优惠，具体操作为，煌上煌集团和煌上煌在企业所得税汇算清缴时申报特殊性税务处理。申报该优惠待遇后，上家不交、下家不扣，即煌上煌集团无须确认股权转让所得，煌上煌取得的煌大食品100%股权的计税基础以原计税基础确定㊂。

㊀ 税收优惠条件的具体讲解见本书第18章。
㊁ 具体内容见本书第7章。
㊂ 关于特殊性税务处理的详细介绍见本书27.3节"被收购方为公司"的内容。

21.3 本章实战思考

有个成语叫"万变不离其宗",在我们提供股权咨询服务过程中,无论是股东翻墙还是子公司变孙公司,重组的路径都可以在转让、划转、投资之间做选择。无论选择哪一种方式,税法均要求"亲兄弟明算账",也就是说应按公允价格确认收入。但由于在划转和投资过程中,交易各方没有现金流入,缺乏纳税必要资金,因此国家对符合条件的划转和投资,给予了税收优惠。

| CHAPTER 22 |
第 22 章

拟上市公司之股权代持

股权代持又称为委托持股或隐名投资,是指实际出资人与他人约定,以他人名义代实际出资人行使和履行股东权利与义务的一种股权处置方式。股权代持因其具有隐秘性和灵活性,可以在一定程度上使投资者更便捷地做出资安排,所以成为实务中常见的持股变通方式。近几年这种原发于公司制的代持方式,正越来越多地出现在合伙企业中,表现为合伙份额代持。股权代持(包括合伙份额代持)应如何进行涉税处理呢?本章我们将通过2个案例讲解代持的涉税知识点。为了方便讲解,我们将代持分为2类:一类为个人作为名义股东;一类为公司作为名义股东(见图22-1)。

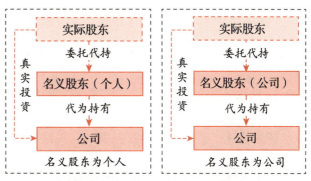

图 22-1 两类股权代持示意图

22.1 名义股东为个人

22.1.1 案例 36：思维造物

思维造物[一]成立于 2014 年 6 月，创始人为知识付费领域的开拓者罗振宇。思维造物创立之初计划在境外上市，所以搭建了红筹架构，但后来又改弦易辙，拆除了红筹架构，准备回境内在 A 股上市。在境外架构转换为境内架构过程中，思维造物的股东之一邓鑫鑫与罗振宇签署了《财产份额代持协议》，委托罗振宇代为持有其通过杰黄罡合伙[二]间接持有的思维造物的股份（见图 22-2）。

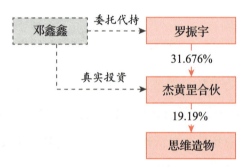

图 22-2 个人名义股东代持示意图

22.1.2 税务处理

本案例的代持可以分为 3 个场景，分别是代持期间分红、代持期间转股、解除代持。以下逐一分析各场景的税务处理。

1. 代持期间分红

场景描述：假设罗振宇代持期间，思维造物向杰黄罡合伙分红，杰黄

[一] 思维造物全称为北京思维造物信息科技股份有限公司。
[二] 杰黄罡合伙全称为宁波梅山保税港区杰黄罡投资管理合伙企业（有限合伙）。

罡合伙取得款项后向罗振宇分配，罗振宇取得分红款项后再转付给邓鑫鑫（见图 22-3）。

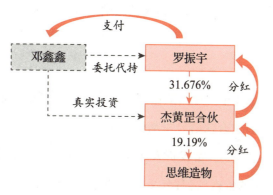

图 22-3　个人名义股东代持分红流程图

税务处理：罗振宇按"股息、红利"税目缴纳 20% 的个人所得税；罗振宇将完税后的款项支付给邓鑫鑫，邓鑫鑫无须再缴纳个人所得税。

2. 代持期间转股

场景描述：假设罗振宇在代持期间接受邓鑫鑫的指示，将通过杰黄罡合伙间接持有的思维造物部分股权转让，杰黄罡合伙将转让思维造物股权的投资收益分配给罗振宇，罗振宇再将投资收益支付给邓鑫鑫（见图 22-4）。

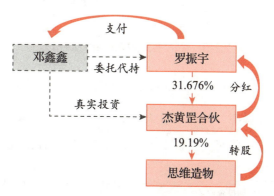

图 22-4　个人名义股东代持转股流程图

税务处理：杰黄罡合伙将持有的思维造物的股权转让后，在当年汇算清缴时，按"经营所得"税目为罗振宇代为申报个人所得税⊖。罗振宇将完税后的款项支付给邓鑫鑫，邓鑫鑫无须缴纳个人所得税。

3. 解除代持

场景描述：2018 年 1 月，罗振宇和邓鑫鑫签署《财产份额代持终止协议》，约定终止杰黄罡合伙财产份额代持事宜，罗振宇将名义上持有的杰黄罡合伙财产份额还原至真实投资人邓鑫鑫名下。在代持还原过程中，罗振宇以每出资额 1 元的价格⊜将其名义持有的杰黄罡合伙财产份额转让给邓鑫鑫（见图 22-5）。

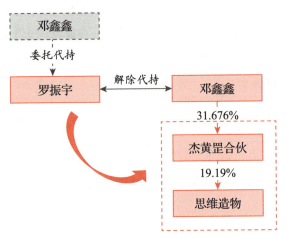

图 22-5 个人名义股东解除代持示意图

税务处理：2017 年 9 月，思维造物曾引入外部投资人，入股价格为 1 120.14 元 / 注册资本。2018 年 1 月，代持还原开始启动，罗振宇以原始出资（即对应思维造物每注册资本 1 元的价格）转让合伙份额。罗振宇是否

⊖ 杰黄罡合伙不是创投企业。
⊜ 该转让价格对应思维造物的每注册资本价格 1 元。

需要缴纳个人所得税呢？实务中，存在以下 2 种观点。

　　观点 1：罗振宇平价转让合伙份额，转让价格明显偏低，且没有正当理由，应参考国家税务总局公告 2014 年第 67 号文件[一]的规定，核定罗振宇的合伙份额转让收入。鉴于上一轮外部投资人入股价格是 1 120.14 元 / 注册资本，罗振宇的合伙份额转让收入应以此为基础进行核定[二]。

　　观点 2：罗振宇平价转让合伙份额，虽然转让价格明显偏低，但因为是代持还原，有正当理由，无须核定收入，由于罗振宇财产份额转让行为无所得，因此不需要缴纳个人所得税。

　　上述 2 种观点的核心差异是，解除代持导致的股权转让是否属于"正当理由"。税务机关有权审核杰黄罡合伙提供的证据，并在此基础上给予认定。在本案例中，杰黄罡合伙向主管税务机关提交了劳动合同、工资单、个税申报记录，以确认罗振宇、邓鑫鑫的员工身份，同时说明了代持还原背景。最终上述证据被主管税务机关认可，此次代持还原罗振宇没有缴纳个人所得税。

22.2　名义股东为公司

22.2.1　案例 37：水星家纺

　　水星家纺[三]（603365）是一家 A 股主板的上市公司。该公司成立于 2000 年，成立之初在工商局登记的股东有浙江被服[四]（持股比为 57%）、李裕杰（持股比为 25%）、李道想（持股比为 18%）。虽然水星家纺在工商局登记的控股股东为浙江被服，但实际上，浙江被服仅是名义股东，其所持股权为代李裕杰持有（见图 22-6）。

[一]　见《国家税务总局关于发布〈股权转让所得个人所得税管理办法（试行）〉的公告》（国家税务总局公告 2014 年第 67 号）。
[二]　股权转让的核定收入可以参考本书第 14 章内容。
[三]　水星家纺全称为上海水星家用纺织品股份有限公司。
[四]　浙江被服全称为浙江水星被服有限公司。

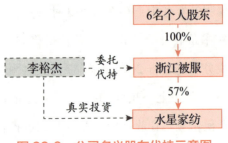

图 22-6　公司名义股东代持示意图

为什么李裕杰要委托代持呢？根据水星家纺的招股说明书披露，是出于以下原因：

根据上海市奉贤西渡工业区管理委员会出具的说明，水星被服㊀筹建时，当时招商引资时优先考虑法人股东出资设立的企业。为加快企业筹建进度，浙江水星被服作为名义股东进行了工商登记，所持水星被服 1 026 万元出资额为代李裕杰持有。㊁

22.2.2　税务处理

1. 代持期间分红

场景描述：假设代持期间水星家纺向浙江被服分红，浙江被服取得分红款项后转付给李裕杰（见图 22-7）。

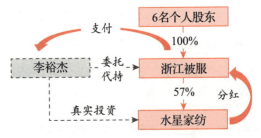

图 22-7　公司名义股东代持分红流程图

㊀ 水星被服全称为上海水星被服有限公司，是水星家纺的前身。
㊁ 《上海水星家用纺织品股份有限公司首次公开发行 A 股股票招股说明书》。

税务处理：税法并没有明确对该类代持分红应如何进行税务处理。实务中有如下3种处理方式。

方式1：水星家纺在支付浙江被服分红款时，代扣代缴实际股东李裕杰股息红利的个人所得税；浙江被服将完税后的分红款转付给李裕杰，无须再履行代扣代缴义务。

方式2：水星家纺在支付浙江被服分红款时，不代扣代缴；浙江被服在支付李裕杰分红款时，代扣代缴李裕杰股息红利的个人所得税。

方式3：水星家纺在支付浙江被服分红款时，不代扣代缴；浙江被服在支付李裕杰分红款时，也不代扣代缴；李裕杰收到款项后，自行按"股息、红利"税目申报缴纳个人所得税。

需要提示的是，不管选用哪种处理方式，涉税各方应确保李裕杰对分回的股息红利缴纳个人所得税。涉税各方也应积极与主管税务机关进行沟通，确认主管税务机关对代持纳税主体的执行口径。

2. 代持期间转股

场景描述：假设代持期间，浙江被服接受李裕杰的指示，将持有的水星家纺部分股权转让，浙江被服将转让水星家纺股权的投资收益支付给李裕杰（见图22-8）。

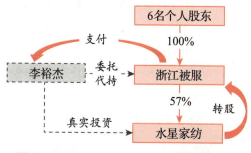

图22-8　公司名义股东代持转股流程图

税务处理：对浙江被服取得股权转让所得，税收立法时有2种思路。

思路1：实质重于形式

如果选择了"实质重于形式"这一思路，浙江被服作为法律意义上的名义股东，不承担纳税义务，由实际出资人李裕杰缴纳股权转让所得的个人所得税。

思路2：形式重于实质

如果选择了"形式重于实质"这一思路，浙江被服作为法律意义上的名义股东，应承担纳税义务，将收入扣除股权原值和合理税费后的余额作为股权转让所得，缴纳企业所得税；浙江被服将完税后的款项转付给实际出资人李裕杰时，李裕杰不再申报纳税。

国家税务总局究竟选择了哪种思路呢？我们看以下2个税收政策：

因股权分置改革造成原由个人出资而由企业代持有的限售股，企业在转让时按以下规定处理：（一）企业转让上述限售股取得的收入，应作为企业应税收入计算纳税。上述限售股转让收入扣除限售股原值和合理税费后的余额为该限售股转让所得。[一]

对代持股票转让的营业税征收以及企业之间代持股票转让的企业所得税征收，应按其法定形式确认纳税主体，以代持方为纳税人征收营业税及所得税，如委托方已将收到的转让款缴纳了营业税及所得税，且两方所得税又无实际税负差别的，可以不再向代持方追征税款。[二]

从上述政策条文推断，国家税务总局在股权代持的税务处理上，更倾

[一] 见《国家税务总局关于企业转让上市公司限售股有关所得税问题的公告》（国家税务总局公告2011年第39号）第二条。

[二] 见《国家税务总局稽查局关于2017年股权转让检查工作的指导意见》（税总稽便函〔2017〕165号）第五条。

向于"形式重于实质",即由工商登记的名义股东申报缴纳企业所得税,名义股东将纳税后款项转付给实际股东时,实际股东不再纳税。

3. 解除代持

场景描述:2004年7月,水星家纺向工商局提交申请,将登记在浙江被服名下的1 026万元出资额全部变更至实际出资人李裕杰名下(见图22-9)。

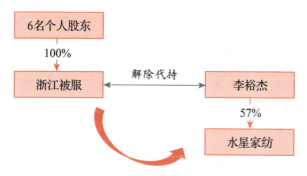

图 22-9　公司名义股东解除代持示意图

税务处理:解除代持后,浙江被服将名义上持有的水星家纺股权还原至李裕杰名下。浙江被服是否需要进行视同销售的企业所得税处理呢?

根据税法规定[一],满足以下3个条件,解除代持无须确认转让所得。

条件1:因股权分置改革造成原由个人出资而由企业代持有的限售股;

条件2:解除代持的原因是依法院判决、裁定等;

条件3:通过中登公司[二]进行变更登记。

不满足上述3个条件的代持还原,是否也可以不视同转让股权呢?税法对此并没有明确规定,实务中企业需要提供代持相关证据,同主管税务机关进行沟通,以争取代持还原中不视同转让股权纳税。

[一] 见《国家税务总局关于企业转让上市公司限售股有关所得税问题的公告》(国家税务总局公告2011年第39号)。

[二] 中登公司全称为中国证券登记结算有限责任公司。

22.3 本章实战思考

代持如何进行税务处理，是我在提供股权咨询过程中遇到的提问频次最高的问题。在代持过程中，工商登记的名义股东和真实出资的实际股东并不一致，这就带来了纳税上的难题：究竟谁是纳税主体？如果"实质重于形式"，则由实际股东作为纳税主体，名义股东无须纳税；如果"形式重于实质"，则由名义股东作为纳税主体，实际股东无须纳税。由于股权代持涉及的法律关系比较复杂，也是法律纠纷的高发领域，所以其税务处理就更加复杂，而且目前我国针对代持出台的税收政策很少，代持期间分红和转股如何纳税、代持解除还原股权时如何纳税，都缺乏明确的税政依据。因此，建议企业在遇到代持事项时，首先厘清代持的处理思路，然后积极与主管税务机关进行沟通。

本章留给你一道思考题。蒋先生最近有些烦，因为在三年前他委托了一个朋友帮他代持一家公司的股权，最近这家公司计划上市，于是蒋先生打算将代持的股权还原至自己名下。在办理股东变更登记过程中，工商局要求蒋先生提供税务证明，而向税务机关申请开具税务证明时，税务机关要求转让方（即名义股东）缴纳个人所得税。如果你是蒋先生，你应该如何与税务机关进行沟通呢？

你可以扫一扫本书封面的二维码，我会定期把我的思考以及我挑选的最棒的 10 个读者思考，分享给你。

CHAPTER 23
第 23 章

拟上市公司之股份改制

根据证监会的规定，上市公司应当是依法设立且合法存续的股份有限公司。因此有限公司申报 IPO 前有个必经步骤，就是将有限责任公司整体变更为股份制有限公司，这个过程简称为"股份改制"㊀。由于有限责任公司按原账面净资产折股整体变更为股份有限公司的，持续经营时间可以从有限责任公司成立之日起计算㊁，所以大部分拟上市公司会选择以原账面净资产折股的方式进行股份改制。那么在净资产折股过程中，有哪些需要注意的税务事项呢？下面将区分个人股东、公司股东、合伙企业股东三种类型，逐一讲解股份改制的税务处理。

23.1 个人股东

净资产折股有两种方案：一种是净资产折股增加注册资本；一种是净资产折股不增加注册资本。

㊀ "股份改制"在本书中也称为"股改""股份制改造"。
㊁ 见《首次公开发行股票并上市管理办法》（中国证券监督管理委员会令第 173 号）第九条。

23.1.1　净资产折股增加注册资本

案例：天龙光电[一]

上市公司天龙光电（300029）的前身天龙有限[二]成立于2001年。截至2008年6月底，天龙有限的股权架构如图23-1所示。

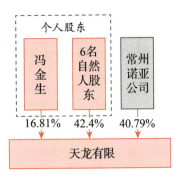

图 23-1　天龙有限股改前的股权架构图

天龙有限于2008年7月进行股份制改造。在股份改制过程中，净资产折股的具体情况如表23-1所示。

表 23-1　天龙有限净资产折股情况表　　　（单位：万元）

	股改前	股改后	变动金额
注册资本[三]	1 271.86	7 500	+6 228.14
资本公积	114.26	7 749.8	+7 635.54
盈余公积	552.39	0	-552.39
未分配利润	13 311.29	0	-13 311.29
净资产合计	15 249.80	15 249.80	0

天龙有限在净资产折股过程中，将留存收益折为股本。冯金生等7

[一] 本案例根据《江苏华盛天龙光电设备股份有限公司首次公开发行股票并在创业板上市招股说明书》和《中华人民共和国财政部会计信息质量检查公告（第二十一号）》内容整理和改编。为了方便理解，案例中数据进行了简化处理，与招股说明书中披露的实际数据会有不同。
[二] 天龙有限全称为常州华盛天龙机械有限公司。
[三] 本章案例中注册资本均已实缴。

名自然人股东是否缴纳了个人所得税呢？我们来看天龙光电公告披露的内容：

> 本次整体变更涉及的净资产折股从法律形式和经济业务实质上来说，股东未取得任何股息红利性质的收益，不是股份制企业送红股或转增注册资本的过程，……对于自然人股东也并不适用于国家税务总局国税发〔1997〕198号《关于股份制企业转增股本和派发红股征免个人所得税的通知》文件应缴个人所得税的规定，自然人股东不会产生应纳个人所得税的义务。目前我国现行法律、法规没有明确规定有限责任公司变更设立股份有限公司时，其自然人出资人应该缴纳个人所得税。因此，本次发行保荐机构和发行人律师认为，在有限公司整体变更为股份公司时没有发生法人和自然人股东的纳税义务。发行人（备注：指天龙光电）于2009年8月26日向金坛市地方税务局提交了《关于常州华盛天龙机械有限公司进行股份改制净资产折股涉及个人所得税问题的请示》，就整体改制时"常州华盛天龙机械有限公司的自然人股东以其持有的常州华盛天龙机械有限公司的净资产进行折股不需缴纳个人所得税"的事项提出申请，金坛市地方税务局于2009年8月26日书面批复同意了该请示。 ⊖

2009年12月，股改后的天龙光电成功上市。截至上市时，冯金生等7人未就天龙有限净资产折股缴纳个人所得税。

案例：辛帕智能 ⊜

辛帕智能（A21407）的前身辛帕有限 ⊜ 成立于2007年。截至2020年5

⊖ 见《江苏华盛天龙光电设备股份有限公司关于公司设立以来股本演变情况的说明》。
⊜ 本案例根据《上海辛帕智能科技股份有限公司首次公开发行股票并在创业板上市招股说明书（申报稿）》整理。为了方便理解，案例中数据进行了简化处理，与招股说明书中披露的实际数据会有不同。
⊜ 辛帕有限全称为上海辛帕智能科技有限公司。

月，辛帕有限的股权架构如图23-2所示。

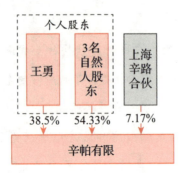

图 23-2　辛帕有限股改前的股权架构图

2020年11月，辛帕有限进行股份制改造。在股份改制过程中，净资产折股的具体情况如表23-2所示。

表 23-2　辛帕有限净资产折股情况表　　（单位：万元）

	股改前	股改后	变动金额
注册资本	981.81	5 000	+4 018.19
资本公积	4 865.39	5 047.2	+181.81
盈余公积	500	0	-500
未分配利润	3 700	0	-3 700
净资产合计	10 047.2	10 047.2	0

辛帕有限在净资产折股过程中，将留存收益折为股本。王勇等4名自然人股东是否缴纳了个人所得税呢？我们来看辛帕智能公告披露的内容：

2020年12月4日，辛帕有限以截至2020年7月31日经审计的净资产折股的方式整体变更为股份有限公司，辛帕有限本次以经审计净资产折股整体变更为股份有限公司时涉及以未分配利润、盈余公积等转增注册资本，并应就转增注册资本的部分缴纳个人所得税。

发行人（备注：辛帕智能）自然人股东已通过自然人电子税局系统进行备案（备案号：20201310115766353），发行人整体变更过程中自然人股东王勇、雷绍球、汪衍啸和王志华涉及的个人所得税款可暂缓 5 年缴纳，即于 2024 年 12 月 31 日前缴纳完毕。发行人自然人股东申请个人所得税款暂缓缴纳符合《关于将国家自主创新示范区有关税收试点政策推广到全国范围实施的通知》（财税〔2015〕116 号）的规定。⊖

由此可见，王勇等 4 人在净资产折股过程中，就留存收益折合股本事项缴纳个人所得税，并向主管税务机关备案，享受了 5 年递延纳税的税收优惠。

涉税处理的总结

上述两个案例均是在股份改制过程中进行了净资产折股，但两家公司个人股东的涉税处理截然不同，到底哪家公司的处理是正确的呢？

2011 年，财政部在会计信息质量检查后发布了公告，该公告对天龙光电给予如下处理意见：

该公司 2008 年以盈余公积、未分配利润折股，自然人股东未缴纳个人所得税 789 万元。针对上述问题，财政部驻江苏省财政监察专员办事处依法下达了处理决定。江苏华盛天龙光电设备股份有限公司已按照要求进行整改，调整会计账务，并补缴相关税款，公司及董事长个人已退回地方政府违规返还的款项。⊜

由此可见，财政部认定净资产折股是需要缴纳个人所得税的，该观点在财税〔2015〕116 号文件和国家税务总局公告 2015 年第 80 号文件⊜中也

⊖ 见《关于上海辛帕智能科技股份有限公司首次公开发行股票并在创业板上市申请文件的审核问询函的回复》。
⊜ 见《中华人民共和国财政部会计信息质量检查公告（第二十一号）》。
⊜ 见《财政部 国家税务总局关于将国家自主创新示范区有关税收试点政策推广到全国范围实施的通知》（财税〔2015〕116 号）和《国家税务总局关于股权奖励和转增股本个人所得税征管问题的公告》（国家税务总局公告 2015 年第 80 号）。

给予了明确。也就是说，上述两个案例中，天龙光电的税务处理是错误的，辛帕智能的税务处理是正确的。

为什么净资产折股过程中，自然人股东没有真正取得股息红利性质的收益，更没有资金流入，却仍需要缴纳个人所得税呢？这主要是基于税收中性原则的考量。税收中性原则是指，税收立法不能使税收超越市场机制而成为资源配置的决定因素。净资产折股的本质是将未分配利润、盈余公积、资本公积转增注册资本的行为，如果转增无须纳税，而将这些科目分配至股东需要纳税，将会引导企业不愿意将利润向股东进行分配，因此税法规定，个人股东获得转增的股本，应按照"利息、股息、红利所得"项目，适用20%税率征收个人所得税[一]。但国家也考虑到净资产折股过程中，个人股东确实没有现金流入，也没有纳税必要资金，因此对于符合条件的中小高新技术企业[二]，给予了5年分期纳税的税收优惠。在辛帕智能案例中，王勇等4人就在净资产折股过程中，向主管税务机关备案，并享受了该税收优惠待遇。

23.1.2 净资产折股不增加注册资本

案例：得乐康[三]

得乐康（A21226）的前身银河药业[四]成立于1994年。截至2012年12月，银河药业的股权架构如图23-3所示。

[一] 见《财政部 国家税务总局关于将国家自主创新示范区有关税收试点政策推广到全国范围实施的通知》（财税〔2015〕116号）"三、2."。

[二] 中小高新技术企业，是指注册在中国境内实行查账征收的、经认定取得高新技术企业资格，且年销售额和资产总额均不超过2亿元、从业人数不超过500人的企业。

[三] 本案例根据《浙江得乐康食品股份有限公司首次公开发行股票招股说明书（申报稿）》整理。为了方便理解，案例中数据进行了简化处理，与招股说明书中披露的实际数据会有不同。得乐康全称为浙江得乐康食品股份有限公司。

[四] 银河药业全称为浙江银河药业有限公司。

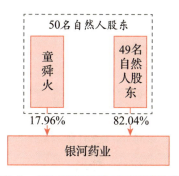

图 23-3　银河药业股改前的股权架构图

银河药业于 2013 年 1 月进行股份制改造。在股份改制过程中，银河药业的注册资本并没有发生改变，而是将留存收益折为资本公积，具体情况如表 23-3 所示。

表 23-3　银河药业净资产折股情况表　　　　（单位：万元）

	股改前	股改后	变动金额
注册资本	3 800	3 800	0
资本公积	360	1 598.4	+1 238.4
盈余公积	190	0	−190
未分配利润	1 048.4	0	−1 048.4
净资产合计	5 398.4	5 398.4	0

在银河药业净资产折股过程中，童舜火等 50 名自然人股东是否缴纳了个人所得税呢？我们来看得乐康招股说明书披露的内容：

本次整体变更前后，各发起人的持股比例不变，公司的注册资本/股本均为 38 000 000 元，不涉及以资本公积、盈余公积、未分配利润转增股本的情形，因此不涉及资本公积、盈余公积、未分配利润转增股本申报缴纳个人所得税的情形。国家税务总局仙居县税务局已于 2021 年 8 月 10 日出具《证明》，发行人由浙江银河药业有限公司整体变更设立为浙江得乐康食品股份有限公司时符合当时政策规定，不存在税务方面的违法违规情况。⊖

⊖ 见《浙江得乐康食品股份有限公司首次公开发行股票招股说明书（申报稿）》。

由此可见，得乐康的自然人股东均未缴纳个人所得税，并得到了主管税务机关的认可。

案例：科思股份[一]

科思股份（300856）的前身科思有限[二]成立于2000年。截至2016年3月，科思有限的股权架构如图23-4所示。

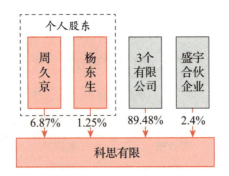

图23-4 科思有限股改前的股权架构图

科思有限于2016年进行股份制改造。在股份改制过程中，科思有限的注册资本并没有发生改变，而是将留存收益全部折为资本公积，净资产折股的具体情况如表23-4所示。

表23-4 科思有限净资产折股情况表 （单位：万元）

	股改前	股改后	变动金额
注册资本	8 000	8 000	0
资本公积	0	9 245.5	+9 245.5
盈余公积	553.42	0	−553.42
未分配利润	8 692.08	0	−8 692.08
净资产合计	17 245.5	17 245.5	0

[一] 本案例根据《南京科思工贸股份有限公司公开转让说明书》整理。为了方便理解，案例中数据进行了简化处理，与转让说明书中披露的实际数据会有不同。

[二] 科思有限全称为南京科思工贸有限公司。

在科思有限净资产折股过程中,周久京等两名自然人股东是否缴纳了个人所得税呢?我们来看科思股份公告披露的内容:

科思工贸本次整体变更为股份有限公司,存在未分配利润及盈余公积转为资本公积的情况。发行人(备注:指科思股份)已于 2017 年 6 月完成个人所得税分期缴纳备案手续,并取得南京市江宁地方税务局第一税务分局《个人所得税分期缴纳备案表(留存收益转资本公积)》,按五年分期缴纳个人所得税,自然人股东周久京、杨东生已足额分期缴纳 2017 年、2018 年个人所得税并取得《税收完税证明》,符合财政部、国家税务总局《关于个人非货币资产投资有关个人所得税政策的通知》(财税〔2015〕41 号)的相关规定。㊀

由此可见,在科思有限净资产折股过程中,周久京等两名自然人股东按照财税〔2015〕41 号文件的规定申请了税收优惠,按五年分期缴纳了个人所得税。

涉税处理的总结

这两个案例均在股份改制过程中不增加注册资本,而是将留存收益全部转增至资本公积。这种情况是否需要自然人股东缴纳个人所得税呢?

从法理层面分析

在股份改制过程中,留存收益(包含盈余公积和未分配利润)转为资本公积的行为,同样可以用分解原理进行涉税分析,即公司将留存收益向股东分红,股东再将分配的股息红利对公司进行投资。与常规投资方式不同的是,净资产折股不增加注册资本时,留存收益没有记入"股本"科目,而

㊀ 见《南京科思工贸股份有限公司公开转让说明书》。

是记入了"资本公积"科目。但不管记入会计的哪一个科目，都无法改变先分红再投资的涉税处理过程。因此，从法理层面，留存收益转为资本公积的涉税处理，和留存收益转增股本应该是一致的。在科思股份案例中，自然人股东对净资产折股至资本公积，履行了纳税义务，就是基于以上税收原理。

从政策层面分析

至今为止，我国税收法规仅明确了个人股东获得转增的股本，应按照"利息、股息、红利所得"项目，适用20%税率征收个人所得税[一]，并没有规定个人获得转增的资本公积，也应缴纳个人所得税。因此，银河药业股份改制中没有缴纳个人所得税，最终被主管税务机关认定为不存在税务方面的违法违规。

在上述两种观点中，笔者更赞同净资产折为资本公积不缴纳个人所得税。因为税收法定是征税的基本原则，虽然应用法理有利于我们理解税收政策，但在没有明确征税规定的情况下，运用法理扩大征税范围是不合适的。这里也需要提示的是，企业在股份改制前应积极与主管税务机关进行沟通，明确其对净资产折股至资本公积行为的个税征收口径，以便提前做好规划。

23.2 公司股东

23.2.1 案例38：河北广电[二]

河北广电（A21206）的前身广电有限[三]成立于2009年。截至2020年8月，广电有限的股权架构如图23-5所示。

[一] 详见本书第12章的内容。
[二] 本案例根据《河北广电无线传媒股份有限公司首次公开发行股票并在创业板上市招股说明书（申报稿）》整理。为了方便理解，案例中数据进行了简化处理，与招股说明书中披露的实际数据会有不同。
[三] 广电有限全称为河北广电无线传媒有限公司。

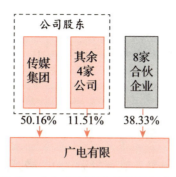

图 23-5 广电有限股改前的股权架构图

广电有限于 2020 年进行股份制改造。在股份改制过程中，广电有限将部分留存收益折为股本，部分折为资本公积（见表 23-5）。

表 23-5 广电有限净资产折股情况表 （单位：万元）

	股改前	股改后	变动金额
注册资本	5 531.7	36 000	+30 468.3
资本公积	30 261.52	66 768.22	+36 506.7
盈余公积	15 715	0	−15 715
未分配利润	51 260	0	−51 260
净资产合计	102 768.22	102 768.22	0

在广电有限净资产折股过程中，传媒集团等 5 家公司股东是否缴纳了企业所得税呢？我们来看河北广电公告披露的内容：

发行人在整体变更为股份有限公司时，共有 13 名股东，包括 8 名合伙企业股东、5 名公司法人股东，分别为传媒集团、旅投投资、河北出版、欣闻投资以及康养生态，根据《中华人民共和国企业所得税法》第二十六"企业的下列收入为免税收入：……（二）符合条件的居民企业之间的股息、红利等权益性投资收益；……"和《国家税务总局关于贯彻落实企业所得税法若干税收问题的通知》（国税函〔2010〕79 号）"被投资企业将股权（票）溢价所形成的资本公积转为股本的，不作为投资方企业的股息、红利收入，投资方企业也不得增加该项长期投资的计税基础"的规定，公司法人股东不涉及企业所得税缴纳事项。[1]

由此可见,在广电有限净资产折股过程中,传媒集团等5家公司股东未缴纳企业所得税。

23.2.2 涉税处理的总结

相对于净资产折股中个人股东复杂的税务处理,公司股东则相对简单很多。

1. 资本公积转增

根据税法的规定,被投资企业将股权(票)溢价所形成的资本公积转为股本的,不作为投资方企业的股息红利收入,投资方企业也不得增加该项长期投资的计税基础[2]。根据上述规定,在净资产折股中,以资本公积转增的部分,如果是资本溢价形成的,传媒集团等5家公司股东无须缴纳企业所得税,也不增加其持有河北广电股份的计税基础。以资本公积转增的部分,如果是其他资本公积形成的,则需要根据其他资本公积形成的原因进行具体分析,详见本书第12章相关讲解。

2. 留存收益转增

根据税法的规定,符合条件的居民企业之间的股息红利等权益性投资收益为免税收入。留存收益转增股本,可以在税收上处理为:广电有限先向传媒集团等5家公司股东分红,然后5家公司股东将股息红利向广电有限进行投资。因此,传媒集团等5家公司股东可以申请享受免税待遇[3],并增加对河北广电持有股份的计税基础。

---

[1] 非直接引用,根据《河北广电无线传媒股份有限公司首次公开发行股票并在创业板上市招股说明书(申报稿)》内容整理而成。

[2] 见《国家税务总局关于贯彻落实企业所得税法若干税收问题的通知》(国税函〔2010〕79号)。

[3] 详见本书第12章相关讲解。

23.3 合伙企业股东

23.3.1 案例39：国科恒泰[一]

国科恒泰（A17096）的前身国科有限[二]成立于2013年。截至2016年12月，国科有限的股权架构如图23-6所示。

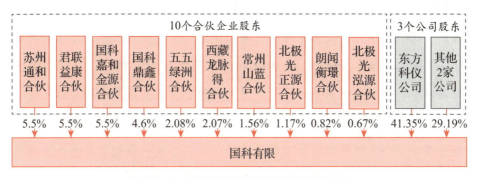

图23-6 国科有限股改前的股权架构图

国科有限于2016年进行股份制改造。在股份改制过程中，国科有限将全部留存收益和部分资本公积折为股本（见表23-6）。

表23-6 国科有限净资产折股情况表 （单位：万元）

	股改前	股改后	变动金额
注册资本	5 882.35	15 000	+9 117.65
资本公积	14 117.6	10 790.4	-3 327.2
盈余公积	1 056.8	0	-1 056.8
未分配利润	4 733.65	0	-4 733.65
净资产合计	25 790.4	25 790.4	0

国科有限在净资产折股过程中，10个合伙企业的合伙人是否需要纳税呢？我们来看国科恒泰招股说明书披露的内容：

[一] 本案例根据《国科恒泰（北京）医疗科技股份有限公司首次公开发行股票并在创业板上市招股说明书（申报稿）》整理。为了方便理解，案例中数据进行了简化处理，与招股说明书中披露的实际数据会有不同。

[二] 国科有限全称为国科恒泰（北京）医疗科技有限公司。

根据《中华人民共和国个人所得税法》《国家税务总局关于印发〈个人所得税代扣代缴暂行办法〉的通知》(国税发〔1995〕65号)、《国家税务总局关于股份制企业转增股本和派发红股征免个人所得税的通知》(国税发〔1997〕198号)、《国家税务总局关于盈余公积金转增注册资本征收个人所得税问题的批复》(国税函〔1998〕333号)、《国家税务总局关于〈关于个人独资企业和合伙企业投资者征收个人所得税的规定〉执行口径的通知》(国税函〔2001〕84号)、《国家税务总局关于进一步加强高收入者个人所得税征收管理的通知》(国税发〔2010〕54号)等相关文件的规定,国科恒泰有限整体变更设立股份有限公司时,发行人的合伙企业股东中的自然人合伙人,应就国科恒泰有限以资本公积、未分配利润、盈余公积转增股本的部分申报缴纳个人所得税,向自然人支付个人应纳税所得的主体为个人所得税的扣缴义务人。

············

综上,发行人整体变更时,东方科仪、宏盛瑞泰和百年人寿为法人股东,无须就该次资本公积、未分配利润、盈余公积转增股本的部分缴纳企业所得税;国科嘉和金源、国科鼎鑫、北极光泓源因第一层合伙人无自然人而无须履行代扣代缴义务且该等股东已出具书面承诺函;北极光正源、西藏龙脉得已就自然人合伙人以资本公积、未分配利润、盈余公积转增股本的部分缴纳个人所得税;朗闻衡璟已取得税务主管部门出具的《清税证明》;发行人的合伙企业股东苏州通和、君联益康、五五绿洲、常州山蓝虽未代扣代缴个人所得税,但该纳税义务并非发行人的纳税义务,亦非作为发行人股东的合伙企业的纳税义务,该等情形不会对发行人的生产经营或发行人的股权稳定产生重大影响;且苏州通和、君联益康、五五绿洲、常州山蓝均已做出承诺,如有关主管部门要求其合伙人补缴该等所得所应缴纳的所得税及由此产生的任何税务负担,将无条件履行所得税及由此产生的任何税务负担的代扣代缴义务,并全额赔偿可能给发行人造成的损失。上述合伙企业并不是发行人控股股东、实际控制人,发行人未因该等事项受到行政处罚,不构成重大违法行为,发行人也不因此存在纠纷或被处罚风险。因此,国科恒泰有限整体变更为股份公司时苏州通和、君联益康、五五绿洲、常州山蓝的自然人合伙人未缴纳个人所得税不会对发行人本次发行上市构成实质性法律障碍。○

根据上述披露内容,国科有限在净资产折股过程中,其合伙企业股东可分为4类。

第1类:自然人合伙人缴纳个人所得税

北极光正源、西藏龙脉得这两家合伙企业,其自然人合伙人已经就国科有限转增资本的行为,按股息、红利所得缴纳了个人所得税。

第2类:合伙企业注销且已办理清税

朗闻衡璟于2019年注销,注销时取得了主管税务机关开具的清税证明。

第3类:合伙企业没有代为申报个税的义务

国科嘉和金源、国科鼎鑫、北极光泓源这3家合伙企业股东,由于合伙人依然为合伙企业,因此其无须履行代扣代缴义务。为了不影响国科恒泰申请上市,该3家合伙企业均出具了书面承诺函。

第4类:自然人合伙人未缴纳个人所得税

苏州通和、君联益康、五五绿洲、常州山蓝这4家合伙企业股东,未

○ 见《国科恒泰(北京)医疗科技股份有限公司首次公开发行股票并在创业板上市招股说明书(申报稿)》。

代扣代缴自然人合伙人的个人所得税。为了不影响国科恒泰申请上市，该4家合伙企业均出具了书面承诺函。

23.3.2　涉税处理的总结

1. 自然人合伙人有纳税义务

在净资产折股过程中，自然人合伙人虽然未直接取得投资收益，但通过合伙企业间接持有的公司股本增加了，在税务处理上，相当于合伙企业取得了公司分配的股息红利，因此自然人合伙人有纳税义务。

2. 未代扣代缴的合伙企业可出具承诺函

净资产折股过程中，与国家给予直接持股的个人股东以税收优惠不同，国家并未对自然人合伙人通过合伙企业获得的转增股本给予税收优惠，所以在实务中，如果遇到自然人合伙人因缺乏纳税必要资金，不愿申报缴纳个人所得税的情形，为了避免该事项形成上市障碍，可由合伙企业出具书面承诺函。在本案例中，苏州通和等合伙企业股东均采取了出具承诺函的做法，最终该事项未构成上市障碍，国科恒泰成功上市。

23.4　本章实战思考

与股东拥有自主选择权的转增资本不同，净资产折股是股改上市的必经之路，并且股东也没有选择折股金额的权利。由于目前国家尚未对净资产折股给予单独的税收政策，因此，净资产折股和普通的转增资本只能适用相同的税务规则。这就意味着，我们需要更科学地进行拟上市公司的股本规划。在制定股本规划时，至少需要考虑以下几个维度：税负成本、市值规划、财务指标规划、股改后的股权动作（包括股权激励、股权融资）等。

CHAPTER 24

第 24 章

公司成熟之股权激励

股权激励是企业为了激励和留住核心人才而推行的一种长期激励机制。本章我们将通过 3 个案例来讲解股权激励过程中的涉税处理。

24.1 个人直接持股的激励模式

24.1.1 案例 40：东易日盛

东易日盛（002713）创立于 1997 年，专注于家装行业。创始人是陈辉和杨劲夫妻二人（以下简称"陈氏夫妻"）。2014 年，东易日盛成为 A 股家装行业第一家上市公司。

截至 2009 年年底，东易日盛的股权架构为：东易天正、陈氏夫妻、48 名员工和外部投资人李永红共同持股（见图 24-1）。

2010 年，东易日盛进入了上市报告期的第 2 年。这一年，东易日盛进行了上市前最后一轮股权变更，增加了新的员工股东，又从外部引入了 5 家私募股权投资基金。具体情况如表 24-1 所示。

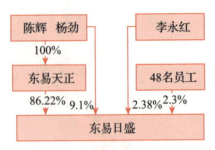

图 24-1　东易日盛股权架构图

表 24-1　东易日盛股权转让一览表

转让方	受让方	转让单价（元/股）	转让股数（万股）	转让总价（万元）	定价依据	转让时间
东易天正	30个自然人	4	109	436	净资产账面价值加上一定溢价	2010.4.27
陈辉	和泰投资	15	80	1 200	协商定价	2010.4.8
东易天正	磐石投资	15	150	2 250	协商定价	2010.6.17
陈辉	祥禾投资	15	20	300	协商定价	2010.6.17
杨劲	祥禾投资	15	100	1 500	协商定价	2010.6.17
东易天正	祥禾投资	15	30	450	协商定价	2010.6.17
东易天正	生源投资	15	85.2	1 278	协商定价	2010.6.17
东易天正	生泉投资	15	64.8	972	协商定价	2010.6.17

从股权转让一览表中可以看到，转给外部投资人，定价为15元/股，而转给30个自然人，定价仅为4元/股。价格差异如此之大，原因是30个自然人均为东易日盛骨干员工，也就是说，这11元的差价，是陈氏夫妻对30名骨干员工多年忠心耿耿的回馈。

24.1.2　股权激励会计处理

根据东易日盛招股说明书披露，东易日盛对该事项进行了如下会计处理。借：管理费用——股份支付费用1 199万元，贷：资本公积——其他资本公积1 199万元。计算过程如表24-2所示。

表 24-2 东易日盛股份支付金额计算表

受让方	每股价格（元/股）	转让股数（万股）	转让总价（万元）
外部投资者	15	109	1 635
30 个自然人	4	109	436
股份支付金额	11	109	1 199

上述股权激励涉及三方主体，分别是激励股的转让方——东易天正、激励股的受让方——30 名员工，还有激励的标的公司——东易日盛，这三方主体应如何进行税务处理呢？

24.1.3 激励股的转让方：东易天正

东易天正将持有的东易日盛的股份，以 4 元/股的价格转让给 30 名骨干员工，转让价格明显低于向外部投资人的转让价格 15 元/股，东易天正是否存在被税务机关核定其应纳税额的风险？

根据税法的规定，纳税人申报的计税依据明显偏低，又无正当理由的，税务机关有权核定其应纳税额㊀。在本案例中，东易日盛的股权激励计划经过股东会审议通过，流程合规且符合商业惯例，笔者认为应属于"正当理由"，不宜作为核定征收的范围，东易天正可以按实际转让价格 4 元/股计算缴纳企业所得税。

假设本次激励股的来源并不是东易天正，而是由陈氏夫妻以 4 元/股的价格将东易日盛股权转让给 30 名员工，税务机关是否会核定股权转让收入呢？

根据税法的规定，有证据充分证明转让价格合理且真实的本企业员工持有的不能对外转让股权的内部转让，属于"正当理由"㊁。陈氏夫妻基于东易

㊀ 见《税收征收管理法》第三十五条。
㊁ 见《国家税务总局关于发布〈股权转让所得个人所得税管理办法（试行）〉的公告》（国家税务总局公告 2014 年第 67 号）第十三条，具体见本书第 14 章内容讲解。

日盛股东会决议通过的股权激励计划,将股权转让给内部员工,且限制员工对外转让股权,满足了上述要求。因此,因股权激励导致的股权转让,可以认定为"正当理由",陈氏夫妻可以按 4 元 / 股的价格计算缴纳个人所得税。

24.1.4　激励股的受让方：30 名员工

1. 取得股权激励时

适用"工资、薪金所得"税目

30 名员工购买东易日盛股份的价格是 4 元 / 股,外部投资人的购买价格是 15 元 / 股,员工是否需要将 11 元 / 股的价差,并入工资薪金,缴纳个人所得税呢?《个人所得税法实施条例》第六条规定,工资、薪金所得,是指个人因任职或者受雇取得的工资、薪金、奖金、年终加薪、劳动分红、津贴、补贴以及与任职或者受雇有关的其他所得。根据上述定义,判定"工资、薪金所得"的核心,是个人是否因任职或者受雇而取得所得,无论该项所得是以货币结算,还是以权益工具结算,也不论该项所得是否由任职或受雇的公司直接支付。因此,30 名员工取得激励股份时,实际出资额低于公平市场价格的差额,实质上是东易日盛发放的非现金形式的补贴,需要并入"工资、薪金所得",适用 3%～45% 的累进税率,计算缴纳个人所得税[一]。

可以申请税收优惠[二]

（1）优惠条件。

非上市公司的股权流动性弱,变现能力差,而且需要承担的投资风险

[一] 见《财政部 国家税务总局关于个人股票期权所得征收个人所得税问题的通知》(财税〔2005〕35 号) 和《财政部 国家税务总局关于股票增值权所得和限制性股票所得征收个人所得税有关问题的通知》(财税〔2009〕5 号)。

[二] 以下税收优惠的内容来源于《财政部 国家税务总局关于完善股权激励和技术入股有关所得税政策的通知》(财税〔2016〕101 号) 和《国家税务总局关于股权激励和技术入股所得税征管问题的公告》(国家税务总局公告 2016 年第 62 号)。

比较高。如果30名员工在取得东易日盛股份的环节，就需要按"工资、薪金所得"缴纳个人所得税，不仅会加重激励对象的经济负担，还极有可能阻碍股权激励这种世界通行的长期激励工具在中国的落地。于是，2016年，财政部和国家税务总局联合出台财税〔2016〕101号文件○，规定只要满足以下7个条件，股权激励就可以享受税收优惠。

1）属于境内居民企业的股权激励计划；

2）股权激励计划经公司董事会、股东（大）会审议通过；

3）激励标的应为境内居民企业的本公司股权；

4）激励对象应为公司董事会或股东（大）会决定的技术骨干和高级管理人员，激励对象人数累计不得超过本公司最近6个月在职职工平均人数的30%；

5）须在股权激励计划中列明时间条件，且时间条件符合要求○；

6）股票（权）期权自授予日至行权日的时间不得超过10年；

7）实施股权奖励的公司及其奖励股权标的公司所属行业均不属于《股权奖励税收优惠政策限制性行业目录》范围。

（2）优惠内容。

只要满足上述7个优惠条件，经向主管税务机关备案，激励对象就可以享受递延纳税的税收优惠，即30名员工在取得东易日盛股份时可暂不纳税，递延至转让该股份时纳税，并且股权转让时，适用"财产转让所得"项目，按照20%的税率计算缴纳个人所得税。

（3）优惠程序。

1）非上市公司。

如果是非上市公司实施符合条件的股权激励，激励对象选择递延纳税

○ 《财政部 国家税务总局关于完善股权激励和技术入股有关所得税政策的通知》（财税〔2016〕101号）。

○ 股票（权）期权自授予日起应持有满3年，且自行权日起应持有满1年；限制性股票自授予日起应持有满3年，且解禁后持有满1年；股权奖励自获得奖励之日起应持有满3年。

的，非上市公司应于股票（权）期权行权、限制性股票解禁、股权奖励获得之次月15日内，向主管税务机关报送《非上市公司股权激励个人所得税递延纳税备案表》、股权激励计划、董事会或股东会决议、激励对象任职或从事技术工作情况说明等。实施股权奖励的企业同时报送本企业及其奖励股权标的企业上一纳税年度主营业务收入构成情况说明。

个人因非上市公司实施股权激励或以技术成果投资入股取得的股票（权），实行递延纳税期间，扣缴义务人应于每个纳税年度终了后30日内，向主管税务机关报送《个人所得税递延纳税情况年度报告表》。

2）上市公司。

上市公司实施股权激励，激励对象选择在不超过12个月期限内缴税的，上市公司应自股票期权行权、限制性股票解禁、股权奖励获得之次月15日内，向主管税务机关报送《上市公司股权激励个人所得税延期纳税备案表》。上市公司初次办理股权激励备案时，还应一并向主管税务机关报送股权激励计划、董事会或股东大会决议。

2. 激励股未来转让时

在东易日盛上市后，30名员工将持有的东易日盛股票减持套现，允许扣除的税收成本是4元/股还是15元/股？

在计算股份转让应缴个人所得税时，可以遵循以下原则。

原则1：上环节交，下环节扣

如果取得激励股时，员工未进行个人所得税递延纳税备案，应按"工资、薪金所得"税目缴纳个人所得税。未来卖股时，按15元/股作为税收成本扣除。

原则2：上环节不交，下环节不扣

如果取得激励股时，员工进行了个人所得税递延纳税备案，则可以将

个税递延至未来卖股时再交。在未来股权转让的环节，允许扣除的税收成本为 4 元/股。全部股权转让所得，按"财产转让所得"税目，适用 20% 的税率计算缴纳个人所得税。

24.1.5 激励的标的公司：东易日盛

东易日盛按企业会计准则的规定，确认股份支付金额 1 199 万元，并进行会计处理，记入"管理费用——股份支付费用"科目。东易日盛是否可以将记入管理费用的 1 199 万元在企业所得税前扣除？我们来看国家税务总局公告 2012 年第 18 号的规定：

二、上市公司依照《管理办法》要求建立职工股权激励计划，并按我国企业会计准则的有关规定，在股权激励计划授予激励对象时，按照该股票的公允价格及数量，计算确定作为上市公司相关年度的成本或费用，作为换取激励对象提供服务的对价。上述企业建立的职工股权激励计划，其企业所得税的处理，按以下规定执行：

（一）对股权激励计划实行后立即可以行权的，上市公司可以根据实际行权时该股票的公允价格与激励对象实际行权支付价格的差额和数量，计算确定作为当年上市公司工资薪金支出，依照税法规定进行税前扣除。

....

三、在我国境外上市的居民企业和非上市公司，凡比照《管理办法》的规定建立职工股权激励计划，且在企业会计处理上，也按我国会计准则的有关规定处理的，其股权激励计划有关企业所得税处理问题，可以按照上述规定执行。⊖

根据上述政策的规定，东易日盛因实施股权激励而确认的成本费用，

⊖ 《国家税务总局关于我国居民企业实行股权激励计划有关企业所得税处理问题的公告》（国家税务总局公告 2012 年第 18 号）。

应作为换取激励对象提供服务的对价，只要满足以下条件，就允许在当期扣除：

（1）东易日盛建立了股权激励计划；

（2）东易日盛进行了股份支付的会计处理；

（3）股权激励计划实行后已实际行权[一]。

在本案例中，东易日盛由于满足了上述条件，所以可以在税前扣除股份支付金额。

24.2 有限合伙间接架构激励模式

24.2.1 案例41：润阳科技

润阳科技（300920）成立于2012年，创始人为张镁等人。2020年12月，润阳科技在创业板成功上市。

2017年，润阳科技处于申报上市的第2个报告期，公司业务规模持续扩大，盈利能力快速提升。为了让骨干员工分享公司经营发展成果，吸引并留住人才，润阳科技股东会决议实施股权激励。与东易日盛让员工直接持股不同，润阳科技设立了安扬合伙[二]和明茂合伙[三]作为员工持股平台。7名员工以每股2.6元[四]的价格对合伙企业增资，然后合伙企业再对润阳科技增资（见图24-2）。

对于员工以增资方式进入，而且搭建了有限合伙持股平台的股权激励，又该如何进行税务处理呢？

[一] 行权是指激励对象根据激励计划的安排，购买公司股份的行为。

[二] 全称为宁波梅山保税港区安扬投资管理合伙企业（有限合伙）。

[三] 全称为宁波梅山保税港区明茂投资管理合伙企业（有限合伙）。

[四] 根据润阳科技招股说明书披露，7名员工的实际入股价格为2.6元/股，公允价格为15.441元/股，本案例数据进行了简化。

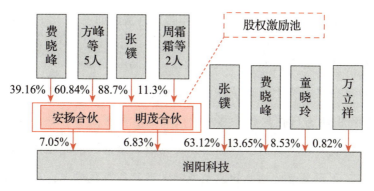

图 24-2　润阳科技股权架构图

24.2.2　标的公司的企业所得税

本次股权激励授予 7 名骨干员工的股份合计约 171 万股，认购价格为 2.6 元/股，授予股份的公允价值以 2018 年 1 月外部投资者增资价格约 15.44 元/股确定，共形成股份支付金额约 2 200 万元，润阳科技一次性计入 2017 年度当期损益。润阳科技通过员工持股平台进行股权激励，形成的成本费用能否在企业所得税前扣除呢？实务中存在以下两种观点。

观点 1：不予扣除

该观点认为，国家税务总局公告 2012 年第 18 号文件规定的股权激励仅限于"以本公司股票为标的"[一]，因此只有个人持股直接架构才能适用于该政策规定，如果员工通过有限合伙企业间接持股，则所形成的股份支付费用不允许在企业所得税前扣除。例如燕麦科技[二]（688312）在上市前实施

[一]《国家税务总局关于我国居民企业实行股权激励计划有关企业所得税处理问题的公告》（国家税务总局公告 2012 年第 18 号）第一条规定，该公告所称股权激励，是指《上市公司股权激励管理办法（试行）》中规定的上市公司以本公司股票为标的，对其董事、监事、高级管理人员及其他员工（以下简称激励对象）进行的长期性激励。股权激励实行方式包括授予限制性股票、股票期权以及其他法律法规规定的方式。

[二] 燕麦科技全称为深圳市燕麦科技股份有限公司。

了间接持股模式的股权激励,其上市申报文件披露如下:

报告期内,公司对员工的股权激励通过合伙企业实施,在该模式下,被激励对象行权相当于成为了合伙企业的合伙人,不符合国家税务总局公告 2012 年第 18 号《国家税务总局关于我国居民企业实行股权激励计划有关企业所得税处理问题的公告》所规定的股权激励,因此相关支出不允许税前扣除,不形成暂时性差异,无须确认递延所得税资产,公司已将股份支付作为永久性差异纳税调整增加,并缴纳了企业所得税,因此未确认递延所得税资产。㊀

由此可见,燕麦科技认为间接持股模式的股权激励,所形成的股份支付费用不能在企业所得税前扣除。

观点 2:允许扣除

该观点认为,在间接持股模式下,股权激励的标的依然为"本公司股票",不能因为员工持股方式的不同,而改变股权激励的本质。因此,即使通过有限合伙企业间接持股的股权激励,所形成的股份支付费用也应该适用国家税务总局公告 2012 年第 18 号文件的规定,允许在企业所得税前扣除。

润阳科技并未披露股份支付费用的企业所得税处理方式。在实务中,笔者建议企业在进行股权激励之前,积极与主管税务机关进行沟通,了解当地的执法口径,以便提前做好股权激励入股价格规划以及税负测算。

㊀ 见《关于深圳市燕麦科技股份有限公司首次公开发行股票并在科创板上市申请文件的第二轮审核问询函中有关财务事项的说明》。

24.2.3 激励对象的个人所得税

润阳科技 7 名员工取得股份的实际增资价格（2.6 元 / 股 × 授予股份数量）低于购买日公平市场价格（15.44 元 / 股 × 授予股份数量）的差额，应确认为工资薪金所得，适用 3%～45% 的累进税率，计算缴纳个人所得税。那 7 名员工是否可以依据财税〔2016〕101 号文件申请非上市公司股权激励个人所得税递延纳税备案登记？实务中出现了以下两种不同的观点。

观点 1：不予备案

该观点认为，润阳科技授予 7 名员工的股权激励，并非员工直接持股，而是通过有限合伙企业间接持有润阳科技的股份（见图 24-3）。

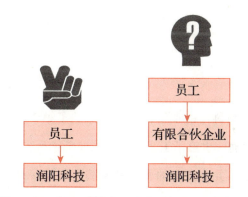

图 24-3 润阳科技有限合伙间接架构激励模式

由于财税〔2016〕101 号文件的优惠政策限定了激励标的应为境内居民企业的本公司股权㊀，因此，只有员工直接持股才能申请该递延纳税待遇。如果员工通过有限合伙企业间接持股，不能给予个人所得税优惠备案。

㊀ 见《财政部 国家税务总局关于完善股权激励和技术入股有关所得税政策的通知》（财税〔2016〕101 号）"一、（二）3."。

观点 2：允许备案

该观点认为，财税〔2016〕101 号文件的规定并未对员工的持股方式做出限制和要求，因此员工通过有限合伙企业间接持股，也应给予个人所得税的优惠备案。

本案例中，润阳科技招股说明书披露：

部分员工通过员工持股平台安扬投资和明茂投资获得了相应的股权激励。截至本招股说明书签署日，润阳科技已按照相关法律法规的要求向主管税务机关对所有获得股权激励的员工（包括通过员工持股平台获得股权激励的员工）进行了非上市公司股权激励个人所得税递延纳税备案登记。

2020 年 9 月 14 日，国家税务总局长兴县税务局出具了相关证明："截至本证明出具日，润阳科技已对上述获得股权激励的员工进行了非上市公司股权激励个人所得税递延纳税备案登记，相关手续完备，所有获得股权激励员工的递延纳税情况符合相关规定，未发现涉税违法违规行为。"[⊖]

由此可见，润阳科技的主管税务机关采纳了第 2 种观点，对于间接持股模式下的股权激励，也给予了个人所得税递延纳税备案登记。

需要提示的是，并非所有的企业都像润阳科技一样，能够顺利地在主管税务机关办理递延纳税备案登记。建议企业在确定股权激励模式之前，积极与主管税务机关进行沟通，了解当地的执法口径，以便提前做好税负测算以及进行股权激励入股价格的规划。

24.3　期权模式的股权激励

期权是指公司给予激励对象在一定期限内以事先约定的价格购买本公

[⊖]《浙江润阳新材料科技股份有限公司首次公开发行股票并在创业板上市招股说明书（注册稿）》。

司股票（权）的权利。期权激励应如何进行税务处理呢？我们来看汪汪新材的案例。

24.3.1　案例42：汪汪新材[一]

汪汪新材成立于2005年，创始人是汪先生。2015年6月，汪汪新材开始规划在创业板申报上市。

为了实现员工利益与公司发展高度绑定，汪汪新材股东会审议通过了《期权激励计划》，向30名高管授予500万份期权，行权后对应公司500万元的注册资本，占授予日公司注册资本的10%。同日，汪汪新材与30名高管签署了《期权授予协议》，协议约定授予日为2016年1月1日，30名激励对象从授予日起在公司连续服务满3年，可以以每份期权2元的价格购买公司1元注册资本或1股公司股份。随后，汪先生与汪夫人共同设立凯莱合伙[二]作为员工持股平台。汪夫人以2元/注册资本的价格（汪夫人原持股成本2元/注册资本），向凯莱合伙转让汪汪新材15%的股权（对应汪汪新材750万元注册资本），用于本次授予期权的行权和预留股份授予未来入职员工。2016年3月，汪汪新材引入1家私募股权基金对公司增资扩股，每注册资本价格为5元。引入外部投资人后，汪汪新材的股权架构如图24-4所示。

2019年1月，期权激励计划进入行权期。除3名激励对象离职[三]外，实际行权的激励对象共27名。2019年3月31日，汪夫人将通过凯莱合伙间接持有的汪汪新材8.1%的股权（对应汪汪新材450万元注册资本），以2元/注册资本的价格，转让给27名激励对象。在行权日，汪汪新材股权的公允价值为10元/注册资本。行权后汪汪新材的股权架构如图24-5所示。

　㊀　本案例是在真实案例基础上改编而成。汪汪新材是一家股份有限公司，其名称为化名。
　㊁　凯莱合伙的全称为上海市凯莱管理咨询合伙企业（有限合伙）。
　㊂　该3名激励对象被授予的期权份额为50万份，对应汪汪新材的注册资本为50万元。

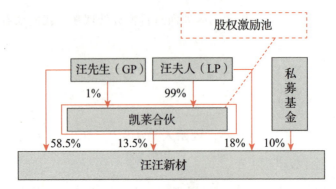

图 24-4　汪汪新材股权架构图

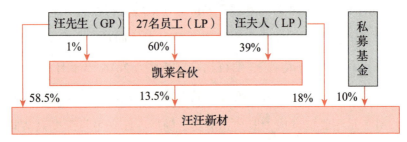

图 24-5　汪汪新材激励对象行权后股权架构图

24.3.2　期权激励的会计处理

汪汪新材的期权激励约定了 3 年等待期，且激励对象需在等待期内为公司提供服务，根据企业会计准则的相关规定，本次期权激励所确认的股份支付金额需要在 3 年内进行摊销。具体计算过程如下。

步骤 1：确定授予日期权的公允价值

本次期权激励的授予日为 2016 年 1 月 1 日，汪汪新材以近期引入外部投资人的价格，即 5 元 / 注册资本，作为授予日期权的公允价值。

步骤 2：估计等待期内激励对象离职比例

汪汪新材估计等待期内激励对象的离职比例约为 10%，行权日实际离职比例也为 10%。

步骤3：进行股份支付的会计处理（见表24-3）

表24-3　汪汪新材股份支付会计处理表

时间	会计处理
2016年1月1日（授予日）	授予日不做账务处理
2016年12月31日（等待期内的资产负债表日）	借：管理费用　　　　　　　　　450万① 　　贷：资本公积——其他资本公积　　　450万
2017年12月31日（等待期内的资产负债表日）	借：管理费用　　　　　　　　　450万② 　　贷：资本公积——其他资本公积　　　450万
2018年12月31日（等待期内的资产负债表日）	借：管理费用　　　　　　　　　450万③ 　　贷：资本公积——其他资本公积　　　450万
2019年3月31日（实际行权日）	借：资本公积——其他资本公积　1 350万 　　贷：资本公积——资本溢价④　　　1 350万

① 2016年确认股份支付金额=（5-2）×1/3×（1-10%）×500=450（万元）。

② 2017年确认股份支付金额=（5-2）×2/3×（1-10%）×500-450=450（万元）。

③ 2018年确认股份支付金额=（5-2）×（1-10%）×500-450-450=450（万元）。

④《企业会计准则第11号——股份支付》应用指南第二条第（三）项第1目规定，企业应在行权日根据行权情况，确认股本和股本溢价，同时结转等待期内确认的资本公积（其他资本公积）。

24.3.3　期权激励的税务处理

1. 激励的标的公司——汪汪新材

从2016年至2018年，汪汪新材每年在会计上确认管理费用450万元。假设其主管税务机关允许间接持股模式股权激励的费用，适用国家税务总局公告2012年第18号文件的规定在企业所得税前扣除，汪汪新材的股权激励费用应如何扣除呢？我们来看税法的规定：

对股权激励计划实行后，需待一定服务年限或者达到规定业绩条件（以下简称等待期）方可行权的，上市公司㊀等待期内会计上计算确认的相

㊀ 非上市公司可比照执行。具体见《国家税务总局关于我国居民企业实行股权激励计划有关企业所得税处理问题的公告》（国家税务总局公告2012年第18号）第三条。

关成本费用，不得在对应年度计算缴纳企业所得税时扣除。在股权激励计划可行权后，上市公司方可根据该股票实际行权时的公允价格与当年激励对象实际行权支付价格的差额及数量，计算确定作为当年上市公司工资薪金支出，依照税法规定进行税前扣除。[一]

根据上述规定，可以得出结论：股权激励相关成本费用的税务处理与会计处理存在差异。该税会差异表现在以下两个方面。

扣除时点的不同

在会计处理上，汪汪新材在3年等待期内每年确认管理费用450万元；在税务处理上，汪汪新材在等待期内并不能税前扣除上述管理费用，而是在实际行权的年度一次性税前列支。

扣除金额的不同

会计上确认的"管理费用——股份支付费用"，是以授予日期权的公允价值（5元/注册资本）为基础计算的；而税务上，汪汪新材允许税前扣除的股份支付费用是以行权时公允价格（10元/注册资本）为基础计算的。

根据税法的规定[二]，在计算应纳税所得额时，企业的会计处理与税法的规定不一致的，应当依照税法的规定计算。因此，汪汪新材可以按表24-4所示进行企业所得税处理。

2. 激励股的转让方

在期权激励行权时，汪夫人将通过凯莱合伙间接持有的汪汪新材股权，

[一] 见《国家税务总局关于我国居民企业实行股权激励计划有关企业所得税处理问题的公告》（国家税务总局公告2012年第18号）第二条第（二）项。

[二] 见《企业所得税法》第二十一条。

以 2 元/注册资本的价格，转让给 27 名激励对象。因汪夫人未取得所得，且本次合伙份额转让拥有"正当理由"，因此无须缴纳个人所得税。㊀

表 24-4　汪汪新材股权激励企业所得税处理表

时间	会计处理	企业所得税处理
2016 年 1 月 1 日（授予日）	授予日不做账务处理	不适用
2016 年 12 月 31 日（等待期第 1 年）	借：管理费用　　　　　450 万 　贷：资本公积——其他资本公积　450 万	当年度汇算清缴时，纳税调增 450 万元
2017 年 12 月 31 日（等待期第 2 年）	借：管理费用　　　　　450 万 　贷：资本公积——其他资本公积　450 万	当年度汇算清缴时，纳税调增 450 万元
2018 年 12 月 31 日（等待期第 3 年）	借：管理费用　　　　　450 万 　贷：资本公积——其他资本公积　450 万	当年度汇算清缴时，纳税调增 450 万元
2019 年 3 月 31 日（实际行权日）	借：资本公积　　　　　1 350 万 　　——其他资本公积 　贷：资本公积——资本溢价　1 350 万	当年度汇算清缴时，纳税调减 3 600 万元①

① 计算公式为：（实际行权时的公允价格 10 元/注册资本 − 当年激励对象实际行权支付价格 2 元/注册资本）× 行权的数量 450 万注册资本 = 3 600 万元。

3. 激励股的受让方

所得额如何计算

本案例中，27 名员工的行权价格为 2 元/注册资本。在授予日（即 2016 年 1 月 1 日），汪汪新材的公允价格为 5 元/注册资本；在行权日（即 2019 年 3 月 31 日），汪汪新材的公允价格为 10 元/注册资本。那么在计算 27 名员工的工资薪金所得时，是以授予日的公允价格为准，还是以行权日的公允价格为准呢？我们来看税法的规定：

员工行权时，其从企业取得股票的实际购买价（施权价）低于购买日公平市场价（指该股票当日的收盘价，下同）的差额，是因员工在企业的表现和业绩情况而取得的与任职、受雇有关的所得，应按"工资、薪金所得"

㊀ 具体可以参考本章东易日盛案例讲解。

适用的规定计算缴纳个人所得税。^{○一}

由此可见，汪汪新材应按以下公式计算应代扣代缴27名员工因期权激励而产生的应纳税所得额：激励对象的工资薪金所得=（行权日汪汪新材的公允价格10元/注册资本－实际购买价2元/注册资本）×该激励对象实际购买的数量。

能否申请优惠备案

27名员工通过合伙企业作为持股平台间接持股汪汪新材，可以向主管税务机关申请非上市公司股权激励个人所得税递延纳税备案登记，但是否能成功备案尚需要与主管税务机关进行沟通。^{○二}

如果不能获得递延纳税备案，则根据财税〔2016〕101号文件^{○三}的规定，在获得股份时，对实际出资额低于公平市场价格的差额，按照"工资、薪金所得"项目，参照财税〔2005〕35号文件^{○四}有关规定计算缴纳个人所得税。具体可参考本章润阳科技案例内容。在员工行权时，对实际出资额低于公平市场价格的差额，按照"工资、薪金所得"计算缴纳个人所得税。未来转让间接持有的汪汪新材股份时，按10元/股^{○五}作为税收成本扣除。

○一 见《财政部 国家税务总局关于个人股票期权所得征收个人所得税问题的通知》（财税〔2005〕35号）第二条第（二）项。

○二 具体见本章润阳科技案例讲解。

○三 《财政部 国家税务总局关于完善股权激励和技术入股有关所得税政策的通知》（财税〔2016〕101号）第四条第（一）项规定，个人从任职受雇企业以低于公平市场价格取得股票（权）的，凡不符合递延纳税条件，应在获得股票（权）时，对实际出资额低于公平市场价格的差额，按照"工资、薪金所得"项目，参照《财政部 国家税务总局关于个人股票期权所得征收个人所得税问题的通知》（财税〔2005〕35号）有关规定计算缴纳个人所得税。

○四 《财政部 国家税务总局关于个人股票期权所得征收个人所得税问题的通知》（财税〔2005〕35号）第二条规定："（一）员工接受实施股票期权计划企业授予的股票期权时，除另有规定外，一般不作为应税所得征收。（二）员工行权时，其从企业取得股票的实际购买价（施权价）低于购买日公平市场价（指该股票当日的收盘价，下同）的差额，是因员工在企业的表现和业绩情况而取得的与任职、受雇有关的所得，应按'工资、薪金所得'适用的规定计算缴纳个人所得税。……"

○五 假设员工退出时，旺旺新材已经上市，且在此期间旺旺新材未发生转增、缩股等事宜。

如果 27 名员工成功地进行了个人所得税递延纳税备案，则行权时，无须缴纳个人所得税，而是递延至未来转让间接持有的汪汪新材股份时缴纳。在未来股权转让环节，允许扣除的税收成本为 2 元 / 股。全部股权转让所得，按"财产转让所得"税目，适用 20% 的税率计算缴纳个人所得税。

24.4　本章实战思考

在股权设计中，拟上市公司的股权激励难度系数非常高，因为除了要考虑通过股权激励激活组织潜能，实现管理升级，还会牵涉到财税、法律等硬规则。我经常遇到企业家对股权激励纳税深感疑惑：为什么员工掏钱对公司增资入股，还需要员工交个税？这个问题折射了商业思维和税收思维的冲突。在商业世界里摸爬滚打久了，企业家会形成误区，认为只有赚了钱才需要交税。但本章的几个案例再次证明：在税法的世界里，不仅不赚钱可能要交税，掏钱出资也可能要交税。如果在设计股权激励方案时忽略财税维度考量，哪怕是从管理维度进行了精美的设计，也可能因财税成本过高而功亏一篑。

| PART 5 |

第五部分

公司整合

天下大势，分久必合，合久必分，商业世界里也每天都在上演着并购重组的故事。本部分将着重讲解公司进入成熟期后，在并购整合和境外扩张中常见的涉税问题以及如何进行税务规划和避开税收陷阱。

CHAPTER 25
第 25 章

企业并购之并购协议

并购交易往往金额巨大，涉及的税收金额也很高。从税务角度，如果在并购前未做好税负测算，并购中不审核并购协议，不仅可能导致整个交易由于税负过高而推倒重来，还可能影响到后续的并购效益。本书第25～28章将讲解企业并购的涉税要点。现在先来了解并购协议中的涉税条款。

25.1 并购的含义

在第四部分我们讲解过股权架构重组。并购和重组有什么区别？有个简单的标准：股权架构改变前后，实际控制人是否发生了变化。如果发生了变化，就是并购；如果没有发生变化，就是重组。我们来看两个应用案例。

案例：前海置业

陈天王有两个独资公司，分别是玉皇集团和皇玉集团。玉皇集团有个全资子公司前海置业。玉皇集团将前海置业 80% 的股权转让给了皇玉集团（见图 25-1）。请问：这是重组还是并购？

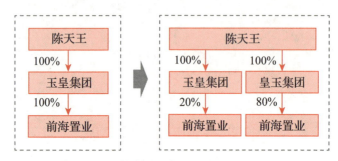

图 25-1　前海置业架构调整前后对比图

答：这是重组，因为架构改变前，前海置业的实际控制人是陈天王；架构改变后，前海置业的实际控制人还是陈天王。所以，前海置业的股权转让被称为"重组"。

案例：云荒科技

玉皇集团是陈天王的独资公司，云荒科技是玉皇集团的全资子公司。赵大地有个独资公司叫大地集团。现在玉皇集团将云荒科技 80% 的股权转让给了大地集团（见图 25-2）。请问：这是重组还是并购？

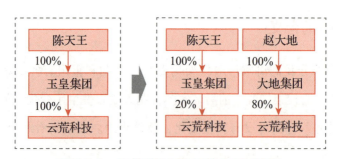

图 25-2　云荒科技架构调整前后对比图

答：这是并购，因为架构改变前，云荒科技的实际控制人是陈天王；

架构改变后，云荒科技的实际控制人由陈天王变成了赵大地。所以，云荒科技的股权转让被称为"并购"。

重组和并购的税收规划，差异在哪里呢？重组过程中，由于重组前后是相同的实际控制人，属于一家人的内部架构调整，因此税收筹划的空间会更大，毕竟中间的过程比较好掌控。但并购过程中，由于交易双方不是一家人，涉及协调交易对手，税收筹划就变得困难了。因此，并购的税收筹划更多从以下三个维度出发：第一，税负转嫁；第二，风险防控；第三，利用税收优惠。税负转嫁，我们曾在第 13 章中进行过讲解。本章和第 26 章将着重讲解并购中的税务风险防控，在第 27 章和第 28 章，将着重讲解如何利用税收优惠。

并购协议是并购的核心枢纽，无论是并购中的商业谈判、会计处理，还是纳税申报，无一不是围绕着并购协议展开的。并购协议中和税相关的主要有 8 类条款，分别是承债条款、包税条款、过渡期损益条款、支付对价条款、付款时间条款、并购标的条款、分红条款和对赌条款。在第 11 章、第 13 章、第 15 章中，我们曾经讲解过对赌条款、并购标的条款、分红条款，本章讲解包税条款、过渡期损益条款、付款时间条款，第 26 章讲解承债条款，第 27 章和第 28 章将讲解支付对价条款。

25.2 包税条款

25.2.1 案例 43：太原重型[⊖]

太重公司[⊜]和嘉和泰公司[⊝]是山西太原的两家公司。2002 年 3 月，太重公司与嘉和泰公司签订协议，太重公司将一块土地的使用权转让给嘉和

⊖ 本案例根据《山西嘉和泰房地产开发有限公司与太原重型机械（集团）有限公司土地使用权转让合同纠纷案》（最高人民法院民事判决书（2007）民一终字第 62 号）改编。
⊜ 太重公司全称为太原重型机械（集团）有限公司。
⊝ 嘉和泰公司全称为山西嘉和泰房地产开发有限公司。

泰公司。同年4月，双方又签订了补充协议，补充协议约定，除流转税按76%和24%的比例，由太重公司和嘉和泰公司承担外，其余所有税费（包括土地增值税、契税等），均由嘉和泰公司承担。这种在协议中约定，由买家承担税费的条款，称为"包税条款"。

但嘉和泰公司在签约后，不仅拖欠协议款项，连协议中约定的包税条款也拒绝履行。为此，太重公司将嘉和泰公司告上了法庭。法庭上，双方争议的焦点，就在包税条款的法律效力上。

这个案子经历了一审和二审，最后最高人民法院盖棺定论，并将这个案例选为最高人民法院指导案例。最高人民法院在判决书中的认定如下：

虽然我国税收管理方面的法律、法规，对于各种税收的征收均明确规定了纳税义务人，但是并未禁止纳税义务人与合同相对人约定由合同相对人或者第三人缴纳税款，即对于实际由谁缴纳税款并未作出强制性或禁止性规定。因此，当事人在合同中约定由纳税义务人以外的人承担转让土地使用权税费的，并不违反相关法律、法规的强制性规定，应认定为合法有效。

由此可见，最高人民法院认可"包税条款"的法律效力。

拿到最高人民法院的判决书，太重公司松了一口气。但是按下葫芦浮起瓢，刚处理完与嘉和泰公司的诉讼，税务机关又下发通知，要求太重公司对转让土地使用权的行为，缴纳土地增值税。太重公司拿出与嘉和泰公司签订的含有"包税条款"的协议，以及最高人民法院的判决书，希望税务机关找嘉和泰公司去征税。但税务机关依然坚持，土地增值税应该由太重公司缴纳。税务机关到底应该找谁去征税呢？

25.2.2 包税条款的法律效力

法院认可了"包税条款"的法律效力，是不是税务机关就应该找承诺包税的嘉和泰公司征税呢？回答这个问题之前，我们需要先分清两个领域：民法和行政法。太重公司和嘉和泰公司的诉讼属于"民法"的领域，太重公司和税务机关的税企纠纷属于"行政法"的领域。民法是私法，调整的是平等主体之间的法律关系，其理念是自由主义，文化基础是自由主义文化；行政法是公法，调整的是行政关系，具有主体不平等的特点，其理念是国家主义，文化基础是国家统治的理论。在民法的世界里，法院尊重太重公司和嘉和泰公司之间的约定，由双方自行协商税款的最终承担主体，即负税主体，并认可其法律效力。但在行政法的世界里，不管太重公司和嘉和泰公司如何约定负税主体，都不能改变税法的规定，即太重公司是纳税主体。纳税主体是法律规定的，任何组织（包括税务机关和地方政府）或个人都无权更改。负税主体是合同约定的，只要不触碰合同法的底线，可以自由约定。纳税主体和负税主体，存在于同一个世界，但不在同一个语言体系里（见图25-3）。

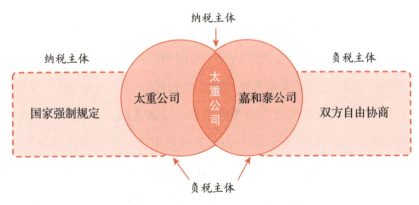

图 25-3　纳税主体和负税主体

太重公司是税法规定的纳税主体，应依法向税务机关申报缴纳土地增值税。太重公司和嘉和泰公司约定的"包税条款"合法有效，根据合同约定，嘉和泰公司是负税主体，太重公司申报缴纳土地增值税后，可以向嘉和泰公司追讨该税款。如果嘉和泰公司不给付，应该承担违约责任。

25.3 过渡期损益条款

25.3.1 案例44：帝都集团

2014年2月，帝都集团与魔都公司签订了股权转让协议，将全资子公司燃气公司100%的股权转让给魔都公司。2014年8月，燃气公司到工商局进行了股东变更登记。2014年12月，帝都集团收到2 000万元的"过渡期损益"。2015年，税务机关对帝都集团进行税务检查，要求帝都集团就取得的"过渡期损益"，补缴企业所得税500万元，并加收滞纳金。帝都集团是否应该为收到的2 000万元过渡期损益补缴企业所得税呢？

25.3.2 什么是"过渡期损益"

要想知道"过渡期损益"如何进行税务处理，我们先回顾下帝都集团和魔都公司的谈判过程，了解什么是"过渡期损益"。

2014年1月，帝都集团开始和魔都公司磋商燃气公司100%股权的交易价格。为了本次股权转让定价更有依据，双方委托了一家资产评估公司，对交易标的公司（即燃气公司）100%股权价值进行评估，出具评估报告。评估报告结果为，截至评估基准日2013年12月31日，燃气公司的股权价值为2.8亿元。于是，双方以评估报告为基础，确定股权转让价格为2.8亿元。

锁定了交易价格后，双方的律师开始谈判合同的其他条款，最终股权转让协议的签约时间为2014年2月28日。随后又完成国资委审批、股东变更登记等流程，于2014年8月31日做完公司交接（见图25-4）。

图 25-4　燃气公司交易步骤时间表

通常，从评估基准日到股权交割日的这段时间称作"过渡期"。在过渡期，并购标的公司实现的亏损和盈利被统称为"过渡期损益"。在本案例中，从评估基准日 2013 年 12 月 31 日，到股权交割日 2014 年 8 月 31 日，燃气公司又赚了 2 000 万元的净利润，这 2 000 万元的净利润就是过渡期损益。

过渡期损益到底归谁呢？除了证监会对上市公司有特殊要求[一]外，非上市公司在并购过程中，过渡期损益的归属，通过股权转让协议自由约定。这种约定过渡期损益归属的条款，就是"过渡期损益条款"。

25.3.3　过渡期损益的税务处理

帝都集团的股权转让协议约定：

各方同意并确认，目标股权在过渡期间产生的收益由甲方享有，目标股权在过渡期间产生的亏损，由甲方承担。

上述条款中的甲方即老股东帝都集团。燃气公司在过渡期共产生净利润 2 000 万元，由于协议约定该收益归老股东帝都集团所有，所以燃气公司将 2 000 万元打入了帝都集团账户。

帝都集团与税务机关产生争议的焦点，是关于这 2 000 万元的过渡期收

[一]《上市公司监管法律法规常见问题与解答修订汇编》第十七条，上市公司实施重大资产重组中，对过渡期间损益安排有什么特殊要求？答复：对于以收益现值法、假设开发法等基于未来收益预期的估值方法作为主要评估方法的，拟购买资产在过渡期间（自评估基准日至资产交割日）等相关期间的收益应当归上市公司所有，亏损应当由交易对方补足。

益应如何进行税务处理。税务机关认为,帝都集团收到的过渡期收益2 000万元,是股权转让收入,需要交企业所得税;帝都集团认为,收到的2 000万元是股息红利,应该享受免税待遇。帝都集团收到的这2 000万元,到底是应该作为股权转让收入,还是作为股息红利呢? 我们来看税法的规定。

企业权益性投资取得股息、红利等收入,应以被投资企业股东会或股东大会作出利润分配或转股决定的日期,确定收入的实现。㊀

由此可见,帝都集团从燃气公司取得的2 000万元,是否属于股息红利收入,取决于燃气公司股东会决议分红的时间。而燃气公司股东会是在税务检查后,才决议分红,此时距离燃气公司股东变更登记已经有1年的时间。税务机关最终认定,帝都集团取得燃气公司支付的2 000万元时,并不是燃气公司的股东,燃气公司当时也未做股东会分红决议,因此不能认定该2 000万元是股息红利所得,而应作为股权转让收入,缴纳企业所得税。

我们把这个案例再进行延伸。假设燃气公司在过渡期并没有收益,而是损失了2 000万元,按股权转让协议的约定,这2 000万元需要由帝都集团支付给魔都公司。这2 000万元应如何进行税务处理?

答:当燃气公司发生过渡期损失时,估值会较评估基准日减少,因此,相当于帝都集团退回魔都公司2 000万元的股权转让款,应该冲减股权转让收入。

很多人把过渡期损益作为一个纯法律条款,其实过渡期损益也是一个涉税条款。在并购协议中约定过渡期损益的时候,要注意以下两点:第一,过渡期收益,是作为股息红利还是作为股权转让收入,取决于法律上的股

㊀ 见《国家税务总局关于贯彻落实企业所得税法若干税收问题的通知》(国税函〔2010〕79号)第四条。

东会决议。所以，要把握好股东会分红决议的时间节点和股东变更登记的时间节点。第二，要注意过渡期损失的给付方和接收方，以支持过渡期损失可以冲抵股权转让收入。

25.4 付款时间条款

25.4.1 被并购方为公司股东

2018年，上市公司珠海中富①（000659）发布公告，为了盘活资产，减少负债，降低财务成本，公司拟向大连亿海②出售全资子公司陕西中富③100%的股权。双方协商的股权转让价格为4 500万元（见图25-5）。

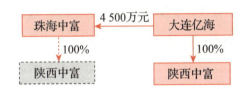

图25-5 大连亿海并购陕西中富交易示意图

本次并购交易的关键时间节点如图25-6所示。

图25-6 大连亿海并购陕西中富关键时间节点

---

① 本案例根据《珠海中富实业股份有限公司关于转让子公司股权的公告》（公告编号：2018-096）内容改编。为了方便理解，对案例中数据进行了简化处理，与公告中披露的实际数据会有所不同。
② 大连亿海全称为大连亿海工业发展有限公司。
③ 陕西中富全称为陕西中富联体包装容器有限公司。

2018年6月25日，珠海中富与大连亿海签署股权转让意向协议，并于2018年6月26日，收到大连亿海预付款2 000万元。2018年12月10日，珠海中富与大连亿海签署了股权转让协议。2018年12月24日，陕西中富完成股东工商变更登记，同时完成高管人员变更备案。2018年12月29日，珠海中富与大连亿海完成公章、证照、权证的交接手续。2019年1月3日，大连亿海支付剩余款项2 500万元。

珠海中富应该在哪个时间节点，确认企业所得税的股权转让收入呢？

企业所得税最重要的原则是权责发生制[一]，也就是说，企业所得税收入的确认并不与付款时间节点同步。根据国税函〔2010〕79号[二]的规定，企业转让股权收入，应在以下2个条件同时满足时确认：第1个条件，股权转让协议生效；第2个条件，完成股权变更手续。这意味着，珠海中富在2018年申报企业所得税时，虽然没有收到尾款2 500万元，但由于股权转让协议已经生效，且陕西中富已经完成股权变更，因此应将全部股权转让款4 500万元确认为当年的股权转让收入。

25.4.2 被并购方为个人股东

2020年，上市公司越博动力[三]（300742）发布公告，拟以支付现金方式购买李玉龙等19个自然人所持有的华灏机电[四]51%股权，本次交易对价为7 650万元（见图25-7）。

[一]《中华人民共和国企业所得税法实施条例》第九条规定，企业应纳税所得额的计算，以权责发生制为原则。

[二]《国家税务总局关于贯彻落实企业所得税法若干税收问题的通知》（国税函〔2010〕79号）第三条规定，企业转让股权收入，应于转让协议生效且完成股权变更手续时，确认收入的实现。

[三] 本案例根据《南京越博动力系统股份有限公司重大资产购买报告书（草案）》改编。

[四] 华灏机电全称为深圳市华灏机电有限公司。

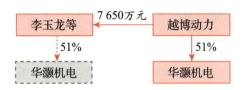

图 25-7　越博动力并购华灏机电交易示意图

2020 年 4 月 24 日，越博动力与李玉龙等 19 人签署股权转让协议。该协议约定，本次交易股权转让价款分 2 期支付，具体安排如下：

第 1 期：越博动力于协议生效后 15 个工作日内且股权转让协议约定的先决条件满足后，向转让方支付第 1 期股权转让款——本次交易转让价款总额的 50%，即应支付股权转让价款计 3 825 万元。越博动力支付第 1 期股权转让款后 5 个工作日内，华灏机电办理工商变更登记。

第 2 期：越博动力于华灏机电工商变更登记完成后 15 个工作日内向转让方支付剩余的 50% 股权转让款，计 3 825 万元。

问：越博动力应在什么时点代扣代缴李玉龙等人的个人所得税？

根据国家税务总局公告 2014 年第 67 号⊖的规定，越博动力应当在以下六种情形之一发生的次月 15 日内向主管税务机关申报纳税。

（1）受让方已支付或部分支付股权转让价款；

（2）股权转让协议已签订生效；

（3）受让方已经实际履行股东职责或者享受股东权益；

（4）国家有关部门判决、登记或公告生效；

（5）四种特殊行为⊜已完成；

⊖ 见《国家税务总局关于发布〈股权转让所得个人所得税管理办法（试行）〉的公告》（国家税务总局公告 2014 年第 67 号）第二十条。

⊜ 根据《国家税务总局关于发布〈股权转让所得个人所得税管理办法（试行）〉的公告》（国家税务总局公告 2014 年第 67 号）第二十条第（五）项及第三条第（四）至第（七）项，四种特殊行为包括股权被司法或行政机关强制过户；以股权对外投资或进行其他非货币性交易；以股权抵偿债务；其他股权转移行为。

（6）税务机关认定的其他有证据表明股权已发生转移的情形。

由此可见，越博动力在股权转让协议签订生效后的次月15日内，就应该进行纳税申报了。

25.5　本章实战思考

本章有两个很重要的概念：民法领域和行政法领域。这两个领域有各自的语言体系，既相互交叉又互不干扰。作为商业主体，当发生某项交易的时候，可能会处在民法领域和行政法领域的交叉地带，此时商业主体将会拥有双重身份，既是行政法领域的"纳税主体"，又是民法领域的"负税主体"。双重身份极易导致纳税人思维混乱。因此，在进行税务处理时，需要对一个合同条款或一个涉税事项，基于不同的语言体系，去适用不同的规则，这样才能得出恰当的结论。

CHAPTER 26
第 26 章

企业并购之承债式收购

本章介绍一种特殊的并购类型——承债式收购。承债式收购中有很多税收的陷阱，希望通过本章的讲解，我们不仅能掌握承债式收购的涉税知识点，还可以设计承债式收购的交易路径，以规避税务风险和进行节税筹划。

26.1 案例 45：亿科置业[⊖]

26.1.1 案例背景

2016 年，亿科置业全资子公司杉杉地产遭遇了税务机关检查，税务机关要求杉杉地产补税 1 000 万元，同时交纳滞纳金 250 万元。

该补税事件的缘由要追溯到 2015 年。2015 年，杉杉地产的股东是张三，亿科置业想从杉杉地产处购买一块土地的使用权。当时为了操作便利，

⊖ 亿科置业和杉杉地产均为有限责任公司。本案例是在真实案例基础上改编而成，公司名称均为化名。

采用了"化卖资产为卖股权"的模式。杉杉地产注册资本为1 000万元，账上的资产主要是一块土地，杉杉地产当初购买该土地使用权的价格是5 000万元，目前市价是1.5亿元。亿科置业和杉杉地产的股东张三签订股权转让协议，张三将持有的杉杉地产的100%股权，以1.5亿元的价格，转让给亿科置业（见图26-1）。

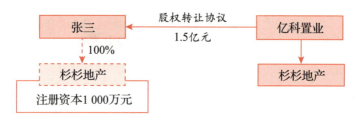

图26-1　亿科置业并购杉杉地产交易示意图

杉杉地产注册资本是1 000万元[一]，杉杉地产购入土地使用权价格为5 000万元。这意味着，杉杉地产当初在购买该土地使用权的时候，有4 000万元的借款，该4 000万元借款由原股东张三提供给杉杉地产（见图26-2）。

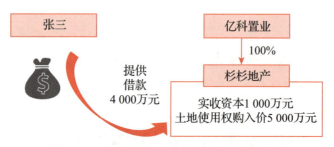

图26-2　原股东张三向杉杉地产提供借款

亿科置业收购杉杉地产后，杉杉地产成为亿科置业的全资子公司。杉杉地产需要偿还张三的4 000万元借款吗？双方签订的股权转让协议约定：

[一] 注册资本已全部实缴。

第八条 本协议签订前，丙方（备注：杉杉地产）的所有债务均由甲方（备注：张三）承担清偿责任。

这种并购前公司所有债务由老股东承担的条款，就是"承债条款"。这种带有"承债条款"的并购，称为"承债式收购"。

既然杉杉地产不需要还钱，公司会计账簿上不能一直挂着"其他应付款——张三"，于是公司的会计将其他应付款从会计账上冲销，做了如下会计分录：

借：其他应付款——张三　　　　　　　　　　4 000 万
　　贷：资本公积——其他资本公积　　　　　　4 000 万

26.1.2　税务检查

2016 年，税务机关在对杉杉地产进行检查的过程中，从资本公积科目着手，很快发现了这 4 000 万元的异常。税务机关认为，这 4 000 万元从税务的角度，或者作为张三向杉杉地产的捐赠，或者作为张三对杉杉地产债务的豁免。如果是前者，杉杉地产应确认 4 000 万元接受捐赠所得；如果是后者，杉杉地产应确认 4 000 万元的债务豁免所得。总而言之，杉杉地产应将这 4 000 万元作为当年的应纳税所得额，缴纳 25% 的企业所得税。

税务机关的要求合理吗？貌似合理。那杉杉地产的会计做错了吗？貌似也没有错。但杉杉地产缴纳 1 000 万元所得税，确实有些冤枉，问题到底出在哪里呢？其实是并购交易方案设计错了。

26.2　承债条款税务处理

正确的并购交易方案有三种，每种方案都可以归纳为三步走。下面进行详细讲解。

1. A 并购方案

第 1 步：张三向杉杉地产增资 4 000 万元；

第 2 步：杉杉地产有了 4 000 万元资金，偿还张三借款；

第 3 步：张三和亿科置业签订股权转让协议，转让价格为 1.5 亿元。

A 方案的效果：从亿科置业的角度，子公司杉杉地产的其他应付款合法合规结转了。从张三的角度，张三的个税变少了，虽然股权转让收入还是 1.5 亿元，但由于增资了 4 000 万元，张三的股权原值变成了 5 000 万元，因此张三的股权转让所得只有 1 亿元，个税变成了 2 000 万元。而原来，由于收入是 1.5 亿元，成本是 1 000 万元，需要缴纳个税 2 800 万元。

2. B 并购方案

第 1 步：亿科置业向杉杉地产增资 4 000 万元；

第 2 步：杉杉地产有了 4 000 万元资金，向张三还款；

第 3 步：张三和亿科置业签订股权转让协议，转让价格为 1.1 亿元。

B 方案的效果：从亿科置业的角度，子公司杉杉地产的其他应付款合法合规结转了。从张三的角度，张三的个税变少了，虽然股权转让成本还是 1 000 万元，但股权转让收入变成了 1.1 亿元，因此，张三的股权转让所得只有 1 亿元，个税变成了 2 000 万元。而原来，由于收入是 1.5 亿元，成本是 1 000 万元，需要缴纳个税 2 800 万元。

3. C 并购方案

第 1 步：亿科置业与张三签订股权转让协议，张三将持有的杉杉地产 100% 股权转让给亿科置业，转让价格为 1.1 亿元；

第 2 步：亿科置业与张三签订债权转让协议，张三将其拥有的对杉杉地产债权 4 000 万元，以 4 000 万元的价格转让给亿科置业；

第 3 步：杉杉地产在赚钱后，偿还亿科置业 4 000 万元。

C 方案的实施效果同 B 方案。

在本案例中，交易双方选择这三种方案中的任意一种，都可以达到双赢的效果：从转让方张三的角度，可以降低税负；从收购方亿科置业的角度，可以规避日后子公司补税的税收风险。

26.3　本章实战思考

我每年会培训大量的企业家学员，在与他们交流中，发现很多企业家存在这样的误区：认为管钱是财务的事，税就是钱，所以税务就是财务的事。但亿科置业案例告诉我们，很多情况下多交税的根源，并不在于会计处理，而是在设计交易方案时就已经定型了。因此，税务规划安排需要提前至交易方案设计和商务谈判环节。拥有税收思维，是每个企业管理者必备的技能之一。

CHAPTER 27

第 27 章

企业并购之换股并购

在并购过程中,交易的双方是收购方和被收购方[一],交易的标的是被收购企业的股权,交易的对价可能是现金,也可能是股权,后者我们称为"股权支付对价"。

根据财税〔2009〕59 号的规定,股权支付,是指企业重组中购买、换取资产的一方支付的对价中,以本企业或其控股企业的股权、股份作为支付的形式[二]。由此可见,股权支付对价包括两种形式,一种是以本企业的股权支付对价;一种是以其控股企业的股权支付对价。在并购过程中,如果并购交易方以本企业股权支付对价,我们称为"换股并购";如果并购交易方以其控股企业的股权支付对价,我们称为"股权置换"。本章讲解"换股并购",下一章讲解"股权置换"。

[一] 收购方是指在并购交易中支付对价,购买股权的一方;被收购方是指在并购交易中转让股权的一方。

[二] 《财政部 国家税务总局关于企业重组业务企业所得税处理若干问题的通知》(财税〔2009〕59 号)第二条。

27.1 以本企业股权支付对价

在并购过程中,如果并购交易方以本企业股权支付对价,我们称为"换股并购"。究竟什么是以本企业股权支付对价呢?我们通过下面的星星公司案例来理解。

太阳公司有个全资子公司月亮公司,月亮公司的估值是 9 亿元。大江公司刚刚投资成立了星星公司,星星公司实缴注册资本 1 亿元。星星公司尚未开始经营,公司除了 1 亿元的银行存款,没有任何其他资产(见图 27-1)。

星星公司想和太阳公司谈判,收购太阳公司持有的月亮公司 100% 的股权,让月亮公司成为其全资子公司。太阳公司表示,可以转让月亮公司 100% 的股权给星星公司,但收购价格不能低于 9 亿元。假设不允许星星公司借款,也不允许星星公司承担对太阳公司的负债,星星公司如何才能完成上述收购呢?

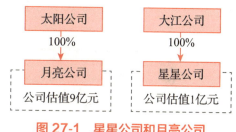

图 27-1 星星公司和月亮公司

星星公司可以用本企业的股权作为对价,支付给太阳公司,收购其持有的月亮公司的股权。交易过程如图 27-2 所示。

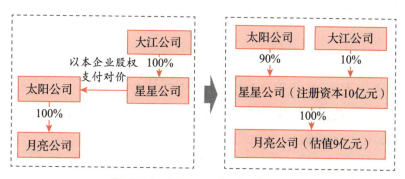

图 27-2 星星公司并购月亮公司

上述交易站在星星公司的角度，是星星公司收购了太阳公司持有的月亮公司100%的股权，以自己向太阳公司增发9亿元注册资本（即以本企业的股权）作为对价，支付给太阳公司。站在太阳公司的角度，是太阳公司以其持有的月亮公司100%的股权评估作价9亿元，投资到星星公司，对星星公司进行增资。增资后，星星公司的注册资本由1亿元增加至10亿元，同时拥有了月亮公司100%的股权。所以，从星星公司的角度，本次交易是股权收购；从太阳公司的角度，本次交易属于股权投资（见图27-3）。

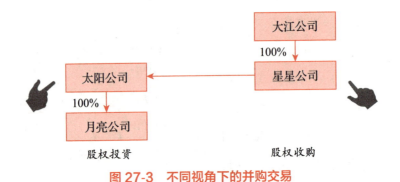

图 27-3　不同视角下的并购交易

理解了什么是以本企业股权支付对价后，我们区分被收购方是个人和被收购方是公司两种情况，来分别讲解换股并购的涉税处理。

27.2　被收购方为个人

27.2.1　案例46：蓝鼎控股

2015年4月，上市公司蓝鼎控股（000971）发布公告[一]，宣布以15亿元的价格，收购高升科技[二]100%的股权，交易完成后，蓝鼎控股由纺织行业，转向互联网服务行业。

[一]《发行股份及支付现金购买资产并募集配套资金暨关联交易预案》。
[二] 高升科技全称为吉林省高升科技有限公司。

高升科技的原股东为于平、翁远、许磊、董艳和赵春花 5 个自然人（以下简称"于平等人"）。根据蓝鼎控股的公告，蓝鼎控股拟向于平等人发行股份及支付现金，购买其合计持有的高升科技 100% 股权，其中以发行股份方式支付交易对价的 60%（约 9 亿元），以现金方式支付交易对价的 40%（6 亿元）。本次交易完成后，蓝鼎控股将持有高升科技 100% 的股权（见图 27-4）。

图 27-4　蓝鼎控股并购高升科技

本次交易站在蓝鼎控股的角度，属于收购行为，即蓝鼎控股以发行股份及支付现金作为对价，收购于平等人持有的高升科技 100% 股权；站在于平等人角度，则是投资行为，即于平等人将持有的高升科技 100% 股权，评估作价 15 亿元投资至蓝鼎控股，增加蓝鼎控股的注册资本，同时换取了蓝鼎控股向其定向增发的价值 9 亿元的股份和支付的 6 亿元现金。图 27-5 为蓝鼎控股收购完成后，站在不同交易方角度看本次交易的示意图。

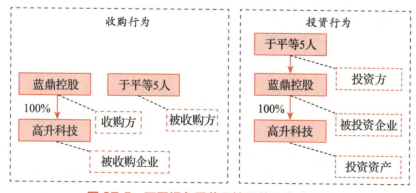

图 27-5　不同视角看蓝鼎控股并购高升科技

27.2.2 换股并购的个税处理

本次并购中,蓝鼎控股是收购方(或被投资企业),除印花税[一]外,没有其他税种的纳税义务;高升科技作为被收购标的(或投资资产),只是股东发生了变化,不存在纳税义务;于平等人作为被收购方(或投资方),其取得的蓝鼎控股的股份和现金是否存在个人所得税的纳税义务呢?于平等人收到蓝鼎控股支付的6亿元现金部分,毫无悬念应确认所得,但对于换取的蓝鼎控股价值9亿元股份部分,于平等人有纳税义务吗?

根据《个人所得税法》的规定,共有9类个人所得应缴纳个人所得税,其中"财产转让所得"是指个人转让有价证券、股权、合伙企业中的财产份额、不动产、机器设备、车船以及其他财产取得的所得[二]。那么于平等人用持有的高升科技股权对外投资,该投资行为是否属于转让财产呢?根据《公司法》的规定,以非货币财产出资的,应当依法办理其财产权的转移手续[三]。在本次交易完成后,高升科技的股东由于平等人变更为蓝鼎控股,高升科技股权的权属发生了转移,因此,投资属于转让的一种形式。对此,国家税务总局公告2014年第67号[四]和财税〔2015〕41号[五]文件也给予了明确。

但考虑到个人转让股权,如果获得的对价是"股份",可能缺乏纳税必要资金,所以财税〔2015〕41号文件给予了递延纳税的税收优惠,即纳

[一] 蓝鼎控股和于平等人签署的股权转让协议,适用"产权转移书据"税目,按万分之五税率贴花。蓝鼎控股以股份支付增资部分,按万分之二点五税率贴花。

[二] 见《个人所得税法实施条例》第六条第(八)项。

[三] 见《公司法》第四十九条。

[四] 《国家税务总局关于发布〈股权转让所得个人所得税管理办法(试行)〉的公告》(国家税务总局公告2014年第67号)第三条规定:"本办法所称股权转让是指个人将股权转让给其他个人或法人的行为,包括以下情形:……(五)以股权对外投资或进行其他非货币性交易;……"

[五] 《财政部 国家税务总局关于个人非货币性资产投资有关个人所得税政策的通知》(财税〔2015〕41号)第一条规定:"个人以非货币性资产投资,属于个人转让非货币性资产和投资同时发生。对个人转让非货币性资产的所得,应按照'财产转让所得'项目,依法计算缴纳个人所得税。"

人一次性缴税有困难的，可合理确定分期缴纳计划并报主管税务机关备案后，自发生上述应税行为之日起不超过5个公历年度内（含）分期缴纳个人所得税[一]。国家税务总局公告2015年第20号[二]对分期纳税的程序做出了细化规定。

上述优惠有两个需要注意的事项：

第一，上述法规并未要求税款均匀分摊至五个年度，而是允许纳税人自行制订纳税计划，并报主管税务机关备案。因此，实务中纳税人可尽量争取税款递延至第五年。

第二，财税〔2015〕41号文件同时规定，个人以非货币性资产投资交易过程中取得现金补价的，现金部分应优先用于缴税；现金不足以缴纳的部分，可分期缴纳[三]。例如，在蓝鼎控股案例中，于平等人转让高升科技股权，获得的股份支付对价，应缴纳个人所得税。但根据于平等人与蓝鼎控股签订的协议，于平等人以资产认购而取得的蓝鼎控股股份，自正式发行后36个月内不得对外转让，即于平等人取得的价值9亿元的股份，有3年锁定期，并不能等同于现金。于平等人能否申请递延纳税的税收优惠呢？答：不能。由于于平等人将持有的高升科技100%股权投资至蓝鼎控股，取得6亿元现金对价，该6亿元应优先支付约3亿元[四]个人所得税。由于现金部分足以支付税款，因此于平等人无法享受递延纳税税收优惠。也就是说，在纳税后，于平等人实际收到的现金只有3亿元。

[一] 见《财政部 国家税务总局关于个人非货币性资产投资有关个人所得税政策的通知》（财税〔2015〕41号）第三条。

[二] 见《国家税务总局关于个人非货币性资产投资有关个人所得税征管问题的公告》（国家税务总局公告2015年第20号）。

[三] 见《财政部 国家税务总局关于个人非货币性资产投资有关个人所得税政策的通知》（财税〔2015〕41号）第四条。

[四] 于平等人持有高升科技100%股权的投资成本为1 800万元，需要缴纳的个税=（150 000−1 800）×20%=29 640（万元）。

27.3 被收购方为公司

27.3.1 案例47：方正证券

2014年，方正证券（601901）发布了一系列公告，宣布其成功并购了民族证券100%的股权，从此民族证券成为其全资子公司。本次并购的交易对方为民族证券全体股东，分别为：政泉控股、乐山国资、东方集团、新产业投资、兵工财务（以下简称"政泉控股等公司"）。本次并购的交易总价为132.02亿元，方正证券全部以股份支付对价（见图27-6）。具体的交易方案为：

方正证券通过向民族证券全体股东非公开发行股份的方式收购民族证券100%的股权，民族证券全体股东以截至本次交易股权交割日各自所持有的民族证券股权（合计100%的股权）按比例认购方正证券新增发行股份；交易完成后民族证券成为方正证券全资子公司，民族证券各股东成为方正证券股东。⊖

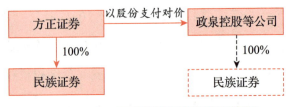

图 27-6　方正证券并购民族证券示意图

本次交易站在方正证券的角度，属于收购行为，即方正证券以发行股份作为对价，收购政泉控股等公司持有的民族证券100%股权；站在政泉控股等公司的角度，则是投资行为，即政泉控股等公司将持有的民族证券100%股权，评估作价132.02亿元投资至方正证券，增加方正证券的注册

⊖ 根据方正证券公告《方正证券股份有限公司发行股份购买资产实施情况报告书》内容整理。

资本,同时换取了方正证券向其定向增发的价值132.02亿元的股份。以下为方正证券收购完成后,站在不同交易方角度看本次交易的示意图(见图27-7)。

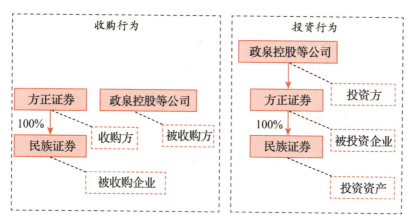

图 27-7　不同视角看方正证券并购民族证券

27.3.2　换股并购的企业所得税处理

本次并购中,方正证券是收购方(或被投资企业),除印花税[一]外,没有其他税种的纳税义务;民族证券作为被收购企业(或投资资产),只是股东发生了变化,不存在纳税义务;政泉控股等公司作为被收购方(或投资方),其取得的方正证券的股份是否存在企业所得税的纳税义务呢?

企业所得税是法人税制,因此只要企业的资产所有权发生转移,就有企业所得税的纳税义务。在本次交易完成后,民族证券的股东由政泉控股等公司变更为方正证券,民族证券股权的权属发生了转移,因此,政泉控股等公司需要按民族证券的公允价格确认视同销售收入。

但考虑到在本次并购交易中,方正证券以本企业股份支付对价,政泉控股等公司取得的股票自股份发行结束之日起36个月内不得对外转让,政

[一]　方正证券和政泉控股等公司签署的股权转让协议,适用"产权转移书据"税目,按万分之五税率贴花。方正证券以股份支付增资部分,按照万分之二点五税率贴花。

泉控股等公司可能缺乏纳税必要资金，所以财税〔2009〕59号文件给予了特殊重组递延纳税税收优惠[①]。一旦政泉控股等公司和方正证券申请了特殊重组的税收优惠，政泉控股等公司将无须确认本次并购所产生的应纳税所得额，而方正证券取得的民族证券股份的计税基础也按原计税基础确定。这意味着政泉控股等公司在本次并购中无须缴纳企业所得税，但未来方正证券转让民族证券股份时，将承担该部分企业所得税。

27.4　本章实战思考

曾有学员问："利威老师，你觉得哪个知识点是税收领域的'珠穆朗玛峰'？"我毫不犹豫地回答："股份支付。"股份支付之所以成为税收领域的难点，是因为涉及三方主体：收购方、被收购方、被收购企业。横看成岭侧成峰，以股份作为支付对价的并购交易，站在收购方的角度，是收购行为；站在被收购方的角度，则是投资行为。这意味着，我们只有学会了切换交易主体，从不同角度看待交易行为，才能游刃有余地进行税务处理。

[①] 关于特殊重组税收优惠，详见本书第7章。

CHAPTER 28
第 28 章

企业并购之股权置换

在并购交易中,并购方以股权方式向被并购方支付对价具体包括两种形式:一种是以本企业的股权支付对价,另一种是以其控股企业的股权支付对价,前者我们称为"换股并购",后者我们称为"股权置换"。在第 27 章我们讲解了"换股并购",本章我们来讲解"股权置换"。

28.1 以控股企业股权支付对价

在并购过程中,如果并购交易方以其控股企业的股权支付对价,就是股权置换。究竟什么是"以其控股企业股权"支付对价呢?根据国家税务总局公告 2010 年第 4 号,控股企业为由本企业直接持有股份的企业[一]。下面我们通过可口公司案例进一步讲解。

可口公司有个全资子公司叫可乐公司,吉祥公司有个全资子公司叫如

[一] 见《国家税务总局关于发布〈企业重组业务企业所得税管理办法〉的公告》(国家税务总局公告 2010 年第 4 号)第六条。

意公司。可口公司找到吉祥公司谈判，想收购其持有的如意公司 100% 的股权（见图 28-1）。

图 28-1　可口公司并购如意公司

双方很快谈好了交易价格为 3 亿元。可口公司并没有 3 亿元的资金，但恰好其子公司可乐公司的业务与吉祥公司互补，于是双方商定，可口公司收购吉祥公司持有的如意公司 100% 股权，以其直接持有的可乐公司的 100% 股权作为对价支付给吉祥公司。这就属于以控股企业股权支付对价（见图 28-2）。

图 28-2　可口公司以其持有的可乐公司股权支付对价

由此可见，以控股企业股权支付对价，其实就是两家公司将直接持股的子公司股权进行置换。

28.2　案例 48：华创合成

28.2.1　并购方案初稿

华创合成（832077）创立于 2009 年，是一家致力于药品研究开发的药企。2015 年，华创合成挂牌新三板。2017 年，专注创新药研发的华创合成为了完善产业链战略布局，以及增加新的利润增长点，开始与天地人和药业⊖商谈股权合作。天地人和药业主营业务为中成药的研发、生产与销售，

⊖　天地人和药业全称为陕西天地人和药业有限公司。

拥有 7 条 GMP 生产线及 14 个中成药生产批件，开展 4 个独家中成药品种的生产、销售。经过多轮协商，华创合成与天地人和药业的股东威信制药○一和骨圣生物○二初步达成收购意向，拟以 6 783.56 万元的价格，购买其合计持有的天地人和药业 48.65% 的股权（见图 28-3）。

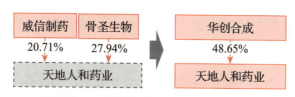

图 28-3　华创合成并购天地人和药业

28.2.2　股权置换方案

但交易方案初稿确认后，却迟迟无法继续推进，原因是转让方威信制药和骨圣生物觉得税负太重了。由于威信制药和骨圣生物持有天地人和药业 48.65% 股权的税收成本不到 1 500 万元，如果交易价格以 6 783.56 万元计算，两个股东需为本次股权交易缴纳约 1 330 万元○三的企业所得税。是否有降低税负的方案呢？在多方论证后，新的交易方案出炉了。新方案如图 28-4 所示，华创合成以全资子公司药之源○四100% 股权置换威信制药和骨圣生物所持有的天地人和药业 48.65% 的股权。

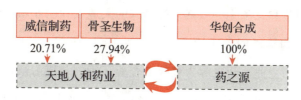

图 28-4　股权置换的企业并购示意图

○一　威信制药全称为陕西威信制药有限公司。
○二　骨圣生物全称为昆明骨圣生物技术有限公司。
○三　（股权转让收入 6 783.56 万元－投资成本 1 459.5 万元）× 25% = 1 331.02 万元。
○四　药之源全称为江苏药之源药物研究有限公司。

28.3 股权置换的税务处理

上述股权置换方案是否能够降低本次交易的税负呢？让我们来看下税法的规定㊀。在股权收购过程中，只要收购企业购买的股权不低于被收购企业全部股权的 50%，而且收购企业股权支付金额不低于其交易支付总额的 85%，本次交易各方就可以进行特殊性税务处理，即转让方可以不确认股权转让所得。

由此可见，本次并购方案满足两个最核心的比例，就可以享受特殊性税务处理的优惠待遇。㊁这两个比例分别为：不低于 50% 和不低于 85%。前者是指收购企业购买的股权不低于被收购企业全部股权的 50%，后者是指收购企业股权支付金额不低于其交易支付总额的 85%。

那么华创合成以持有的药之源 100% 股权，置换威信制药和骨圣生物持有的天地人和药业 48.65% 股权，是否满足上述两个比例呢？下面我们来具体分析。

28.3.1 幸福的威信制药

在华创合成案例中，华创合成以其持有的药之源 100% 股权，置换威信制药和骨圣生物持有的天地人和药业 48.65% 股权。该交易方案可以理解为，威信制药和骨圣生物以其直接持有的天地人和药业 48.65% 股权作为支付对价，收购了华创合成持有的药之源 100% 股权。其中，威信制药和骨圣生物为收购企业，药之源为被收购企业，华创合成为被收购企业股东。

首先，因为收购企业购买的股权为药之源 100% 股权，满足了"不低于

㊀ 见《财政部 国家税务总局关于企业重组业务企业所得税处理若干问题的通知》（财税〔2009〕59 号）和《财政部 国家税务总局关于促进企业重组有关企业所得税处理问题的通知》（财税〔2014〕109 号）。

㊁ 本次重组已满足财税〔2009〕59 号文件特殊性税务处理的其他条件。

50%"的标准；其次，因为本次收购交易对价中没有现金，100%为股权支付对价，也满足了"不低于85%"的标准。因此，威信制药和骨圣生物可以申请享受特殊性税务处理，在股权置换过程中，无须确认股权转让所得。即通过股权置换方案，威信制药和骨圣生物可以节省税负1 330余万元㊀。

28.3.2 悲伤的华创合成

华创合成在2017年以股权置换方式收购了天地人和药业48.65%股权后，又一鼓作气在2019年以现金7 420.5万元作为对价，收购了天地人和药业剩余的51.35%股权，使天地人和药业成为其全资子公司。2020年年末，随着药品上市许可持有人制度的全国推广，曾经想布局全产业链的华创合成，开始重新聚焦新药研发。于是华创合成开始谋求将其持有的天地人和药业100%股权对外转让，并很快找到了买家三叶投资㊁。2020年12月，华创合成与三叶投资签署股权转让协议，华创合成将其持有的天地人和药业100%股权以2 484万元的价格转让给三叶投资（见图28-5）。

图28-5 华创合成出售天地人和药业股权

华创合成取得天地人和药业100%股权，共支付了14 204.06万元，其中以股权支付了6 783.56万元，以现金支付了7 420.50万元。如今华创

㊀ 华创合成的公告披露，以股权置换方式交易可满足《财政部 国家税务总局关于促进企业重组有关企业所得税处理问题的通知》（财税〔2014〕109号）第一条规定的股权置换特殊性税务处理条件，威信制药、骨圣生物可省税收成本。见《关于华创合成制药股份有限公司向不特定合格投资者公开发行股票并在北京证券交易所上市审查问询函的回复》第40页。

㊁ 三叶投资全称为陕西三叶投资有限公司。

合成将持有的天地人和药业 100% 股权转让，允许扣除的税收成本是多少呢？

税法规定，同一重组业务的当事各方应采取一致税务处理原则，即统一按一般性或特殊性税务处理[一]。因此一旦威信制药等申请了特殊性税务处理，华创合成也应适用特殊性税务处理，即威信制药等无须视同销售确认股权转让所得，但华创合成取得股权的计税基础也按原计税基础确定[二]，也就是"上家不交，下家不扣"。这意味着，华创合成第一次以股权置换方式收购的天地人和药业 48.65% 股权，在本次转让时，允许扣除的税收成本并非其实际支付的 6 783.56 万元，而是威信制药和骨圣生物原持有天地人和药业 48.65% 股权的税收成本，即 1 459.5 万元。换言之，在 2017 年，华创合成为了配合威信制药和骨圣生物降低税负，修改了交易方案，采用了股权置换的模式，使威信制药和骨圣生物节约税负 1 330 余万元，但威信制药和骨圣生物降低的税负却被转嫁到了华创合成，由华创合成在转让天地人和药业股权环节缴纳。

28.4 本章实战思考

通过华创合成案例，我们可以清晰地看到，企业所得税中的特殊性税务处理并非免税待遇，而仅仅是递延纳税。虽然交易双方申请了特殊性税务处理后，被并购方可以获得递延纳税的货币时间价值，但申请该项税收优惠也会导致转移纳税主体。

[一] 见《国家税务总局关于发布〈企业重组业务企业所得税管理办法〉的公告》（国家税务总局 2010 年第 4 号）第四条。

[二] 《财政部 国家税务总局关于企业重组业务企业所得税处理若干问题的通知》（财税〔2009〕59 号）第六条第（二）项。

CHAPTER 29
第 29 章

境外架构之纯外资架构

本章和下一章，我们将进行境外架构税务知识的讲解。境外架构分成 3 种类型：纯外资架构、返程投资架构、对外直接投资架构。典型的 3 种境外架构如图 29-1 所示。

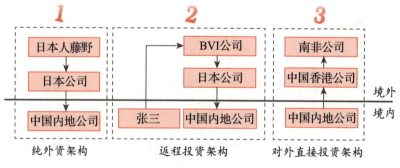

图 29-1　典型的 3 种境外架构示意图

本章我们讲解第 1 种纯外资架构。第 2 种返程投资架构和第 3 种对外直接投资架构，我们统称为"走出去架构"，将在第 30 章讲解。纯外资架构是指境外的自然人、企业或者其他组织（以下统称"境外投资者"）直接或者间接在中国境内进行投资活动所搭建的架构。纯外资架构有两大涉税场景：分红和转股。

29.1 纯外资架构分红

德国人乔治和特斯美国公司，在中国合资成立了外商投资企业——乔斯公司（中国内地）(见图29-2）。

图29-2　乔斯公司（中国内地）股权架构图

问题1：乔斯公司（中国内地）向德国人乔治分红，乔治需要在中国交个税吗？

问题2：乔斯公司（中国内地）向特斯美国公司分红，特斯美国公司需要在中国交企业所得税吗？

29.1.1　外籍个人取得分红

根据税法的规定㊀，在中国境内无住所又不居住，或者无住所而一个纳税年度内在中国境内居住累计不满一百八十三天的个人，为非居民个人。德国人乔治在中国境内无住所也不居住，所以属于非居民个人。那么乔治从乔斯公司（中国内地）取得股息红利，是否属于从中国境内取得所得呢？《个人所得税法实施条例》规定㊁，从中国境内企业取得的利息、股息、红利所得，为来源于中国境内的所得。因此，乔治属于在中国境内取得所得，有在中国纳税的义务。

㊀ 见《个人所得税法》第一条第（二）项。
㊁ 见《个人所得税法实施条例》第三条。

从 1994 年开始，外籍个人从外商投资企业取得的股息、红利享受免税待遇[○]，这个税收优惠政策一直延续至今[○]。需要说明的是，在 2020 年之前，外资低于 25% 的企业适用税制一律按照内资企业处理，不得享受外商投资企业税收待遇。[○]但是随着《中华人民共和国外商投资法》取消了外国投资者的出资比例不能低于 25% 的限制，自 2020 年起，依据《中华人民共和国外商投资法》，新注册成立的外商投资企业，即使外资比未达到 25%，外籍个人从外商投资企业取得的股息红利，也可以申请免个税的待遇。在本案例中，由于乔斯公司（中国内地）成立于 2021 年，因此德国人乔治可以向中国税务机关申请享受股息红利的免税待遇。

29.1.2 境外公司取得分红

乔斯公司（中国内地）向特斯美国公司分红，特斯美国公司需要在中国交企业所得税吗？

首先，特斯美国公司从乔斯公司（中国内地）分回的股息红利，需要

○ 《财政部 国家税务总局关于个人所得税若干政策问题的通知》（财税字〔1994〕20 号）第二条规定："下列所得，暂免征收个人所得税：……（八）外籍个人从外商投资企业取得的股息、红利所得……"

○ 2013 年，发展改革委、财政部、人力资源社会保障部联合出台了《关于深化收入分配制度改革若干意见的通知》（国发〔2013〕6 号）。该文件第 14 条规定，取消对外籍个人从外商投资企业取得的股息红利所得免征个人所得税等税收优惠。同年，湖北省地方税务局发布 2013 年第 1 号公告，也做了同样的规定。国发〔2013〕6 号文件出台后，财政部和国家税务总局并未继续出台具体的取消外籍个人分红免税待遇落地性政策。相反，财政部和国家税务总局在 2018 年，为贯彻落实修改后的《个人所得税法》，出台了《财政部 国家税务总局关于继续有效的个人所得税优惠政策目录的公告》（财政部 税务总局公告 2018 年第 177 号）。在《继续有效的个人所得税优惠政策涉及的文件目录》中，《财政部 国家税务总局关于个人所得税若干政策问题的通知》（财税字〔1994〕20 号）仍在列。由此可见，至今为止，该文件仍有效，外籍个人从外商投资企业取得的股息红利所得，依然可以申请免税待遇。

○ 见《对外贸易经济合作部 国家税务总局 国家工商行政管理总局 国家外汇管理局关于加强外商投资企业审批、登记、外汇及税收管理有关问题的通知》（外经贸法发〔2002〕575 号）和《国家税务总局关于外国投资者出资比例低于 25% 的外商投资企业税务处理问题的通知》（国税函〔2003〕422 号）。

在中国缴纳企业所得税，税率是10%[一]。这种所得税，由于是按预提的方式由源泉地预先扣缴，国际上有个通行的称呼，叫"预提所得税"。

其次，还要看中国和美国是不是有双边税收协定。如果中美存在双边税收协定，则需要进一步查找其中是否针对股息红利所得有协定税率。如果协定税率低于10%，则可以申请协定税率。那什么是"双边税收协定"？

29.1.3 双边税收协定

了解双边税收协定之前，我们先来看2个国际税收常用术语：属地原则[二]和属人原则[三]。如果一个国家（地区）奉行的是属地原则，那么只要是在该国（地区）领域内发生的应税行为，都需要向该国（地区）纳税，通俗地称之为"我的地盘我做主"。如果一个国家（地区）奉行的是属人原则，那么只要是该国（地区）公民，不论在哪个国家（地区）取得的所得，都要在该国（地区）交税，通俗地称之为"我的公民我管辖"。为了维护自己国家的主权，世界上大部分国家都奉行属地原则加属人原则。只有极少数的国家和地区，比如新加坡、爱尔兰、中国香港地区等，只奉行属地原则。

因为世界上大多数国家都实行"属人"加"属地"双重税收管辖权，这就会导致纳税人发生双重负税。举个例子，中国的张三，到日本境内做了一笔生意，赚了1 000万美元。日本根据属地原则，要征张三的税。中国根据属人原则，也要征张三的税。这就意味着，张三赚的1 000万美元，要在日本和中国交两次税。如图29-3所示，因为张三纳税后所剩无几，所以不得不放弃了跨国贸易。

[一] 见《企业所得税法》第三条第三款、第二十七条第（五）项和《企业所得税法实施条例》第九十一条。

[二] 属地原则，是以纳税人（包括自然人和法人）的收益、所得或一般财产价值来源地或存在地为标准，确定国家行使税收管辖权范围的一项原则。

[三] 属人原则，是以纳税人（包括自然人和法人）的国籍或住所为标准，确定国家行使税收管辖权范围的一项原则。

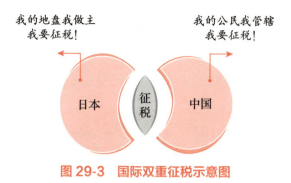

图 29-3　国际双重征税示意图

为了避免张三因为两个国家的税收主权保护而不敢跨国贸易，日本和中国进行协商，有哪些税，你征了我可以不征，或者哪些税你征了，我给予税收优惠㊀。协商后，双方记录下彼此的承诺，这个承诺就是中日双边税收协定。

截至 2021 年 12 月底，我国已与 109 个国家（地区）正式签署了避免双重征税协定，其中与 102 个国家（地区）的协定已生效，和香港、澳门两个特别行政区签署了税收安排，与台湾地区签署了税收协议。㊁

由此可见，在境外架构搭建过程中，不仅要关注各国（地区）的税收政策，也需要了解该国（地区）是否与中国有双边税收协定，并且查找双边税收协定中是否有更优的协定税率，并积极进行申请。

29.1.4　多层股权架构

特斯美国公司的控股股东叫特斯，是个美国人。特斯发现中美的协定税率是 10%，而中国内地和中国香港的协定税率只有 5%。于是特斯美国公司设计了如图 29-4 所示的股权架构，即特斯美国公司持有特斯公司（中国香港）股权，特斯公司（中国香港）再持有乔斯公司（中国内地）股权。

㊀ 税收优惠的方式包括优惠税率或者抵免、抵减的优惠。

㊁ 原文见：http://www.chinatax.gov.cn/chinatax/n810341/n810770/common_list_ssty.html。作者访问该网站时间为：2022 年 2 月 20 日。

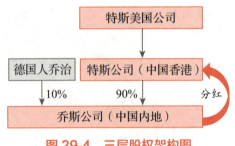

图 29-4 三层股权架构图

在搭建了三层股权架构后，乔斯公司（中国内地）分红给特斯公司（中国香港）时，就可以向中国税务机关申请享受 5% 的协定税率。为了堵上这类税收筹划的漏洞，我国按国际惯例出台了反避税规则[一]，即在申请股息红利协定税率的时候，申请人需要提供"税收居民身份证明"，以证明其具有"受益所有人"身份[二]。如果无法提供，则不能申请享受上述 5% 协定税率。

下面总结对境外公司股东分红税务处理的步骤：

第 1 步：判断纳税义务。

中国境内公司有义务在支付境外公司股东股息红利时，代扣代缴其预提所得税。

第 2 步：查看税收协定。

境外公司股东可以查看其所在国（地区）和中国之间是否有双边税收协定，以及税收协定中的协定税率[三]。

第 3 步：确定适用税率。

如果没有税收协定，则股息红利适用 10% 的税率；如果有税收协定，

[一] 见《国家税务总局关于税收协定中"受益所有人"有关问题的公告》（国家税务总局公告 2018 年第 9 号）。

[二] 受益所有人身份的认定详见《国家税务总局关于税收协定中"受益所有人"有关问题的公告》（国家税务总局公告 2018 年第 9 号）。

[三] 见《国家税务总局关于下发协定股息税率情况一览表的通知》（国税函〔2008〕112 号）和《国家税务总局国际税务司关于补充及更正协定股息税率情况一览表的通知》（际便函〔2008〕35 号）。

而且协定税率比10%低，则可以向中国税务机关申请享受协定税率，并报备资料。

另外需要提醒的是，为了鼓励外商投资企业分红后在中国境内直接再投资，境外投资者从中国境内居民企业分配到的利润，只要用于非禁止外商投资的项目和领域，将暂不征收预提所得税[一]。该类企业应及时向税务机关报送相关资料，以享受该税收优惠待遇。

29.2 纯外资架构转股

了解境外投资者分红税收知识后，我们继续学习境外投资者转让外商投资企业股权的税收知识。乔治和特斯美国公司把持有的乔斯公司（中国内地）股权转让给一家意大利公司，意大利公司直接向乔治和特斯美国公司支付股权转让款（见图29-5）。

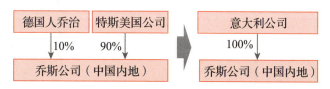

图 29-5　乔斯中国公司的股权交易图

乔治需要在中国缴纳个人所得税吗？特斯美国公司需要在中国缴纳企业所得税吗？

29.2.1　外籍个人转让股权

1. 是否有纳税义务

根据税法的规定[二]，非居民个人从中国境内取得的所得，需要缴纳个人

[一] 见《财政部 税务总局 国家发展改革委 商务部关于扩大境外投资者以分配利润直接投资暂不征收预提所得税政策适用范围的通知》（财税〔2018〕102号）和《国家税务总局关于扩大境外投资者以分配利润直接投资暂不征收预提所得税政策适用范围有关问题的公告》（国家税务总局公告2018年第53号）。

[二] 见《个人所得税法》第一条第（二）项。

所得税。那么乔治转让乔斯公司（中国内地）10%的股权，从而取得意大利公司支付的股权转让款，是否属于从中国境内取得所得呢？根据《个人所得税法实施条例》的规定㊀，只要转让的财产位于中国境内，不论支付地点是否在中国境内，均为来源于中国境内的所得。因此，乔治属于在中国境内取得所得，有在中国纳税的义务。

2. 适用税率是多少

根据税法的规定㊁，不论是居民个人还是非居民个人，财产转让所得均适用比例税率，税率为20%。另外，需要提示，股权转让所得不同于股息红利所得，国家并未给予非居民个人以免税待遇。但如果非居民个人所在国家（地区）与中国有双边税收协定，且协定税率低于20%，非居民个人可以申请享受协定优惠税率。

29.2.2 境外公司转让股权

1. 判断纳税义务

根据税法的规定㊂，非居民企业包括两种类型：一种是依照外国（地区）法律成立且实际管理机构不在中国境内，但在中国境内设立机构、场所的；另一种是在中国境内未设立机构、场所，但有来源于中国境内所得的企业。

前者应当就其所设机构、场所取得的来源于中国境内的所得，以及发生在中国境外但与其所设机构、场所有实际联系的所得，缴纳企业所得税；后者应当就其来源于中国境内的所得缴纳企业所得税㊃。特斯美国公司在中

㊀ 见《个人所得税法实施条例》第三条。
㊁ 见《个人所得税法》第二条、第三条第（三）项。
㊂ 见《企业所得税法》第二条。
㊃ 见《企业所得税法》第三条。

国境内未设立机构、场所，那么特斯美国公司转让持有的乔斯公司（中国内地）90%的股权，从而取得意大利公司支付的股权转让款，是否属于来源于中国境内的所得呢？根据《企业所得税法实施条例》的规定㊀，权益性投资资产转让所得，按照被投资企业所在地确定来源于境内还是境外。本案例中，由于股权转让的被投资公司乔斯公司（中国内地）的住所地是中国境内，所以属于来源于中国境内所得，特斯美国公司应当在中国缴纳企业所得税。

2. 查阅双边税收协定

特斯美国公司确定了在中国有纳税义务后，应继续查阅中美之间签订的双边税收协定，查看其中的"财产收益"条款，是否对相关股权转让收益给予了特殊约定。如果根据双边税收协定的约定，特斯美国公司有更低的税负，则可以申请享受协定待遇。

3. 计算应税所得

股权转让收入减除股权净值后的余额为股权转让所得的应纳税所得额。股权净值是指股权转让人投资入股时向中国居民企业实际支付的出资成本，或购买该项股权时向该股权的原转让人实际支付的股权受让成本㊁。

4. 确定适用税率

根据《企业所得税法实施条例》的规定㊂，非居民股权转让所得税，减按10%的税率征收企业所得税，如果双边税收协定中有协定税率，可申请

㊀ 见《企业所得税法实施条例》第七条。
㊁ 见《国家税务总局关于非居民企业所得税源泉扣缴有关问题的公告》（国家税务总局公告2017年第37号）第三条。
㊂ 见《企业所得税法实施条例》第九十一条。

协定待遇。

掌握了纯外资架构分红和转股的基本税政后,下面我们来看一个真实的案例。通过这个案例,我们不仅能巩固上面讲解的知识点,还能进一步了解对于境外间接转股的征管动向。

29.3 案例49:亚美大宁

2000年,山西晋城成立了一家公司,叫亚美大宁[一]。亚美大宁有三个股东,分别是兰花科创[二]、晋城煤运[三]和亚美大陆[四]。三个股东中,控股股东为亚美大陆,亚美大陆注册在英属维尔京群岛(The British Virgin Islands,BVI)。亚美大陆的股东为美国的CBM公司,美国CBM是亚美大宁的实际控制人,通过亚美大陆陆续向亚美大宁投资了3 100万美元(见图29-6)。

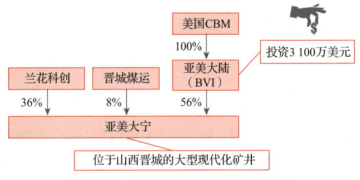

图29-6 亚美大宁设立时的股权架构图

2003年,泰国煤业巨头万浦公司收购了亚美大陆21.6%的股权,从而间接拥有了亚美大宁的部分股权(见图29-7)。

[一] 亚美大宁全称为山西亚美大宁能源有限公司。
[二] 兰花科创全称为山西兰花科技创业股份有限公司。
[三] 晋城煤运全称为山西煤炭运销集团晋城有限公司。
[四] 亚美大陆全称为亚美大陆煤炭有限公司。

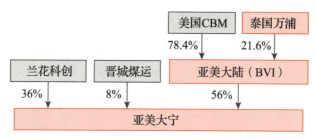

图 29-7　泰国万浦收购后亚美大宁的股权架构图

2007 年，亚美大陆（BVI）在香港地区注册了全资子公司亚美香港㊀，并向中方的 2 个股东提出，要向亚美香港转让其在亚美大宁的 56% 股权。其理由是调整架构后，将有利于投资收益汇出时享受 5% 的协定税率待遇㊁。随后，亚美大宁的股权架构变成美国 CBM 和泰国万浦持有亚美大陆，亚美大陆持有亚美香港，亚美香港持有亚美大宁（见图 29-8）。

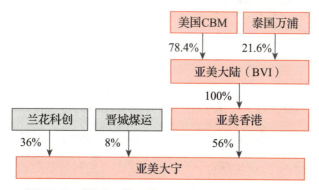

图 29-8　搭建亚美香港后亚美大宁的股权架构图

由于亚美大宁实际由中方管理，但控制权在美国 CBM，所以中资股东和外资股东经常爆发控制权之争。随后，无心恋战的美国 CBM 将持有的亚美大陆（BVI）78.4% 股权，全部转让给泰国万浦，实现彻底退出。那么，

㊀ 亚美香港全称为亚美大陆（香港）控股有限公司。
㊁ 中国与英属维尔京群岛没有双边税收协定。我国内地与香港地区签署了税收安排，并且有协定税率 5%。另外，当时我国还尚未出台对申请税收协定税率待遇的反避税政策。

美国 CBM 间接转让亚美大宁的股权，取得了约 4 亿美元的收益，是否需要在中国纳税呢？我们会发现，美国 CBM 和泰国万浦的交易，转让方是美国公司，受让方是泰国公司，被转让的标的公司——亚美大陆注册在 BVI。所有的交易均是在境外进行的（见图 29-9）。这种境外间接转股，极其具有隐蔽性，不仅底层的亚美大宁的两个中方小股东不知情，中国税务机关也不知情，所以，美国 CBM 在中国赚了足足 4 亿美元，却一分钱税金也未向中国税务机关申报缴纳。

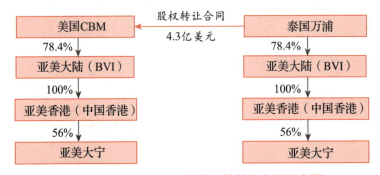

图 29-9　美国 CBM 境外间接转股交易示意图

2011 年，刚获得了亚美大宁控制权的泰国万浦，再度将间接持有的亚美大宁股权易手。这次接盘方换成了华润电力（00836）。华润电力用其在香港地区注册的子公司华润煤业⊖作为购买方。通过间接转股，亚美大宁的实际控制人又一次变更。下面我们详细分析泰国万浦和华润电力的交易是如何进行的。交易的操盘手虽然是泰国万浦和华润电力，但签约主体却是双方的全资子公司——位于 BVI 的亚美大陆和位于香港地区的华润煤业。BVI 的亚美大陆，将持有的亚美香港 100% 股权，转让给华润煤业，股权转让价格为 40.1 亿元人民币（见图 29-10）。

⊖ 华润煤业全称为华润煤业控股有限公司。

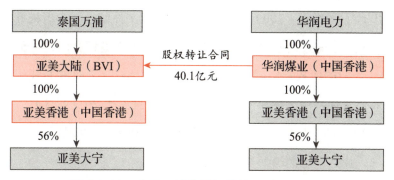

图29-10　泰国万浦境外间接转股交易示意图

为什么泰国万浦选择用注册在BVI的子公司签约,而不直接与华润煤业签约呢?我们先来了解BVI。英属维尔京群岛(BVI)是世界上发展最快的境外离岸投资中心之一,在此注册的公司被称作BVI公司。前面我们介绍过,世界上大部分的国家或地区为了维护税收管辖权,往往会选择既属人管辖又属地管辖,但偏偏有个别国家或地区特立独行,只属地管辖,不属人管辖。这意味着,此类国家或地区的居民和居民企业,从境外赚取利润均无须在该国或地区纳税。BVI和中国香港均实行属地管辖。除了上述税收上的优点外,BVI还有以下优点:注册便利(只需要一名股东和董事,两天即可注册完成)、信息保密(不要求境外离岸公司公开财务状况或关于注册公司的股东及董事的直接资料)、外汇自由(没有任何外汇管制,对于任何货币的流通都没有限制)。了解了BVI的优点,我们就不难理解为什么泰国万浦没有选择直接转让亚美大陆的股权,而是选择由亚美大陆(BVI)转让其持有的亚美香港的股权了。泰国万浦设计的这个交易结构,无论是转让方、受让方,还是转让标的,均不在中国境内,这种隐蔽的境外间接转让股权的方式,不仅绕过了亚美大宁的2个中方小股东,而且绕过了中国的税务机关。

难道中国真的会对这种情况坐视不理吗?当然不会。2009年,国家税务总局出台了国税函〔2009〕698号文件[一]，该文件赋予了中国税务机关刺破导管公司[二]的权力。也就是说，哪怕你是在BVI签订合同，哪怕你卖掉的是BVI公司的股权，中国税务机关依然有权力认定，你在转让中国的资产，从而要求你在中国纳税。最终，中国税务机关于2011年3月，依据国税函〔2009〕698号文件对BVI的亚美大陆，追征了4.03亿元人民币的预提所得税，让这个案例画上了圆满的句号。

需要说明的是，虽然亚美大宁案例中，中国税务机关成功追征了4.03亿元人民币的税款，但境外间接转股，由于非常隐蔽，中国税务机关并不容易发现。这种避税与反避税的斗争，依然在现实世界里每天上演。

29.4 本章实战思考

与国内税收体系相比，境外股权架构和跨境股权交易由于涉及国（地区）与国（地区）之间的税收管辖权，会更加复杂。因此，我常会向我的外资客户做以下提示：

1. 税收管辖权

无论是非居民企业，还是非居民个人，在跨国（地区）交易中都可能面临双重税收管辖，因此应首先确定中国政府是否有交易事项的税收管辖权。在判定的过程中，除了要关注国内税法，还需要关注境外股东所在国家（地区）与中国的税收协定，查看是否有管辖权特殊约定或者税收协定优惠待遇等。

[一] 国税函〔2009〕698号条款陆续失效，并于2017年被《国家税务总局关于非居民企业所得税源泉扣缴有关问题的公告》（国家税务总局公告2017年第37号）所取代。

[二] 导管公司仅在所在国（地区）登记注册，以满足法律所要求的组织形式，但不从事制造、经销、管理等实质性经营活动。本案例中BVI公司和中国香港公司均为导管公司。

2. 国际反避税

不同于"肉烂在锅里"的国内税收征管体系，跨境交易会导致税收利益向境外转移，因此，凡是涉及境外股东的股权交易，税务机关会采取更加谨慎的态度和严格的征管口径，以避免国家税款的流失。

本章留给你一道思考题。老王拥有中国国籍。最近他听说外籍个人股东可以享受股息红利免税待遇，于是萌生了更改国籍的念头。你是否建议老王更换国籍呢？你可以在下一章中查找答案或扫一扫封面的二维码，我会定期把我的思考以及我挑选的最棒的 10 个读者思考，分享给你。

CHAPTER 30

第 30 章

境外架构之走出去架构

在第 29 章,我们讲解了纯外资架构,本章我们来讨论"走出去架构"。"走出去架构"包括两种:一种是返程投资架构,一种是对外直接投资架构(见图 29-1)。

30.1 返程投资架构

30.1.1 什么是返程投资架构

中国人杨先生,打算在上海注册一家新公司。他很低调,不希望他是股东这件事人尽皆知,但中国有国家企业信用信息公示系统,以及天眼查、企查查等工商信息查询 App,任何人只要上网查询,股东名字就暴露无遗。于是,杨先生搭建如下股权架构:第 1 步,杨先生在 BVI 注册了一家空壳公司;第 2 步,杨先生以 BVI 公司作为股东,回到中国投资成立了上海公司。这种居民个人/居民企业—BVI—中国实体公司的股权架构,我们就称之为"返程投资架构"(见图 30-1)。

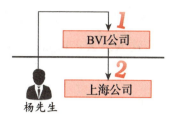

图 30-1　典型的返程投资架构示意图

返程投资架构中，境外的公司可能不止一层，而是有很多层。在境外搭建的 BVI 公司和中国香港公司，仅仅是用来持股的"空壳"，这种空壳公司被称为"离岸公司"。汇发〔2014〕37 号文件⊖中称其为"特殊目的公司"（简称 SPV）。实务中，SPV 一般都会选择注册在避税天堂（见图 30-2）。

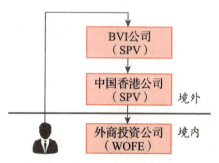

图 30-2　多层返程投资架构示意图

"避税天堂"一词源于英文 tax haven。haven 译作港口或避难所。部分传媒将 haven 误作 heaven，因而误译为"避税天堂"。避税天堂是指那些为吸引外国资本流入、繁荣本国或本地区经济，在本国或本地区确定一定范围，允许境外人士在此投资和从事各种经济、贸易和服务活动，获取收入或拥有财产而又不对其征直接税，或者实行低直接税税率，或者实行特别税收优惠的国家和地区。世界著名的避税天堂包括开曼群岛、百慕大、巴哈马、英属维尔京群岛等。

⊖ 该文件全称为《国家外汇管理局关于境内居民通过特殊目的公司境外投融资及返程投资外汇管理有关问题的通知》（汇发〔2014〕37 号）。

返程投资的动机也不仅仅是隐匿信息，还可能是藏匿财富。比如，在境外搭好架构后将境内资产注入进去；再如，某地有外资投资优惠待遇，于是把公司包装成外资企业，才能方便享受；再如，想在境外上市，等等。返程投资架构，我们可以简单地分为两类：第一类，为了境外上市目的而搭建的返程投资架构，简称为上市型返程投资架构；第二类，非上市型返程投资架构。我们先以周黑鸭在港股上市前搭建的股权架构为例，讲解上市型返程投资架构的涉税知识点。

30.1.2　上市型返程投资架构

周黑鸭（01458），是一家专门从事生产、营销及零售休闲卤制品企业，其创始人叫周富裕。2016年11月，周黑鸭在港股主板成功上市。图30-3是周黑鸭在港股上市前搭建的股权架构。

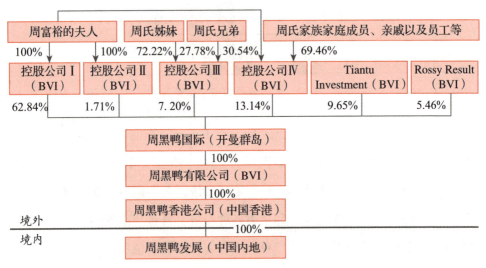

图 30-3　周黑鸭申报港股上市时的股权架构图

周黑鸭的境外架构一共搭建了4层，分别是BVI公司、开曼群岛公司、BVI公司、中国香港公司。周黑鸭为什么要在境外搭建这么多层壳呢？

难道周黑鸭想效仿第 29 章中的泰国万浦公司,谋求境外间接转让股权吗?当然不是。下面,我们就详细了解下这 4 层架构的由来。

第 1 层:BVI 公司

周黑鸭最顶层的境外公司共有 6 家,分别是周富裕的家族公司、预留的股权激励池、兄弟姐妹股权池、历史元老池,还有 2 个是私募股权基金。这 6 家公司均注册在 BVI。为什么选择 BVI 呢?周黑鸭看中的无非是 BVI 作为避税天堂的避税属性,以及 BVI 的私密性等。值得我们注意的是,周黑鸭的第 1 层架构采用了分槽喂马的模式,分别成立了不同的股权池。这就避开了当一个股东的持股发生变化时,所有股东都需要办理变更登记的烦琐程序。

第 2 层:开曼群岛公司

现在香港联交所接受注册在中国香港、开曼群岛、中国内地、百慕大、BVI 的公司,申请挂牌上市。但因为 BVI 注册公司透明度低,而开曼群岛和百慕大较之 BVI,公司透明度要高,法律体系较为完善,资本市场的接受度更好,所以赴港上市企业,多选择在开曼群岛或者百慕大注册的公司作为上市主体。周黑鸭的上市公司就是在开曼群岛注册的公司。

第 3 层:BVI 公司

该层架构安排的目的包括:

(1)BVI 离岸公司的资产注入和抽离可以不受上市地区法律法规的约束。如果要将境内某公司的资产注入港股上市公司,可以先将资产注入 BVI 离岸公司,港股上市公司收购该 BVI 离岸公司,完成资产的转移。

(2)如果未来上市公司有新的业务,可在开曼群岛公司下另设 BVI 公司，使从事不同业务的公司彼此独立，不会互相牵累。

（3）如果想出售中国香港公司，可以直接出售 BVI 公司的股权。根据中国香港地区税法，境外公司转让中国香港公司股权需要缴纳印花税，税率为股权价值的千分之二，由买卖双方平均分担。出售 BVI 公司可以规避印花税。

第 4 层：中国香港公司

该层架构安排的目的在于，根据中国内地与中国香港的税收安排，对于香港居民企业取得的来源于内地的股息所得，可以申请享受预提所得税税率为 5% 的协定优惠待遇。如果中国内地公司向 BVI 公司分配股息红利，则预提所得税税率为 10%。近年来，中国税务机关对中国香港公司申请享受协定优惠待遇的审批越来越趋于严格，不仅要求申请人注册地在中国香港，而且申请人需提供税收居民身份证明，证明自己是对所得或所得据以产生的权利或财产具有所有权和支配权的"受益所有人"。因此，即使境外架构中加设中国香港公司，如该公司仅为导管，也不代表必然会享受到内地与香港协定的优惠税率待遇，但搭建中国香港 SPV，毕竟为获得股息红利时享受协定优惠税率创造了可能性。

30.1.3　非上市型返程投资架构

讲解完毕周黑鸭的境外上市架构，我们继续讲解非上市型返程投资架构。

在实务中，一些企业家搭建境外架构，目的并不是在境外上市，可能仅仅是为了隐匿股东信息；或者是为了包装成外商投资企业，享受地方政府给予的招商引资待遇；或者希望通过境外架构，打通资金出境的通道，方便在境外做财富管理。这类返程投资架构有个特点：由于不考虑上市，往往搭建的时候很随意，导致合规度比较差。下面介绍这种架构需要注意的税收知识点。

小专题1：个税反避税

张旺财是深圳人，他在香港注册了一家公司——旺财香港，又用香港公司在内地投资成立了旺财深圳，形成了返程投资架构。旺财深圳向旺财香港分配了股息红利，但张旺财并没有将旺财香港的资金提现并拿回境内（见图30-4）。

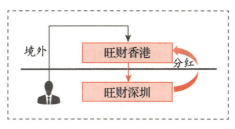

图30-4　张旺财搭建的返程投资架构

张旺财认为，只要钱没有拿回境内，就无须在中国境内纳税。这种观点正确吗？

答：这种观点是错误的。中国境内的税收管辖权既属人又属地。因此，张旺财作为中国居民，在全球取得的所得，不管资金是否入境，都有义务在中国境内缴纳个税。

那旺财香港未进行股息红利分配，张旺财也可能被征个税吗？

答：是的，如果中国税务机关要求的话，张旺财是有纳税义务的。2018年修订的个人所得税法新增了1个国际反避税条款：居民个人控制的，设立在实际税负明显偏低的国家（地区）的企业，无合理经营需要，对应当归属于居民个人的利润不做分配或者减少分配，税务机关有权按照合理方法进行纳税调整⊖。

因此结论是，即使旺财香港不分红，税务机关也有权力要求张旺财交

⊖ 见《个人所得税法》第八条第（二）项。

个税。但张旺财很困惑：资金藏在了香港公司，中国内地税务机关怎么会知道呢？我们继续来看下一个知识点。

小专题2：CRS

CRS（Common Reporting Standard），中文翻译为"共同申报准则"，正式名称为"金融账户涉税信息自动交换标准"（以下简称"标准"），是由OECD（经济合作与发展组织）发起的，旨在通过推动国（地区）与国（地区）之间税务信息自动交换，加强全球税收合作，提高税收透明度，打击利用跨境金融账户逃避税行为。简而言之，CRS就是一套各国（地区）之间的信息交换机制。

一、各国（地区）之间都交换哪些信息

金融机构是开展金融账户涉税信息尽职调查和信息报送工作的主体。金融机构应当汇总报送境内分支机构的下列非居民账户信息，并注明报送信息的金融机构名称、地址以及纳税人识别号：

1. 个人账户持有人的姓名、现居地址、税收居民国（地区）、居民国（地区）纳税人识别号、出生地、出生日期；机构账户持有人的名称、地址、税收居民国（地区）、居民国（地区）纳税人识别号；机构账户持有人是有非居民控制人的消极非金融机构的，还应当报送非居民控制人的姓名、现居地址、税收居民国（地区）、居民国（地区）纳税人识别号、出生地、出生日期。

2. 账号或者类似信息。

3. 公历年度年末单个非居民账户的余额或者净值（包括具有现金价值的保险合同或者年金合同的现金价值或者退保价值）。账户在本年度内注销的，余额为零，同时应当注明账户已注销。

4.存款账户,报送公历年度内收到或者计入该账户的利息总额。

5.托管账户,报送公历年度内收到或者计入该账户的利息总额、股息总额以及其他由于被托管资产而收到或者计入该账户的收入总额。报送信息的金融机构为代理人、中间人或者名义持有人的,报送因销售或者赎回金融资产而收到或者计入该托管账户的收入总额。

6.其他账户,报送公历年度内收到或者计入该账户的收入总额,包括赎回款项的总额。

由此可见,这个交换的数据库非常庞大。一个人在 CRS 体系内的任何一个国家(地区)留下数据痕迹,都将被中国政府交换回来。

二、有哪些国家(地区)加入了 CRS

截至 2019 年 7 月,已有 106 个国家(地区)签署实施"标准"的多边主管当局协议,其中,92 个国家(地区)已开展相关信息交换,具体名单如下:

安道尔、安圭拉、安提瓜和巴布达、阿根廷、阿鲁巴、澳大利亚、奥地利、阿塞拜疆、巴哈马、巴林、巴巴多斯、比利时、伯利兹、百慕大、巴西、英属维尔京群岛、保加利亚、加拿大、开曼群岛、智利、中国内地、哥伦比亚、库克群岛、哥斯达黎加、克罗地亚、库拉索、塞浦路斯、捷克、丹麦、爱沙尼亚、法罗群岛、芬兰、法国、德国、直布罗陀、希腊、格陵兰、格林纳达、根西岛、中国香港、匈牙利、冰岛、印度、印度尼西亚、爱尔兰、马恩岛、意大利、日本、泽西岛、韩国、拉脱维亚、黎巴嫩、列支敦士登、立陶宛、卢森堡、中国澳门、马来西亚、马耳他、马绍尔群岛、毛里求斯、墨西哥、摩纳哥、瑙鲁、荷兰、新西兰、挪威、巴基斯坦、巴拿马、波兰、葡萄牙、卡塔尔、罗马尼亚、俄罗斯、圣基茨和尼维斯、圣卢西亚、圣文森特和格林纳丁斯、萨摩亚、圣马力诺、沙特阿拉伯、塞舌尔、新加坡、斯洛伐克、斯洛文尼亚、南非、西班牙、瑞典、瑞士、土耳其、特克斯和凯科斯群岛、阿拉伯联合酋长国、英国、乌拉圭。

三、CRS 如何进行信息交换

我们以中国香港地区为例进行讲解。自从中国香港地区加入 CRS 之后，个人在香港地区的金融机构开户，需要详细填写国籍、居住地等信息，这些信息未来会被香港地区的金融机构提交给香港特区政府，与其他 CRS 国家（地区）做数据交换。

由此可见，通过 CRS 机制，中国税务机关能获取到张旺财在境外的各种信息，如果税务机关动用个人所得税法的反避税武器，也存在要求张旺财对香港公司账上未分配的利润交个税的概率。如今，中国内地参加 CRS 信息交换的时间并不长，大量的信息被交换回来后，还处于尘封状态，但只要数据在，中国政府想启动征税程序，可谓是易如反掌。大数据管税时代渐行渐近，未来的大趋势下，每个人都将成为裸体数据人，以阳光化作为纳税筹划的原则，也应早日植入每个企业家的心智中。

小专题 3：国籍和税籍

张旺财了解了新个人所得税法的反避税以及 CRS 知识后，开始谋划换国籍。比如，把自己换成塞浦路斯人。他的朋友中已经有人开始行动了。改变国籍是人生中一项非常重大的决定，一般人不会单单因为税改变国籍，但是税确确实实是一些企业家考虑换国籍的重要动因。下面我们就了解下是不是换了国籍，就能避开中国的纳税征管。

我们首先需要明确两个概念：国籍和税籍。国籍比较好理解，是指一个人属于某个国家的国民或公民的法律资格。那什么叫税籍呢？税籍是指拥有某个国家或地区的税务居民身份，需依法向该国或地区税务机关履行缴税义务。由此可见，税籍并不等于国籍。换言之，一个人不拥有某国国籍，不等于其被认定为不拥有该国税籍。

那什么是中国税籍呢？根据税法的规定㊀，在中国境内有住所㊁，或者无住所而一个纳税年度内在中国境内居住累计满183天的个人，都是中国税收居民。我们就称其拥有中国税籍了。

我们可以看到，中国政府并未将国籍等同于税籍，而是以是否拥有住所和在中国境内居住时间两个标准作为中国税籍的判断标准。一旦外籍居民拥有了中国税籍，他就需要对来源于中国境内的所得和来源于中国境外的所得，在中国境内缴纳个人所得税，也就是履行全球纳税义务。张旺财在中国境内有房产且习惯性居住，每年出境不超过两周。因此，哪怕张旺财移民到其他国家，换了国籍，也依然是中国税收居民，中国税务机关依然可以要求他履行全球纳税义务。

张旺财是个急性子，在朋友的鼓动下，已经把国籍更换完毕，那他该怎么办呢？我们来看下一个小专题。

小专题4：税收坐月子

什么是"税收坐月子"呢？我们来看税法的规定：

无住所个人一个纳税年度在中国境内累计居住满183天的，如果此前六年在中国境内每年累计居住天数都满183天而且没有任何一年单次离境超过30天，该纳税年度来源于中国境内、境外所得应当缴纳个人所得税；如果此前六年㊂的任一年在中国境内累计居住天数不满183天或者单次离

㊀ 见《个人所得税法》第一条。
㊁ 在中国境内有住所，是指因户籍、家庭、经济利益关系，而在中国境内习惯性居住。
㊂ 此前六年，是指该纳税年度的前一年至前六年的连续六个年度，此前六年的起始年度自2019年（含）以后年度开始计算。

境超过 30 天，该纳税年度来源于中国境外且由境外单位或者个人支付的所得，免予缴纳个人所得税。[○]

根据上述规定，虽然张旺财在中国境内居住，每年均超过 183 天，但只要在连续六年中任一年度一次离境超过 30 天，经向主管税务机关备案，该纳税年度来源于中国境外且由境外单位或者个人支付的所得，就可以免予缴纳个人所得税。

因为中国人坐月子周期为 30 天，所以，这种离境 30 天，从而享受境外所得免税待遇的情形，就被戏称为"税收坐月子"了。

小专题 5：移民税款清算

从 2018 年 9 月 1 日开始，纳税人因移居境外注销中国户籍的，应当在注销中国户籍前办理税款清算[○]。由于中国不承认双重国籍，所以张旺财想拿到外国国籍，需要注销中国户籍。在注销中国户籍前，张旺财需要对个人名下所有的资金说明来源，并办理税款清算。这印证了一句话：只有交过税的钱，才是真正属于你的钱！

30.2 对外直接投资架构

对外直接投资（outbound direct investment，ODI）是指中国境内企业在境外以现金、实物、无形资产等方式投资，并以控制境外企业的经营管理权为核心的经济活动。为了对外直接投资（ODI）而搭建对外直接投资架构，有哪些注意事项呢？我们以巨轮智能为例来进行讲解。

○ 见《财政部 税务总局关于在中国境内无住所的个人居住时间判定标准的公告》（财政部 税务总局公告 2019 年第 34 号）第一条。

○ 见《个人所得税法》第十三条第（五）项。

30.2.1 案例50：巨轮智能

巨轮智能（002031）于2004年在深交所上市，是中国轮胎模具第一股，也是轮胎模具领域的龙头企业。2011年，为了延伸产业链，巨轮智能收购了德国欧吉索机床有限公司（OPS-Ingersoll Funkenerosion GmbH，以下简称"德国欧吉索"）。巨轮智能此次境外投资是如何实现的呢？

第一步：搭建境外持股平台

2011年10月，巨轮智能与德国欧吉索的股东IKB基金公司⊖商谈，拟收购其持有的德国欧吉索的股权。随后，巨轮智能首先布局了如下境外架构（见图30-5）。

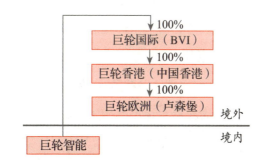

图 30-5　巨轮智能在第一阶段搭建的境外架构

巨轮智能首先在BVI设立了全资子公司巨轮国际（BVI），巨轮国际（BVI）设立后即投资设立全资子公司巨轮香港，巨轮香港又在卢森堡投资设立全资子公司巨轮欧洲。

第二步：完成境外收购

上述境外架构搭建完毕后，巨轮欧洲出资入股德国收购工具公司，持有该公司49.99%的股权。然后由德国收购工具公司收购德国欧吉索

⊖ IKB基金公司全称为IKB Equity Capital Fund GmbH。

44.68%的股权（见图30-6）。

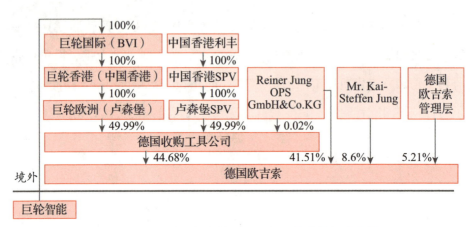

图 30-6　巨轮智能在第二阶段的对外直接投资架构

30.2.2　三层境外股权架构

巨轮智能对德国欧吉索的投资，境外共有五家公司［巨轮国际（BVI）、巨轮香港（中国香港）、巨轮欧洲（卢森堡）、德国收购工具公司、德国欧吉索］。这五家公司可以分为三层：顶层架构［巨轮国际（BVI）和巨轮香港（中国香港）］、中间架构［巨轮欧洲（卢森堡）］、底层架构（德国收购工具公司和德国欧吉索）（见图30-7）。

下面我们对三层架构逐一进行分析。

1. 顶层架构

在对外直接投资架构中，顶层架构一般注册在避税天堂。这些避税天堂包括开曼群岛、百慕大、巴哈马、英属维尔京群岛等。避税天堂具有一些共同特点：社会稳定，没有税或税负很低，注册公司非常方便，维护成本很小，有较健全的法律体系，没有外汇管制，有严格的商业及银行保密制度，有方便的中介服务等。

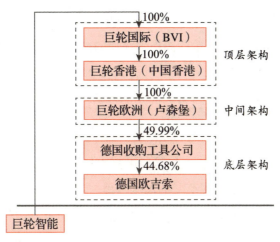

图 30-7　巨轮智能对外直接投资架构整体架构

巨轮智能境外投资顶层架构中的第 1 层选择在了 BVI，同时又在 BVI 公司下面设立了巨轮香港公司。中国香港实行属地征税，只有在中国香港产生或来自中国香港的利润才征税，利得税税率为 16.5%；不对股息和利息征收预提所得税，只对支付给非居民企业的特许权使用费征收 4.95% 的预提所得税；不征收资本利得税；没有受控境外公司规则和资本弱化规则；税收损失可以无限期结转。巨轮智能选择顶层架构设在 BVI 和中国香港，主要是考虑到香港不仅与内地签有避免双重征税安排[⊖]，还与中间架构注册地卢森堡签订有《中华人民共和国香港特别行政区与卢森堡大公国就收入及资本税项避免双重课税和防止逃税协定》。

2. 中间架构

为了打击全球避税，欧盟国家、美国和 OECD 国家会将一些低税收管

[⊖] 截至 2018 年年底，内地与香港签订的避免双重征税安排包括《内地和香港特别行政区关于对所得避免双重征税和防止偷漏税的安排》《内地和香港特别行政区关于对所得避免双重征税和防止偷漏税的安排第二议定书（2008 年 6 月 11 日起生效执行）》《内地和香港特别行政区关于对所得避免双重征税和防止偷漏税的安排》第三议定书、《内地和香港特别行政区关于对所得避免双重征税和防止偷漏税的安排》第四议定书。

辖区（或者没有企业所得税，或者企业所得税税率低于9%）列入"税收黑名单"。凡是在被列入黑名单的离岸地注册的公司，会被实施更强有力的反避税监管和限制措施。开曼群岛、BVI等纯避税地都在税收黑名单上"榜上有名"。因此，对境外进行投资的企业会考虑在顶层架构下（第2层至第3层），再加上中间架构，这些中间层公司一般会选择"税制比较规范透明但不是明显的低税国（地区）、税收协定较多、协定优惠税率较低且对受益人限制较少、法制宽松但规范"的国家和地区。在实务中，荷兰、卢森堡、比利时、爱尔兰和瑞士常被选定为中间层的投资国。

以巨轮智能选择的中间架构注册地卢森堡为例，卢森堡是境外投资者进入欧洲的重要门户。卢森堡有相对安全和稳定的政治环境、完善的金融体系、优惠的税收制度㊀，以及丰富而有弹性的双边税收协定㊁，而且还具有欧洲陆运和空运的比较优势，容易满足企业运营上的实体化要求。

3. 底层架构

对外直接投资的企业搭建底层架构时（第4层至第5层），会选择有实质业务运作的国家（地区），如项目所在国（地区），巨轮智能即选择在标的公司所在地德国设立底层架构。

根据我国税制㊂，企业已在境外缴纳的所得税税额可以进行抵免。如今

㊀ "参与免税"是卢森堡的公司税体系的关键要素，其目的是避免利润的双重征税。在满足一定条件的情况下，允许对开展经营活动的子公司收取的股息和资本利得豁免卢森堡（附加）税。所以，与对收购目标直接投资相比，在（中国）收购方和欧洲被收购目标之间介入卢森堡收购架构可以节税或延税。

㊁ 截至2018年7月底，卢森堡共和84个国家或地区（包含中国香港和中国澳门）签订双边税收协定（其中81个已生效、3个待生效）。很多双边税收协定会减少股息、利息支出及特许权使用费的预提税率。

㊂ 见《企业所得税法》及其实施条例、《财政部 国家税务总局关于企业境外所得税收抵免有关问题的通知》（财税〔2009〕125号）、《财政部 税务总局关于完善企业境外所得税收抵免政策问题的通知》（财税〔2017〕84号）规定。

境外所得的抵免层级为 5 层，并且有分国（地区）抵免法 [企业以一个国家（地区）为维度计算可抵免境外所得税额和抵免限额，同一投资架构层级的位于不同国家（地区）的企业盈亏不得相互弥补] 和综合抵免法 [企业以同一投资架构层级为维度，计算可抵免境外所得税额和抵免限额，同一投资架构层级的位于不同国家（地区）的企业盈亏可以相互弥补] 可以选择。如果对外直接投资企业在境外业务的拓展逐步多元化，可以考虑增加多个并行的多层投资架构，特别是将性质不同的行业、业务，分别以不同的层级进行分割，并行开展，这样既可以享受上述多层投资架构的税收优惠，又可以最大限度地分散税务风险。

30.3　本章实战思考

作为从事了 20 年股权设计的老兵，我深感"走出去架构"是所有股权架构中最复杂的一种，因为好的"走出去架构"需要迈过 4 个关卡，分别是外汇关、监管关、审批关、税务关。但实务中，拥有如此全面知识体系的服务机构并不多，也导致大部分"走出去架构"存在很多隐患。搭建"走出去架构"时，从税收维度，至少需要提前论证以下事项：①是否需要设立 SPV，以搭建多层境外架构？②如果搭建多层境外架构，应在哪个国家或地区设立 SPV？③如何对境内和境外的业务进行转让定价安排？④投资收益如何进行后续安排，是计划再次用于经营性投资，还是用于家庭财富管理？⑤境外运营实体如何在注册地区进行税务安排？⑥境内和境外企业如何进行资金融通？等等。

致　　谢

　　这本书整整写了一年，中间正好跨越了虎年春节。除夕那天，家人围坐在电视机前看春晚，我对着电脑改书稿；大年初一，亲朋好友在微信群里下红包雨，我继续对着电脑改书稿；正月十五元宵节，家人围坐一桌吃元宵，我还在对着电脑改书稿。就这样，反反复复修改了15次，勉强算是定稿。但交给编辑后又后悔，最后被编辑怒目才作罢。

　　这本书改了又改，并不是我个人"洁癖"所致，实在是这种横跨股权和税收两大领域的书太不好把握尺度，通俗些会显得不严谨，专业些又担心读者读不懂。所以，首先感谢本书的读者，谢谢你们把这本书完整地读完。对作者而言，读者看完书就是最好的奖励，也是我持续不断创作的最大动力。

　　感谢机械工业出版社为本书的出版提供了鼎力支持；感谢编辑从本书选题到出版付出巨大的心血，她们文字功底非常深厚，对我书稿的文字润色给予了很大的帮助，而且为了本书的早日出版，她们还放弃周末休息时间加班加点编辑书稿。正是他们的敬业和专业，才有本书的顺利面世。向他们说声"辛苦了"！

　　感谢我的合伙人张苤，她在虎年春节假期一天未休，帮助我校对书稿、润色文字、查缺补漏，让本书更加严谨完善；感谢我的合伙人高丽霞，她不仅陪伴我完成了股权互动训练营，更是以扎实的专业功底为我助力；感谢我的合伙人陆浩杰，他曾任职普华永道会计师事务所和知名外资企业，有丰富的境外架构搭建的实战经验，对本书境外架构部分的写作给予了非常有价值的建议和帮助；感谢我的合伙人曾德雄，他曾任职国金证券，他用自己二十余年的投行经验，给了我很多建设性意见；感谢我的伙伴周佳荣（笑笑）、林晓丽（林子）、尚嘉（嘉嘉）和在我公司实习过的 UIC 刘子晟（皮实的考拉），他们承担了书稿完成过程中很多冗杂的工作，也投入了很多时间为股权税收法规库排版美化，因为他们的辛苦付出，最新版股权税收法规库和书稿才能一起出炉。

感谢我的老师——中国企业财务管理协会李永延会长，谢谢他对晚辈的悉心指导和提携，在我的事业道路上给予莫大的帮助。感谢我的挚友——乔氏台球董事长乔冰，对本书的定位和风格等给予了悉心的指导。

感谢我的朋友樊书峰、焉梅、孙炜、方正、王骏、吴稼南、赵海龙、流风回雪、张奇、邓智超、何德文等。在本书的写作过程中，我荣幸地得到了他们的帮助，他们给了我很多关于书稿的建议。援手之情，铭记在心。

感谢曾参加股权互动训练营的学员。在班级群里，他们不断地提问和反馈，让我不断涌现灵感，完善书稿。

感谢我的父母，已到古稀之年非但没有得到我的照顾，反而继续操心着我的饮食起居。感谢我的爱人，谢谢他体谅忙碌的妻子，一直默默支持和包容我；感谢我的女儿，她是如此独立优秀、乖巧懂事，让我的工作充满了动力。

感谢我服务过的企业家，那份信赖让我有机会与他们一起拥抱股权大时代。他们的经历和梦想，驱使我写完这本书，帮助更多的人追逐梦想。

本书虽然聚焦股权税收，但依然横跨法律、资本、税务、管理等多门学科，加之繁忙的工作和有限的能力，所以书中如有不足之处，欢迎搜索添加微信公众号"利威股权"，给我留言。我会根据你的建议和需求，不断更新内容、补充案例，让每位读者买到的不仅是一本书，更是终身服务的知识体系。

李利威

财务知识轻松学

书号	定价	书名	作者	特点
71576	79	IPO财务透视：注册制下的方法、重点和案例	叶金福	大华会计师事务所合伙人作品，基于辅导IPO公司的实务经验，针对IPO中最常问询的财务主题，给出明确可操作的财务解决思路
58925	49	从报表看舞弊：财务报表分析与风险识别	叶金福	从财务舞弊和盈余管理的角度，融合工作实务中的体会、总结和思考，提供全新的报表分析思维和方法，黄世忠、夏草、梁春、苗润生、徐珊推荐阅读
62368	79	一本书看透股权架构	李利威	126张股权结构图，9种可套用架构模型；挖出38个节税的点，避开95个法律的坑；蚂蚁金服、小米、华谊兄弟等30个真实案例
70557	89	一本书看透股权节税	李利威	零基础50个案例搞定股权税收
62606	79	财务诡计（原书第4版）	[美] 施利特 等	畅销25年，告诉你如何通过财务报告发现会计造假和欺诈
70738	79	财务智慧：如何理解数字的真正含义（原书第2版）	[美] 伯曼 等	畅销15年，经典名著；4个维度，带你学会用财务术语交流，对财务数据提问，将财务信息用于工作
67215	89	财务报表分析与股票估值（第2版）	郭永清	源自上海国家会计学院内部讲义，估值方法经过资本市场验证
73993	79	从现金看财报	郭永清	源自上海国家会计学院内部讲义，带你以现金的视角，重新看财务报告
67559	79	500强企业财务分析实务（第2版）	李燕翔	作者将其在外企工作期间积攒下的财务分析方法倾囊而授，被业界称为最实用的管理会计书
67063	89	财务报表阅读与信贷分析实务（第2版）	崔宏	重点介绍商业银行授信风险管理工作中如何使用和分析财务信息
58308	69	一本书看透信贷：信贷业务全流程深度解读	何华平	作者长期从事信贷管理与风险模型开发，大量一手从业经验，结合法规、理论和实操融会贯通讲解
75289	89	信贷业务全流程实战：报表分析、风险评估与模型搭建	周艺博	融合了多家国际银行的信贷经验；完整、系统地介绍公司信贷思维框架和方法
75670	89	金融操作风险管理真经：来自全球知名银行的实践经验	[英] 埃琳娜·皮科娃	花旗等顶尖银行操作风险实践经验
60011	99	一本书看透IPO：注册制IPO全流程深度剖析	沈春晖	资深投资银行家沈春晖作品；全景式介绍注册制IPO全貌；大量方法、步骤和案例
65858	79	投行十讲	沈春晖	20年的投行老兵，带你透彻了解"投行是什么"和"怎么干投行"；权威讲解注册制、新证券法对投行的影响
73881	89	成功IPO：全面注册制企业上市实战	屠博	迅速了解注册制IPO的全景图，掌握IPO推进的过程管理工具和战略模型
77436	89	关键IPO：成功上市的六大核心事项	张媛媛	来自事务所合伙人的IPO经验，六大实战策略，上市全程贴心护航
70094	129	李若山谈独立董事：对外懂事，对内独立	李若山	作者获评2010年度上市公司优秀独立董事；9个案例深度复盘独董工作要领；既有怎样发挥独董价值的系统思考，还有独董如何自我保护的实践经验
74247	79	利润的12个定律（珍藏版）	史永翔	15个行业冠军企业，亲身分享利润创造过程；带你重新理解客户、产品和销售方式
69051	79	华为财经密码	杨爱国 等	揭示华为财经管理的核心思想和商业逻辑
73113	89	估值的逻辑：思考与实战	陈玮	源于3000多篇投资复盘笔记，55个真实案例描述价值判断标准，展示投资机构的估值思维和操作细节
62193	49	财务分析：挖掘数字背后的商业价值	吴坚	著名外企财务总监的工作日志和思考笔记；财务分析视角侧重于为管理决策提供支持；提供财务管理和分析决策工具
74895	79	数字驱动：如何做好财务分析和经营分析	刘冬	带你掌握构建企业财务与经营分析体系的方法
58302	49	财务报表解读：教你快速学会分析一家公司	续芹	26家国内外上市公司财报分析案例，17家相关竞争对手、同行业分析，遍及教育、房地产等20个行业；通俗易懂，有趣有用
77283	89	零基础学财务报表分析	袁敏	源自MBA班课程讲义；从通用目的、投资者、债权人、管理层等不同视角，分析和解读财务报表；内含适用于不同场景的分析工具